Hwyaid, Cwningod a Sgwarnogod

Y MEDDWL A'R DYCHYMYG CYMREIG

Golygydd Cyffredinol

John Rowlands

Cyfrolau a ymddangosodd yn y gyfres hyd yn hyn:
1. M. Wynn Thomas (gol.), *DiFfinio Dwy Lenyddiaeth Cymru* (1995)
2. Gerwyn Wiliams, *Tir Neb* (1996) (Llyfr y Flwyddyn 1997; Enillydd Gwobr Goffa Ellis Griffith)
3. Paul Birt, *Cerddi Alltudiaeth* (1997)
4. E. G. Millward, *Yr Arwrgerdd Gymraeg* (1998)
5. Jane Aaron, *Pur fel y Dur* (1998) (Enillydd Gwobr Goffa Ellis Griffith)
6. Grahame Davies, *Sefyll yn y Bwlch* (1999)
7. John Rowlands (gol.), *Y Sêr yn eu Graddau* (2000)
8. Jerry Hunter, *Soffestri'r Saeson* (2000) (Rhestr Fer Llyfr y Flwyddyn 2001)
9. M. Wynn Thomas (gol.), *Gweld Sêr* (2001)
10. Angharad Price, *Rhwng Gwyn a Du* (2002)
11. Jason Walford Davies, *Gororau'r Iaith* (2003) (Rhestr Fer Llyfr y Flwyddyn 2004)
12. Roger Owen, *Ar Wasgar* (2003)
13. T. Robin Chapman, *Meibion Afradlon a Chymeriadau Eraill* (2004)
14. Simon Brooks, *O Dan Lygaid y Gestapo* (2004) (Rhestr Hir Llyfr y Flwyddyn 2005)
15. Gerwyn Wiliams, *Tir Newydd* (2005)
16. Ioan Williams, *Y Mudiad Drama yng Nghymru 1880–1940* (2006)
17. Owen Thomas (gol.), *Llenyddiaeth mewn Theori* (2006)

Y MEDDWL A'R DYCHYMYG CYMREIG

Hwyaid, Cwningod a Sgwarnogod

Esthetig Radical Twm Morys, Václav Havel a Bohumil Hrabal

Sioned Puw Rowlands

GWASG PRIFYSGOL CYMRU
CAERDYDD
2006

© Sioned Puw Rowlands 2006

Cedwir pob hawl. Ni cheir atgynhyrchu unrhyw ran o'r cyhoeddiad hwn na'i gadw mewn cyfundrefn adferadwy na'i drosglwyddo mewn unrhyw ddull na thrwy unrhyw gyfrwng electronig, mecanyddol, ffotogopïo, recordio, nac fel arall, heb ganiatâd ymlaen llaw gan Wasg Prifysgol Cymru, 10 Rhodfa Columbus, Maes Brigantîn, Caerdydd, CF10 4UP.
Gwefan: *www.cymru.ac.uk/gwasg*

ISBN-10 0-7083-2050-3
ISBN-13 978-0-7083-2050-1

Mae cofnod catalogio'r gyfrol hon ar gael gan y Llyfrgell Brydeinig.

Hoffai'r cyhoeddwyr gydnabod cymorth ariannol Cyngor Cyllido Addysg Uwch Cymru tuag at gyhoeddi'r llyfr hwn.

GWOBR GOFFA
SAUNDERS LEWIS

Cydnabyddir cymorth ysgoloriaeth Cronfa Goffa Saunders Lewis.

Datganwyd gan Sioned Puw Rowlands ei hawl moesol i gael ei chydnabod yn awdur y gwaith hwn yn unol ag adrannau 77 a 78 o'r Ddeddf Hawlfraint, Dyluniadau a Phatentau 1988.

Argraffwyd yng Nghymru gan Wasg Dinefwr, Llandybïe.

I'm rhieni

Cynnwys

Diolchiadau	ix
Rhagymadrodd	xi
1. Yr Esthetig a Gwleidyddiaeth yr Ymylon	1
2. 'Codi Sgwarnogod': Twm Morys a chenedlaetholdeb diwylliannol	39
3. Y Gwleidyddol Esthetig yn nhestunau ysgrifol Bohumil Hrabal a Václav Havel	60
4. Adfeddiannu'r penodol: yr esthetig fel cyfryngwr	113
5. Casgliad	145
Mynegai	160

Diolchiadau

Dyfarnwyd Ysgoloriaeth Goffa Saunders Lewis imi i'm galluogi i brynu amser i ymchwilio ar gyfer y gyfrol hon. Carwn ddiolch i bwyllgor y Gronfa Goffa am y cymorth amhrisiadwy hwnnw. Carwn ddiolch hefyd i'r Athro Malcolm Bowie, Dr Jerry Hunter, Dr James Naughton a'r Athro M. Wynn Thomas am fy nghefnogi mewn gwahanol ffyrdd.

Sioned Puw Rowlands
Tirana,
Tachwedd 2005

Rhagymadrodd

Ymysg diwylliannau lleiafrifol yn Ewrop, teg dweud mai tipyn o geffyl du fu'r esthetig ar y cyfan, a hynny'n arbennig o wir yng nghyd-destun Ynysoedd Prydain ar ddiwedd yr ugeinfed ganrif. Ar un olwg, beth allai fod yn fwy amherthnasol a diystyr i ddiwylliant lleifafrifol nag ymhél â chwestiynau esthetig pan ei bod yn anodd peidio ag ystyried pob gweithred artistig yng ngolau cyfraniad y weithred honno i'r ymgyrch yn erbyn tranc y diwylliant? Nid bod hyn yn golygu bod y weithred o greu (yn hytrach na thrafod) celfyddyd yn cael ei difrïo; yn hytrach, ac yn eironig, y tueddiad yw cwestiynu'r athroniaeth neu'r theori sy'n ymhél â'r gweithredoedd hynny.

Nid yw hyn yn llai gwir, wrth gwrs, am y diwylliant Eingl-Sacsonaidd. Hyd yn oed yn y corneli Saesneg cyfoes mwyaf radical (er enghraifft, yng ngwaith beirniadol lled-Farcsaidd Terry Eagleton), fel rhyw rym slei, twyllodrus a gwrth-radical y disgrifir yr esthetig – grym sydd yn hynod o debyg i'r grym hwnnw sy'n perthyn i ideoleg, yn ein dallu rhag gwneud defnydd call o'n synnwyr beirniadol ein hunain. Darlun arall cyfarwydd yw'r un o'r esthetig fel corlan hunangynhaliol ar gyfer ymddihatru oddi wrth gyfrifoldebau cymdeithas – meddylier, er enghraifft, am y portread poblogaidd o Oscar Wilde, yr 'aesthete' *par excellence*. Ac er gwaetha'r ffaith nad yw cymdeithas heddiw, boed yn lleiafrifol neu'n Eingl-Sacsonaidd, yn cwestiynu yr amser a dreulir yn chwilio am bleser, ac yn ei brofi, amharod yw, ar y cyfan, i dderbyn gwerth trafod cwestiynau esthetig sydd yn ymhél â sylfeini'r pleserau hynny. Ystyrir gweithgaredd o'r fath ymhlith y deallusion yn foethusrwydd cymdeithas sydd wedi datrys y rhan helaethaf o'i phroblemau. Ac wrth gwrs, wedi datrys ei phroblemau ei hun, ceir problemau'r gwledydd llai datblygedig i'w datrys, ac economi'r byd yn gyffredinol, gyda'r rhyngberthynas rhwng gwahanol economïau'r byd yn dynnach nag erioed. Ar ben hynny, nid rhywbeth hawdd i'r diwylliannau hynny sydd wedi tyfu o gyd-destun traddodiad crefyddol Protestannaidd yw ystyried cwestiynau o'r fath heb eu clymu wrth gwestiynau moesol.

Saunders Lewis a'r esthetig

Yn y dychymyg poblogaidd Cymraeg, saif Saunders Lewis allan fel un o'r ychydig esthetyddion yn hanes diweddar Cymru – nid bod hynny, o bell ffordd, yn cael ei ystyried fel rhywbeth positif – fel rhywun a aeth i ymhél â'r esthetig nid yn unig yn syniadol ond, o gamddefnyddio'r term a'i osod mewn cyd-destun diriaethol, yn ei ffordd o fyw, gyda'i fwynhad dieuog o win, a'i ddiddordeb mewn ailddarganfod Cymru fel rhan o draddodiad Ewropeaidd, Catholig. Hawdd yw drysu'r ddelwedd ohono fel un sy'n ymwrthod â'r syniad o Gymru werinaidd, gyda'r syniad ohono fel un sydd wedi ymfudo i fyd yr esthetig aruchel, yn enwedig o gofio ei gorff o ddramâu sy'n dwyn maeth o'r traddodiad clasurol, ac yna y cysylltiad hawdd rhwng y traddodiad clasurol a chymesuredd esthetig. Hawdd hyd yn oed yw edrych ar ei wleidyddiaeth o fewn yr un cyd-destun, a'i ddehongli fel gwleidydd sydd wedi ei yrru gan ddyheadau ac argyhoeddiadau clasurol a sylfaenol esthetig, nad ydynt yn berthnasol i anghenion cyfoes y diwylliant Cymraeg. I'r Cymro sydd am ddal ei afael ar y myth o'r Gymru werinaidd, mae'r syniadaeth hon a'r adnabyddiaeth hon o Saunders Lewis yn hawdd i'w diystyru fel pethau elitaidd nad ydynt yn perthyn i'r darlun poblogaidd a chyffredin o draddodiad naturiol werinaidd y diwylliant Cymraeg; yn fwy na dim, yn amherthnasol.

Perthnasol iawn oedd Saunders Lewis i mi wrth ysgrifennu'r gyfrol hon, yn bennaf am resymau cwbl ymarferol. Trwy garedigrwydd Ysgoloriaeth Goffa Saunders Lewis y bu hi'n bosibl i mi roi trefn ar gwestiynau y bûm yn cnoi cil arnynt ers rhai blynyddoedd, a chwestiynau nad oeddynt yn ddieithr i Saunders Lewis ychwaith, na'r driniaeth ohonynt mewn cyd-destun ehangach, Ewropeaidd.

Ar un olwg, digon teg yw'r darlun hwn o Saunders Lewis fel esthetydd yn ystyr draddodiadol y gair. Wedi'r cyfan, Platoniaeth Gristnogol oedd sylfaen ei weledigaeth ar gyfer ail-greu estheteg Gymreig a chymdeithas organaidd ar seiliau iachach. Ar yr un pryd, roedd yna elfennau organaidd i'w waith a gwmpasai sawl maes, yn gymdeithasol a gwleidyddol yn gymaint ag yn llenyddol.

Ond, er gwaetha'r ffaith fod cyfraniad Saunders Lewis – meddyliaf yn arbennig am ei gyfraniad llenyddol – yn ymylu ar y ddelfryd glasurol, ac, o gyffredinoli'n fras, fel petai'n perthyn i'r un traddodiad o'r esthetig fel yr hyn sydd â'r gallu i uno cyneddfau croesdynnol er budd ehangach cymdeithas, hynny yw, yr esthetig fel model organig ar gyfer cymdeithas, mae'n debyg mai un o'r atyniadau yw fod ei waith hefyd ag elfen radical iddo sydd yn tynnu'n groes i'r ysbrydoliaeth glasurol, a hynny'n bennaf, wrth gwrs, oherwydd fod y gwaith yn mynegi safbwynt gwrth-Brydeinig.[1] Mewn geiriau eraill, o fod yn creu delfryd o'r gymdeithas Gymraeg ar lun estheteg Gymreig, er bod y ddelfryd honno yn un gron, a'i phwyslais ar undod y darnau mewn diwylliant organig, ac mewn perthynas â diwylliant cyfandirol ehangach, mae'r weledigaeth honno yn y pen draw wedi ei diffinio yn erbyn y diwylliant Saesneg, bron fel petai o bwrpas yn chwilio am egwyddorion cwbl wahanol er mwyn pwysleisio unigrywedd y diwylliant Cymraeg, a'r hyn sydd yn ei wahaniaethu oddi wrth ei gymydog dros Glawdd Offa. Ond wrth gwrs, nid radicaliaeth ddemocrataidd mo'r estheteg hon, ond estheteg sydd yn cael ei gyrru gan y ddelfryd o undod, gydag arlliw o'r traddodiad Platonaidd, yn ymestyn tuag at y tragwyddol. Mewn geiriau eraill, gellid ystyried estheteg Saunders Lewis fel estheteg sydd yn radical yn ei cheidwadaeth.

Estheteg Cylch Ieithyddol Prâg, Poetistiaeth a'r Mudiad Devětsil

Ym mhen arall Ewrop, yn Mhrâg, roedd radicaliaeth o fath arall ar droed pan oedd Saunders Lewis eisoes yn ddarlithydd yn Adran Gymraeg Coleg y Brifysgol Abertawe, ac yn cyhoeddi *A School of Welsh Augustans* (1924).

Tyfodd y datblygiadau hyn o gwmpas cyfuniad o ddylanwad y grŵp Devětsil, Poetistiaeth a'r grŵp o ieithyddion a adnabyddid fel 'Cylch Ieithyddol Prâg'. Sefydlwyd Devětsil yng nghanol dechrau cythryblus Tsiecoslofacia; adferai'r grŵp ddiwylliant newydd 'poetistaidd' wedi ei sefydlu ar yr egwyddor o ddiwylliant 'bywyd bob dydd'. Sylfeini ideolegol y grŵp oedd egalitariaeth a dathliad o brydferthwch y byd modern. Trodd nifer o artistiaid *avant-garde* y cyfnod at ffotograffiaeth a sinematograffeg a ystyrid fel y cyfryngau diwylliannol mwyaf democrataidd. Ceisiwyd uno, nid yn unig gelfyddyd a barddoniaeth, ond hefyd farddoniaeth a phensaernïaeth, gan ymestyn i gwmpasu nid yn unig hysbysebu ond twristiaeth a chwaraeon. Mewn geiriau eraill, safai

Devětsil a Phoetistiaeth dros ddiwylliant poblogaidd synthetig a sylfaenol ddemocrataidd. Heb fod yn gwbl annhebyg i weledigaeth esthetig Saunders Lewis, roedd Poetistiaith felly yn ceisio ymestyn y tu hwnt i un ddisgyblaeth ac yn anelu at gwmpasu ffordd o fyw. Ond mae rhywfaint o'r un gwrthdynnu annisgwyl, ar un olwg, ag a geir yng ngwaith Saunders Lewis i'w weld hefyd yng nghynnyrch y mudiad hwn, yng ngwaith Karel Teige (1900–1951), er enghraifft, a hefyd yng ngwaith mwy arbenigol a thechnegol Jan Mukařovksý (1891–1975), un o brif aelodau Cylch Ieithyddol Prâg. Ar un olwg, ac er gwaethaf eu gwahaniaethau, mae estheteg Mukařovksý – sy'n rhagweld elfennau a ddatblygwyd maes o law yn system strwythurol y 60au a ddeilliai'n wreiddiol o ddamcaniaethau Ferdinand de Saussure ar ddechrau'r ganrif – a'r mudiad Poetistaidd Tsiec, a dyfodd i ryw raddau fel adwaith i radicaliaeth fwy gwleidyddol y Mudiad Devětsil, yn llwyddo i fod yn Gantaidd, yn anelu at fod yn hollgynhwysfawr. Ond ar yr un pryd, mae hefyd yn radical yn yr ystyr ei bod yn estheteg sy'n ei thanseilio'i hun. Dadleuai'r Poetistiaid, a hefyd i raddau mwy cymhleth, Cylch Ieithyddol Prâg, fod celfyddyd yn goroesi trwy chwalu egwyddorion sefydledig; mewn geiriau eraill, er gwaetha'r gynneddf Gantaidd o undod, roedd adnewyddiad eithaf radical, trwy ddinistrio'r undod a fu, yn sylfaenol i'r weledigaeth. Dyma felly estheteg radical a ddibynnai eto mewn ystyr wyrdroëdig ar geidwadaeth; hynny yw, wedi dinistrio'r hyn a fu, fe ailsefydlwyd undod newydd.

Wrth gwrs, mae'r meddylfryd hwn yn tyfu'n rhannol o waith y Rwsiad Viktor Shklovsky a'r Ffurfiolwyr Rwsiaidd, a'r cysyniad o *ostranenie* (dieithrio), o gelfyddyd yn gweithio trwy greu effaith o ddieithriwch er mwyn cymell un i edrych ar bethau mewn golau newydd. Mi gafodd hyn gryn effaith yn ei dro ar waith theorïwyr diwylliannol mwy diweddar megis Roland Barthes yn Ffrainc, hyd nes dod yn syniad digon cyffredin erbyn heddiw mewn theori lenyddol a theori feirniadol yn gyffredinol. Yn wir, yn y cyfnod, cafwyd cryn dipyn o groesgyfeirio rhwng Tsiecoslofacia a chanolfannau diwylliannol eraill. Un enghraifft yw Paris: bu cryn dipyn o rannu a chymharu nodiadau rhwng Karel Teige a Le Corbusier cyn iddynt ffraeo am resymau ideolegol ar ddechrau'r 30au. Roedd rhywfaint o orgyffwrdd hefyd rhwng Poetistiaeth a Swrealaeth fel y datblygai yn Ffrainc, ac yn 1935, cydnabu André Breton bwysigrwydd y datblygiadau hyn ym Mhrâg yn ei ddarlith adnabyddus ar rôl wleidyddol Swrealaeth a draddodwyd yn y ddinas.[2]

Mae'r gyfrol hon yn ymgais i archwilio'r berthynas hon rhwng radicaliaeth a cheidwadaeth yn yr esthetig mewn tri chasgliad o destunau ysgrifol gan Twm Morys, Václav Havel a Bohumil Hrabal. Tyfodd y rhain mewn cyd-destunau diwylliannol a oedd yn ymgiprys gyda phwysau gwleidyddol a godai o'u sefyllfa'n ymhél â phŵer cryfach ar ryw lun. Tra yn byw am gyfnod ym Mhrâg a Brno trwy garedigrwydd nawdd Cronfa Goffa Saunders Lewis, deuthum yn ymwybodol iawn o bwysigrwydd a phoblogrwydd yr ysgrif yn y diwylliant Tsiec. Wrth bori yn ysgrifau Ivan Klíma yn y papur dyddiol *Lidové noviny*, a hen 'feuilletonau' Karel Čapek a Jan Neruda yn y Llyfrgell Genedlaethol yno, dechreuais feddwl mor addas a chynhyrchiol oedd y ffurf yn niwylliant a gwleidyddiaeth y wlad. Roedd hi'n ffurf a oedd hefyd yn amlwg wedi ffynnu dan y drefn Gomiwnyddol, gyda deallusion yn cyfnewid pytiau ar ffurf *samizdat*, sef y cyhoeddiadau tanddaearol a fyddai'n cael eu teipio mewn nifer cyfyngedig a'u cylchredeg. Roedd yn ffurf lle'r oedd y llenyddol a'r gwleidyddol yn cael eu tynnu ynghyd. Ffin denau oedd rhwng gwleidydda a llenydda o dan y drefn Gomiwnyddol, ac roedd pwysau ar ddeallusion ac anghydffurfwyr gwleidyddol i uno mewn gwrthwynebiad, i gydymffurfio mewn anghydffurfiaeth.

Roeddwn hefyd yn darllen ar y pryd golofnau Twm Morys, 'Codi Sgwarnogod', yn *Taliesin*, gan weld rhai elfennau cyffredin, a dechrau meddwl mor gynhyrchiol oedd y modd yr oedd ffurf yr ysgrif yn caniatáu bwydo ar y tensiwn rhwng iaith lenyddol a iaith ddisgyrsaidd, a rhwng ffuglen a ffaith. Dechreuais feddwl am y berthynas wedyn rhwng estheteg a gwleidyddiaeth, am gyfraniad estheteg i faes gwleidyddiaeth, a hynny ar gefn yr argyhoeddiad fod y chwarae â synnwyr a geir yn ysgrifau Twm Morys ac ysgrifau Bohumil Hrabal yn esgor ar rywbeth mwy na hwyl, ac ar lefel ehangach, fod yna efallai le rhesymol i nonsens (*non-sense*) mewn athroniaeth a gwleidyddiaeth. Dechreuais ddarllen gwaith y naill ochr yn ochr â gwaith y llall, a thensiynau gwleidyddol a diwylliannol diwedd mis mêl y Chwyldro Felfed yn gefnlen a fyddai'n f'atgoffa dro ar ôl tro o'r tensiynau a adewais ar ôl yng Nghymru.

Chwilio am yr ymylon

Mae dylanwad y mudiad ffwythiannol ym maes pensaernïaeth a chynllunio i'w weld yn gryf hyd heddiw yn y Weriniaeth Tsiec, nid dim ond ym Mhrâg ond hefyd yn arbennig yn ail ddinas y Weriniaeth Tsiec, sef Brno. Enghraifft amlwg yw'r Fila Tugendhat ar gyrion y dref a gynlluniwyd gan Mies Van der Rohe yn 1930, a cheir adeiladau ffwythiannol eraill, tebyg i'r Hotel Avion (Bohuslav Fuchs, 1895–1972), sydd bellach wedi dirywio'n gysgod o westy Comiwnyddol simsan ar ei waethaf, neu'r Komerční Banka ar y prif sgwâr, Náměsti Svobody.

I ryw raddau, wrth gerdded o gwmpas y Fila Tugendhat heddiw, ac edmygu'r defnydd hynod gyfoes yr olwg o wagle, golau, o bren rhoswydd a choncrid, mae'r holl brofiad yn teimlo'n rhyfedd, fel petai rhywun yn troedio ar anomali, ar waith a wnaethpwyd cyn ei amser.

Ond er gwaetha'r cyfnod cynhyrchiol hwn ac ymdrechion Devětsil a Phoetistiaeth, a oedd yn wleidyddol eu hamcanion, wedi dyfodiad ffasgaeth a realaeth sosialaidd, ac i ryw raddau, wedi'r amnesia diwylliannol a ledodd wedi'r Ail Ryfel Byd, trodd bywyd diwylliannol Ewrop ei gefn ar finiogrwydd Canol Ewrop. Mae'r un peth yn dal i fod yn wir heddiw, un mlynedd ar bymtheg wedi cwymp Comiwnyddiaeth. Ac mae diffyg treiddiad cyffredinol diwylliannau llai a diwylliannau ar ymylon Ewrop i'r drafnidiaeth ddeallusol sydd yn rhedeg rhwng Gogledd America a gorllewin Ewrop a thrwy gyfrwng y Saesneg, yr Almaeneg a'r Ffrangeg, yn dal i olygu bod yr enghreifftiau sydd yn bwydo theorïau beirniadol yn dueddol i fod yn ffitio patrwm arbennig, ac yn cael eu cymryd o'r prif ffrydiau sydd yn ffurfio llinellau'r disgwrs hwn. Gellid dadlau bod y tueddiadau hyn wedi dylanwadu ar y modd y gwerthuswyd ac y diystyrwyd yr esthetig yn ystod yr ugain mlynedd diwethaf. Rwyf am awgrymu y daw darlun cyfoes gwahanol o'r esthetig i'r fei wrth edrych ar y testunau hyn o blith dau ddiwylliant sydd fwy na heb ar y tu allan i'r trafodaethau 'Eingl-Americanaidd-Ewropeaidd' ar fynd nid yn unig yn ystod y 70 mlynedd a fu, ond hyd yn oed heddiw ar gefn cyfnod o ffasiwn ac apêl theori ôl-drefedigaethol. Testunau yw'r rhain sydd hefyd ychydig yn ddieithr hyd yn oed i'r canon llenyddol o fewn y gwledydd hyn – mewn geiriau eraill, gellid dadlau eu bod yn destunau sydd yn ymylol ddwywaith drosodd o safbwynt beirniadaeth lenyddol. Wrth gwrs, ni all yr ychydig ymchwil hon wneud mwy nag agor y drws ar y cwestiwn a'r maes dan sylw; yn sicr ffolineb fyddai ceisio dadlau yma fod y tueddiadau hyn yn rhai cyffredinol sy'n nodweddu'r cyd-destunau yr wyf yn eu trafod. Serch hynny, hoffwn awgrymu bod yr esthetig a ddatblygir gan yr ysgrifau hyn fel ymateb i'w cyfyng-gyngor gwleidyddol – boed yn ymdrin â chenedlaetholdeb diwylliannol, neu'r cwestiwn mwy eang o *engagement* a chyfrifoldeb – yn awgrymu esthetig llawer mwy diddorol a chryn wahanol i'r hanes a ddatblygwyd iddo gan brif theorïwyr yr hanner canrif diwethaf.

Lleiafrifoedd?

Ar un olwg, gellid dadlau mai prin yw'r cysylltiadau rhwng Cymru a'r Weriniaeth Tsiec, neu Tsiecoslofacia gynt, ac mai ychydig iawn o bethau sydd yn clymu'r ddau ddiwylliant. Yn ddaearyddol ac o safbwynt Ewropeaidd, mae'r ddwy wlad ddau begwn oddi wrth ei gilydd, un yn y dwyrain wedi ei chloi yng nghanoldir cyfandir Ewrop, a'r llall ar arfordir gorllewinol ynys ar gyrion Ewrop â'i thrwyn wedi ei droi at yr Iwerydd. Yn hanesyddol ac yn wleidyddol, datblygodd y ddau ddiwylliant eto mewn modd digon anghymharus heb linellau cyfathrebu yn eu clymu. Digon gwir, gellid dadlau yng ngolau Ewrop yr Undeb Ewropeaidd, fod y ddwy wlad, yn eu ffyrdd eu hunain, ar hyn o bryd yn ymylol – y Weriniaeth Tsiec ymhlith y rhestr honno o wledydd a ymunodd yn ddiweddar iawn â'r Undeb Ewropeaidd, yn 2004, ac yn dal i ddioddef effaith ei hanes diweddar fel gwladwriaeth gomiwnyddol dan law estynedig yr Undeb Sofietaidd, a Chymru yn aelod yn unig fel rhan o'r Deyrnas Unedig. Hefyd, o safbwynt ieithyddol mae'r ddau ddiwylliant ar gyrion y brif ffrwd Eingl-Americanaidd-Ewropeaidd, gyda'r naill yn cwmpasu iaith fechan os nad leiafrifol bellach, a'r llall ddiwylliant dwyieithog, sy'n cynnwys iaith leiafrifol.[3] Ond mae cryn wahaniaeth yn natblygiad eu hanes diweddar yn yr 20fed ganrif ac yn y modd y gwerthuswyd eu cyfraniadau diwylliannol gan weddill y byd gorllewinol. Cyn dyfod Comiwnyddiaeth, ac oherwydd ei safle daearyddol, roedd Prâg yn groesffordd ffyniannus, os amlieithog, yn Ewrop, yn gartref i Kafka er enghraifft, ac yn bair lle, fel y gwelsom, y datblygodd y Mudiad Devětsil, Swrealaeth a Phoetistiaeth, a Ffwythiannaeth, tra bo Brno, nid nepell o Fienna, hefyd yn gartref i'r cyfansoddwr bydenwog, Janáček. O dan Gomiwnyddiaeth, roedd bri ar eu hawduron, a'r amlycaf o'r anghydffurfwyr a oedd wrth wraidd Siarter 77 yn awdur a, maes o law, yn arlywydd byd-enwog (Václav Havel). Oni bai am Dylan Thomas ac ambell berthynas bellennig amherthnasol, megis Frank Lloyd Wright, gwan fu proffil Cymru ar y cyfan yn rhyngwladol o safbwynt gwleidyddol ac o safbwynt creu cynnyrch diwylliannol gwreiddiol.[4]

Serch hynny, er gwaetha'r gwahaniaethau, gellid dweud bod y ddau ddiwylliant wedi gorfod ymrafael â'r broblem o ddarganfod modd o fynegiant sy'n eu galluogi i sefyll dros eu hawliau gwleidyddol neu ddiwylliannol yn wyneb pwysau, ond hynny, ar yr un pryd, heb atgynhyrchu rhethreg hearllug neu dotalitaraidd y cymunedau hynny y maent yn gwrthwynebu eu dylanwad. Y cwestiwn diddorol, mewn geiriau eraill, yw sut y mae ymladd pwysau o'r math hwn heb ailadrodd rhethreg gwleidyddiaeth y 'pwysau' hwnnw dim ond trwy fod yn agor deialog ag ef, dim ond, hynny yw, trwy ymwneud ag ef? Fel rhan o leiafrif ieithyddol, diwylliannol a gwleidyddol, sut mae sefyll dros yr hawliau gwleidyddol hyn, sut mae modd gwneud yn siŵr fod llais a safbwynt yn cael eu clywed heb ddefnyddio rhethreg neu ddulliau eithafol sydd yn mynd yn groes i egwyddorion democratiaeth, hynny yw, heb danseilio sail foesol yr hawliau hyn yn y broses o'u haeru? Dyma'r cwestiynau sydd yn llinyn cyswllt drwy ysgrifau Twm Morys, Václav Havel a Bohumil Hrabal, ac sydd yn meithrin, byddwn yn dadlau, estheteg gynhyrchiol sydd yn sylfaenol greadigol, ddemocrataidd, a gwleidyddol, gan dorri'n rhydd oddi wrth y darlun cyffredin a haerwyd ar gyfer yr esthetig fel chwaer-forwyn i ideoleg.

Nodiadau

[1] Gweler John Rowlands, *Saunders y Beirniad*, yn y gyfres 'Llên y Llenor' (Gwasg Pantycelyn, 1990).

[2] 'La Position Surréaliste de l'objet,' darlith a draddodwyd ym Mhrâg, Mawrth 29ain, 1935. Cyhoeddwyd yn *La Bibliothèque Volante*, 202 (Paris: Pauvert, Mai 1971).

[3] Ar ddiwedd y bedwaredd ganrif ar bymtheg, bu ond y dim i'r iaith Tsiec farw fel iaith fyw bywyd bob dydd. Dim ond trwy gyfuniad o bolisïau penodol ac ymgyrchoedd gan unigolion y llwyddwyd i'w chadw'n fyw.

[4] Deiseb oedd Siartr 77 yn wreiddiol, a alwai ar lywodraeth Tsiecoslofacia i barchu cytundebau rhyngwladol ar hawliau dynol a lofnodwyd ganddynt. Fe'i drafftiwyd yn gyfrinachol yn 1976, a'i llofnodi gan oddeutu 300 o bobl. Ffrwyth y ddeiseb hon oedd yr ymgyrch a arweiniodd yn y pen draw at Chwyldro Felfed 1989.

DUCKS & RABBITS

in the stream;[1]
look, the duck-rabbits swim between.
The Mill Race
at Granta Place
tosses them from form to form,
dissolving bodies in the spume.

Given A and see[2]
find be[3]
(look at you, don't look at me)[4]
Given B, see A and C.
that's what metaphor[5]
is for.

Date and place
in the expression of a face[6]
provides the frame
for an instinct to rename,[7]
to try to hold apart
Gestalt and Art.

Veronica Forrest-Thomson, *Collected Poems and Translations*, gol. Anthony Barnett (Allardyce, Barnett, 1990), 22. Ymddangosodd y gerdd gyntaf yn *Language-Games* (University of Leeds, 1971).

[1] Of consciousness
[2] The expression of a change of aspect is the expression of a new perception.
[3] And at the same time of the perception's being unchanged.
[4] Do not ask yourself 'How does it work with me?' Ask 'What do I know about someone else?'
[5] Here it is useful to introduce the idea of a picture-object.
[6] A child can talk to picture-men or picture-animals. It can treat them as it treats dolls.
[7] Hence the flashing of an aspect on us seems half visual experience, half thought.

1

Yr Esthetig a Gwleidyddiaeth yr Ymylon

Yn gefndir i'r gyfrol hon y mae tri chonsýrn syflaenol, sef

1. Pa ffyrdd o fynegiant, diwylliannol a gwleidyddol, sydd yn agored i gymunedau – rhai lleiafrifol yn aml – sydd yn arbennig o sensitif i gymhlethdodau ideoleg gaeedig? Sut y gallant fynnu eu hawliau diwylliannol a gwleidyddol heb atgynhyrchu neu fenthyg a mabwysiadu termau'r ddadl neu gymeriad dominyddol y disgyrsiau y maent yn dadlau yn eu herbyn? Mewn geiriau eraill, sut y gallant osgoi cael eu cymryd drosodd gan yr hyn sydd yn aml yn gallu ymddangos fel termau anorfod i'w dadl eu hunain, ac felly, gadarnhau yr union safbwynt y maent yn ceisio ei groes-ddweud?
2. Tybed a allai'r gorgyffwrdd rhwng yr esthetig ac ideoleg a ddisgrifwyd gan y rhan helaethaf o theori'r ugain mlynedd ddiwethaf, yn arbennig yng nghyfrol Terry Eagleton *The Ideology of the Aesthetic* (1990), ddadlennu cyfle ar gyfer cymunedau o'r fath trwy ein hatgoffa yn eironig iawn o botensial arwyddocaol y berthynas rhwng yr esthetig a'r gwleidyddol (hyd yn oed trwy gyfrwng *faux ami* ideoleg)?[1] Ymhellach, trwy geisio cadw gafael ar yr hyn sydd yn nodweddu'r esthetig yn benodol, heb ei frwsio o dan garped ideoleg, tybed a fyddem yn darganfod esthetig cynhyrchiol, hyd yn oed radical, yn hytrach nag esthetig swyngyfareddol?
3. Ac yn drydydd, tybed a yw'r hyblygrwydd sy'n gynhenid i'r ysgrifol, ei allu i symud rhwng gwahanol fathau o ddisgyrsiau, yn ei wneud yn fodd arbennig o ddefnyddiol i archwilio'r berthynas rhwng yr esthetig a'r gwleidyddol, gan ein harwain yn y pen draw, efallai, at ailwerthuso'r ysgrif fel ffurf arbennig o addas ar gyfer cymunedau neu ddiwylliannau sydd yn byw ar ffawtlinau o wahanol fathau?

Dyma'r cwestiynau a'm hatynnodd i gychwyn at destunau ysgrifol Twm Morys a Bohumil Hrabal, oherwydd atyniad y tyndra yn eu gwaith rhwng synnwyr a diffyg synnwyr yn yr ystyr o *non-sense*; oherwydd eu hymwneud gwamal â materion gwleidyddol, eu cymeriad disgyrsaidd ar letraws a gwleidyddiaeth a oedd yn ymddangos fel petai'n ddibynnol ar dechnegau ffuglennol; ar yr un pryd y modd y mae'r ddau yn gwneud y gorau o eclectiaeth yr ysgrifol fel ffordd o gyflwyno eu gwleidyddiaeth – gwleidyddiaeth sydd yn ymwrthod â *critique* ideolegol dadgyfriniol.[2] Mae'r ddau awdur hefyd yn gwneud defnydd cyfrwys o'r berthynas a sefydlir ganddynt rhwng ffawtlinau amrywiol ac ideoleg, sef ideoleg yn yr ystyr o organiaeth ffug. Mi arweiniodd hyn yn ei dro at ysgrifau Václav Havel, yn wreiddiol oherwydd eu bod fel petaent yn ddrych o destunau ysgrifol Hrabal: arddull orofalus sy'n cyflwyno dadleuon yn bwyllog (o gymharu ag arddull grwydrol Hrabal) sydd, serch hynny, yn methu â dal gafael neu ddisgrifio yr osgo yn athroniaeth Havel tuag at gysyniadau haniaethol anferth megis ei gysyniad amwys o'r Arall. Mewn geiriau eraill, yn nhestunau ysgrifol Hrabal, y disgord a greir rhwng ei arddull grwydrol, eang ar y naill law a natur ddigymrodedd y gwaith, yn ymylu ar ideoleg, ar y llaw arall, a'm hanogodd i edrych ddwywaith ar arwyneb syml ei wleidyddiaeth. Nid yw arddull a chynnwys rywsut yn cyd-daro ac mae hyn yn cymell y darllenydd i fynd ar ôl darlleniad mwy cymhleth. Yn achos testunau ysgrifol Havel, methiant ei arddull fanwl, sydd yn ymylu ar yr obsesiynol, i roi cyfrif am ehangder ei athroniaeth sydd yn cymell y darllenydd i ddod â'r naill i berthynas glosiach â'r llall, ac i beidio â diystyru'r testunau hyn fel dim mwy na thystiolaeth hanesyddol neu waith amaturaidd, cydwybodol, athronydd naïf. Mae'r olaf yn ymateb cyffredin i'w waith ac yn gyfrifol efallai am y diffyg astudiaethau beirniadol sydd yn ymdrin â'i athroniaeth, yn arbennig mewn Tsiec. Ar y cychwyn, felly, tynnwyd Havel i'r ddadl yn ysbryd gwrth-esiampl. Serch hynny, mi brofodd ei destunau ysgrifol yn hwyrach ymlaen i fod gryn dipyn yn fwy sylweddol na hynny, fel y gwelwn ym mhennod 3, gan gynnig ar gyfer trafodaeth y gyfrol hon esiampl o'r esthetig yn gweithredu yn bennaf ar lefel gysyniadol, yn hytrach nag ar lefel arddull, fel y gwelwn yn achos Twm Morys a Hrabal.

Does dim modd peidio â bod yn ymwybodol o broblemau diffiniadol sy'n codi wrth ddod â dau ddiwylliant ynghyd heb draddodiad o linellau cyswllt. Mae'r gyfrol hon yn cydnabod ac yn cymryd y risg hwn, ac fe fydd yn dangos yn raddol trwy gyfrwng fy narlleniadau o destunau Morys, Havel a Hrabal, y modd y mae fy nhri chwestiwn cychwynnol yn dechrau uno wrth iddynt ddod yn berthnasol a defnyddiol i'w gilydd. Byddaf yn dangos sut y mae'r testunau hyn, trwy ddod â'r esthetig a'r ysgrifol ynghyd, yn dargyfeirio sylw at yr hyn y gellid ei ddisgrifio fel tir canol neu foment o gyfryngu, gan ddwyn sylw a gwerth iddo am ei allu i greu math o undod o ddarnau anghydryw, gan hyrwyddo ac ailgyflunio trwy broblemateiddio termau, yn hytrach na'r demtasiwn o symud yn synthetig gysurlon at drydydd term. Bydd y gyfrol hon yn dadlau bod hon yn foment dra diddorol ac adeiladol – yn wir, yn gam hanfodol (sydd wedi ei drafod yn eang) yn y broses o gynhyrchu gwybodaeth, ond er gwaethaf hynny, yn gam bras a gymrir ar frys fwy na heb – ar gyfer y rhai hynny sydd yn teimlo eu bod yn colli eu llais oherwydd eu safle gynhenid fel dadlenwyr arferol ideoleg; yn brwydro i ddod o hyd i ffordd o sefyll dros eu safbwyntiau penodol heb ar yr un pryd danseilio'r penodolrwydd hwnnw trwy ailgynhyrchu'r ddogmatiaeth neu'r empeiriaeth y maent yn eu diffinio eu hunain yn eu herbyn; yn ymwybodol o gysgod parhaus rhyddfrydiaeth ar fin ei thanseilio ei hun.

Gan wneud defnydd o gysyniadau Jean-François Lyotard o'r ffigurol a *petits récits* (naratifau bychain), bydd fy narlleniadau yn y pen draw yn dangos sut y mae dedfryd Eagleton ar yr esthetig fel rhywbeth barus sy'n gyrru'r meddwl i drwmgwsg, a rhywbeth sydd hefyd yn diarfogi rhywun mewn modd camarweiniol (*The Ideology of the Aesthetic*, 1990) yn cael ei wyrdroi trwy ail-lunio'r maes y mae ef ac eraill (er enghraifft Paul de Man a Jacques Derrida) yn haeru ei ddisgrifio, a hynny trwy ddod â'r hyn sydd mewn llawer ystyr yn destunau ymylol i ymwneud â thermau'r ddadl. Mae'r testunau yr wyf am ganolbwyntio arnynt, sef colofnau Twm Morys yn *Taliesin* a *Barddas*, a *Dopisy Dubence* (Llythyrau at Dubenka) a *Dopisy Olze* (Llythyrau at Olga) ysgrifol Hrabal a Havel, yn ymylol, am resymau daearyddol, ieithyddol neu wleidyddol, yn fwy na dim wrth eu hystyried o safbwynt prif gyfranwyr y drafodaeth ar esteteg ac ideoleg y mae eu hesiamplau a'u tystiolaeth wedi eu tynnu o athroniaeth a llenyddiaeth y brif ffrwd Eingl-Americanaidd ac Ewropeaidd. Ond nid ydynt ychwaith yn destunau canonaidd hyd yn oed yn eu diwylliannau llenyddol hwy eu hunain. Er enghraifft, nid ysgrifau Hrabal a Havel yw eu testunau mwyaf adnabyddus. Mae Hrabal yn fwy adnabyddus fel awdur ffuglen (ffuglen ysgrifol, serch hynny) a Havel, fel dramodydd, o leiaf yn rhyngwladol.[3] Yn yr un modd, mae Twm Morys yn fwy adnabyddus fel bardd, a'i ysgrifau heb eu casglu ynghyd eto mewn un gyfrol. Hefyd, mae'r tri wedi ysgrifennu testunau sydd yn mynegi ymwybyddiaeth gref o fod ar yr ymyl, gyda synnwyr clir o fynd yn groes i'r graen, yn erbyn y lli, boed hynny yn unigol neu yn dorfol, yn amlwg neu o dan yr wyneb, yn wleidyddol gywir neu yn fwy aml, yn adweithiol. Byddaf yn dadlau mai yr union ymylon hyn sydd yn eu tro yn galluogi esthetig sydd yn dwyn ei sbardun a'i ddiddordeb o'i allu i fodoli ar ffawtlinau amrywiol. Bydd yr ysgrifol yn arbennig o berthnasol yma nid yn unig fel modd o bontio'r ffawtlinau hyn, ond hefyd fel modd o'u rhwystro rhag cael ymdoddi i'w gilydd yn gyfleus, ac yn arbennig, trwy'n helpu i ddwyn allan yr agwedd benodol hon o'r esthetig, ac felly, mewn rhyw ystyr, yn ffurfio pwynt cychwynnol y drafodaeth.

Mae'r ddrwgdybiaeth hon o estheteg fel rhywbeth cynhenid anradical wrth gwrs yn fwy cyffredin na dadadeiladaeth Derrida a de Man a dehongliad Eagleton o feirniadaeth Farcsaidd.[4] Er yr adwaith a gafwyd yn y 70au i 'feirniadaeth newydd' W. K.Wimsatt a Cleanth Brooks, ac yn erbyn y strwythuraeth a dyfodd yn ei sgil, tueddwyd i osgoi'r esthetig fel disgyblaeth neu arf beirniadol ym maes beirniadaeth lenyddol.[5] Ceir gormod o ôl cysyniad Coleridge o'r 'ffurf organig' ar y fath gwestiynau, a phrosiect rhamantaidd metaffiseg, lle rhoddir sylw i iaith lenyddol oherwydd ei gallu unigryw i ddatgloi'r trosgynnol.[6] Dim ond cadarnhau bod dealltwriaeth esthetig o destunau yn rhywbeth wedi'i ddatgysylltu oddi wrth realiti cymdeithasol a gwleidyddol a wnaeth hyn, fel agwedd a ddibynnai yn sylfaenol ar nodweddion a berthynai i'r ddeunawfed ganrif megis dirywiaeth a didoliad. Yn y cyd-destun Tsiec, anghofiwyd am ymdrechion Jan Mukařovksý yn y 30au i ddangos sut y mae cymeriad deinamig yr esthetig, boed yn nhermau normau esthetig neu yn nhermau ei werth neu ei swyddogaeth, wedi ei wreiddio yn ei gyd-destun cymdeithasol, ac yn yr un modd, yn y cyd-destun Cymraeg, ymdrechion Saunders Lewis, a oedd yn ysgrifennu tua'r un adeg, i ddiffinio estheteg Gymreig.[7] Yn fwy diweddar, er pan ddadleuodd y theorïwr Michel Foucault mai ein perthynas â phŵer sydd fwyaf dadlennol ac o bwys, nid yn gymaint ein perthynas ag ystyr, mae hi wedi bod yn anodd dod o hyd i lwybr sydd yn ein dwyn yn ôl at yr esthetig.[8] Rhwydd felly yn y cyd-destun hwn yw drysu'r esthetig – fel y gangen honno o athroniaeth sydd yn ymhél â chwestiynau sydd yn ymwneud â phrydferthwch – ag esthetiaeth (*aestheticism*), fel petai'r naill yn cynnig tocyn unffordd i'r llall, gydag esthetiaeth, ym maes y celfyddydau, yn rhoi blaenoriaeth i werthoedd sydd yn codi o'r gwaith ei hun ar draul amgylchiadau neu berthnasau allanol, a hynny heb ystyried perthynas y gwerthoedd hynny â gwybodaeth, moesoldeb neu ddatblygiad dynol. Teg dweud y bu hyn yn llestair real yng nghyd-destun diwylliant llenyddol Cymraeg a Tsiec, lle mae gwaith theoretig, os y caiff ei dderbyn o gwbl, wedi bod o dan bwysau arbennig i ddangos ei werth gwleidyddol a chymdeithasol; mewn geiriau eraill, bu gwaith theoretig dan bwysau i ddangos ei barodrwydd i roi heibio faterion ffurfiol llenyddol oni bai fod y materion hyn yn gallu cynyddu cyfraniad y feirniadaeth i faes ehangach beirniadaeth ddiwylliannol.[9]

O safbwynt athroniaeth wleidyddol, a rôl yr esthetig ar gyfer cwestiynau gwleidyddol, tan astudiaeth gymharol ddiweddar F. R. Ankersmit, *Aesthetic Politics: Political Philosophy Beyond Fact and Value*, mae'r ychydig ymdrechion a gafwyd i archwilio'r berthynas rhwng y ddau – gan gwblhau, ar ryw olwg, brosiect athronyddol Kant – wedi eu sbarduno gan yr argyhoeddiad, o'i orsymleiddio, fod gan yr esthetig y gallu i hyrwyddo cytgord rhwng y cyneddfau, ei fod yn galluogi pobl o natur ddigon amrywiol, i rannu ymateb, ac o ganlyniad, i gynyddu eu dealltwriaeth o'i gilydd.[10] Mewn termau mwy ffurfiol, yr apêl oedd y gellid sianelu'r cytgord hwn wedyn er budd creu synthesis cydgordiol o'r maes gwleidyddol, gan hyrwyddo, yn ei thro, gymdeithas sydd yn cyd-dynnu'n well. Ond dod â'r esthetig yn nes at ideoleg yn hytrach na gwleidyddiaeth ddemocrataidd a wna hyn.[11]

Serch hynny, ac efallai'n anorfod, yn fwy diweddar, mae'r esthetig yn derm sydd yn dechrau ailymddangos mewn cyhoeddiadau ym maes beirniadaeth lenyddol. Yn wahanol i'r cysylltiadau amheus a awgrymir mewn teitlau megis *The Ideology of the Aesthetic* (1990) Eagleton neu *Aesthetic Ideology* Paul de Man (1996),[12] mae'r cyfrolau hyn wedi eu hysgrifennu mewn ysbryd sydd yn gyfan gwbl wahanol, gan gyfeirio at bethau megis dial a radicaliaeth, er enghraifft, *The Radical Aesthetic*[13] Isobel Armstrong neu'r casgliad o ysgrifau *Revenge of the Aesthetic* a olygwyd gan Michael P. Clark, ill dwy wedi eu cyhoeddi yn 2000.[14] Fe groesawyd y gyfrol olaf hon hyd yn oed fel cyfrol a oedd yn dynodi 'the beginning of a revolution' yn erbyn yr afer o ddarllen testunau fel petaent yn dryloyw, gyda'u cymeriad esthetig, materol wedi ei anwybyddu. Mae'r gyfrol yn agor gyda dyfyniad o *Ekphrasis* Murray Krieger sydd yn gosod ideoleg a'r esthetig yn erbyn ei gilydd yn hytrach na'u cyfosod fel dwy ochr i'r un geiniog: 'The aesthetic can have its revenge upon ideology by revealing a power to complicate that is also a power to undermine.'[15] Yn ei gyflwyniad, mae Michael P. Clark yn disgrifio rhagfarn beirniaid cymdeithasol a hanesyddol yn erbyn 'mediated engagement with lived experience'.[16] Dyma'r cymeriad cyfryngol sydd yn nodweddu'r esthetig y mae Isobel Armstrong, yn ei thro, yn ei ddatblygu yn ei dadl yn *The Radical Aesthetic* (2000). Ei bwriad yw ceisio ailganolbwyntio categori'r esthetig ar yr agweddau hynny ar y bywyd esthetig sydd 'already embedded in the processes and practices of consciousness – playing and dreaming, thinking and feeling', mewn geiriau eraill, prosesau neu brofiadau sydd yn gwbl angenrheidiol i fywyd ac yn gyffredin i bawb.[17] Rhoddir sylw i gyfryngiad fel yr hyn sy'n gallu rhoi bod i 'creative and cognitive life' trwy gyfrwng iaith, symbolau, meddwl, a theimlad. Mae'r esthetig yn ei dro (defnyddia Armstrong y term 'artwork') yn cael ei ddatblygu fel yr hyn sy'n cynrychioli cyfryngiad ar ffurf perthynas dransitif sydd yn dibynnu ar feddwl a theimlad. Defnyddir *The Broken Middle: Out of Our Ancient Society* (1992) Gillian Rose fel model, sydd yn ymwneud ag agweddau ar feddwl Hegelaidd, gan wrthod lleihau gwahaniaeth barn yn ddau derm di-gyfrwng fel sydd yn nodweddiadol o feirniadaeth ôl-strwythurol.[18] Mewn geiriau eraill, mae'r trydydd dimensiwn, y canol anodd, a groesir mor aml ar frys, rhag ofn i'w anawsterau ein cloi mewn stasis parhaol, yn cael ei ddwyn yn ôl dan sylw fel yr ongl fwyaf diddorol i'w datblygu o blith dilechdid Hegel, a'r ongl â'r goblygiadau mwyaf.

Tra'n ymwybydol o'r risg o dynnu cymariaethau rhwydd, a heb geisio ffurfio cymuned rwydd o gydymdeimlad rhwng gwahanol grwpiau y gellid eu hystyried yn eu ffyrdd eu hunain i fod â phrofiad trylwyr o'r ymylol yn rhan o'u hunaniaeth, mae'r gyfrol hon yn ceisio dirnad pa gyfraniad y gellir ei awgrymu a'i wneud gan ymchwil bellach, i'r ymgais i adfer yr esthetig fel categori atyniadol, enillgar a chynhyrchiol o wybodaeth gyda chydymdeimlad naturiol ddemocrataidd, trwy symud trafodaeth Isobel Armstrong i 'ganol toredig' arall, i dir ffawtlinau ac ymylon eraill. Fel ymylon, gellid ystyried y darnau newydd yma o ddaearyddiaeth lenyddol a diwylliannol fel rhai anorfod wleidyddol. Yn achos Morys, synhwyrir ffawtlin ddiwylliannol gref, nid dim ond yn ffeithiau ei eni a'i ddaearyddiaeth fel rhan o leiafrif ieithyddol yn byw mewn cymdeithas lle arferir dwy iaith, ond hefyd yn niddordeb yr ysgrifau mewn hunaniaeth a chenedlaetholdeb diwylliannol, ac etifeddiaeth lenyddol. Yng ngwaith Havel a Hrabal, nid yw diddordeb tebyg mewn gwneud safiad diwylliannol yn cael ei themateiddio yn amlwg, ond caiff ei awgrymu'n gryf. Mae'r ddau ohonynt yn y testunau hyn yn ysgrifennu ar y periffeiri gwleidyddol, boed o garchar neu o apathi gwleidyddol a fabwysiadwyd i bwrpas, fel y byddaf yn dadlau yn achos Hrabal. Byddaf yn dangos sut y mae'r siâp a grëir gan y berthynas a osodir trwy gyfrwng estheteg a gwleidyddiaeth eu testunau wedi ei wreiddio yn y tensiwn a grëir gan anfodlonrwydd gyda naratifau gorffenedig a'u cefnogaeth sylfaenol i wrthsafiad gwleidyddol. Yn *Dopisy Dubence* Hrabal, hawliau'r unigolyn yw prif gonsýrn y testunau, tra yn *Dopisy Olze* Havel, pwysigrwydd cadw gwahaniaethau, yr hyn sydd Arall, sy'n cael blaenoriaeth. Dylid ystyried y tensiwn a grëir rhwng lleiafrif a mwyafrif, rhwng darn a chyfanrwydd, neu rhwng thesis ac antithesis, rhwng naratifau o feintiau gwahanol, yn codi o strwythur y testunau, yn hytrach nag yn bennaf fel thema sydd yna'n cael ei hadlewyrchu'n ôl yn arddull neu ffurf y testunau eu hunain.

Fel y gellid disgwyl, mae diddordeb y drafodaeth hon yn y berthynas rhwng ideoleg a'r esthetig – fel yr awgrymwyd eisoes – yn cael ei gyrru gan *The Ideology of the Aesthetic* Terry Eagleton. Serch hynny, i raddau mwy helaeth, heb *The Radical Aesthetic* Armstrong, mae'n debyg y byddai termau penodol fy nadl ynghyd â rhai o'r cyfeirnodau wedi bod yn wahanol. Yn arbennig, mae sianelu'r esthetig gan Armstrong trwy gyfrwng y cysyniad o'r 'canol toredig' (er nad wyf yn defnyddio'r un term yn union) wedi bod yn fodd i angori fy nhrafodaeth – rhywbeth sy'n angenrheidiol wrth ddelio gydag estheteg fel cysyniad neu ddisgyblaeth sydd yn nodedig am y modd, yn ddryslyd iawn, y'i defnyddir mewn nifer helaeth o wahanol ffyrdd.[19]

Mae fy nealltwriaeth o'r esthetig, er yn cael ei dadansoddi mewn perthynas â thestunau sydd yn gorgyffwrdd gyda'r llenyddol, yn fwy dealladwy o'i deall yn strwythurol, o'r tu mewn, fel tensiwn mewnol, yn hytrach nag yn nhermau nodweddion allanol megis *genre* neu unrhyw ymgais at dacsonomi cyffredinol. Fe awgrymir hyn gan fy newis o destunau ysgrifol yn hytrach na thestunau llenyddol mwy confensiynol; mewn geiriau eraill, testunau sydd yn amlwg yn benthyca oddi ar dechnegau ffuglen ac iaith fwy disgyrsaidd. Fe wneir hyn yn glir gan fy nefnydd o agoriad Isobel Armstrong o'r esthetig i gynnwys 'components of aesthetic life' sydd eisoes wedi eu gwreiddio mewn prosesau neu brofiadau sy'n holl gyffredin, nid o angenrheidrwydd ond i'w darganfod o fewn gwrthrychau confensiynol esthetig, ond wedi eu hadlewyrchu yng ngweithgareddau angenrheidiol bob dydd megis meddwl, teimlo a breuddwydio.[20]

Mae'r tensiynau penodol yr wyf yn eu dynodi fel rhai esthetig, er enghraifft, rhwng y moddau neu ffyrdd o ddefnyddio iaith sydd yn ddisgyrsaidd a ffuglennol, yn cael eu hamlygu'n arbennig mewn testunau y gellir eu darllen yn ysgrifol; ac, ymhellach, fel yr af ymlaen i archwilio, fel welir y gallai fod yn arbennig o symptomatig, ac yn arbennig o ddefnyddiol, ar gyfer – nid yn unig *genre* ymylol – ond hefyd fath o ysgrifennu sydd yn gorfod delio gyda amrywiaeth mawr o ffawtlinau (diwylliannol, gwleidyddol). Serch hynny, dylai fod yn eglur nad yw hyn yn cau allan y posibilrwydd fod y defnydd hwn o iaith sydd yn cymryd y ffrithiant hwn fel amod ei fynegiant i'w ddarganfod hefyd mewn meysydd nad ydynt yn rhai amlwg esthetig, er enghraifft, mewn disgwrs gwleidyddol neu lle bynnag y mae iaith ar waith (heb gau allan batrymau tebyg nad ydynt yn rhai ieithyddol mewn ffurfiau celf eraill, meigs cerddoriaeth, celfyddydau gweledol a phlastig, a phensarnïaeth). Mewn geiriau eraill, ni ddylid cymryd yn ganiataol fod y deinamig a ddisgrifir drwy gydol y gyfrol hon ac y cyfeirir ato fel deinamig esthetig yn cael ei gyfyngu i'r hyn a ystyrir yn gonfensiynol fel gwrthrychau esthetig, neu wrthrychau sydd yn gyffredin yn agored i werthfawrogiad esthetig. Yn hytrach, fel y ffawtlinau a gynhyrchir gan ymylon, y ffawtlinau y mae'r ysgrifol yn ffynnu arnynt, dylai gwrthrychau esthetig (yn absenoldeb gair gwell) o'r fath gael eu hystyried hefyd, ar lefel wahanol, fel gwrthrychau sydd yn ddefnyddiol ac yn unigryw yn eu gallu i ddod â'r esthetig – fel gwahanol lefelau/naratifau/moddau yn dod wyneb yn wyneb â gwerthfawrogiad o'r gwrthdaro hwn – i sylw, gan bwysleisio ei fecanwaith. Gydag estheteg yn rhan draddodiadol o athroniaeth sydd yn sylfaenol â diddordeb mewn cynrychiolaeth, fe welwn fel y mae'r tensiwn esthetig hwn wedi ei ganoli o gwmpas bwlch sydd yn hanfodol ar gyfer pob math o gynrychiolaeth, hyd yn oed cynrychiolaeth wleidyddol.

Ymhellach, gan gymryd y risg o daflu'r rhwyd yn ehangach fyth, mae'n werth nodi petaem yn mabwysiadu thesis Lyotard yn *La Condition postmoderne* a'i drafodaeth o baroleg fel rhywbeth sydd yn wahanol i arloesi trwy adnewyddu, fel yr hyn sy'n mynd y tu hwnt i unrhyw system, ac yn rhoi blaenoriaeth i ymryson, gyda'i adlais o'r math hwn o'r esthetig yn ei gysyniad o *petits récits* (cyfres o ddigwyddiadau naratif sydd yn heterogenaidd ac heb fod yn derfynedig), byddai'n werth ystyried dyfeisgarwch gwyddonol yng ngolau'r esthetig hwn (fel model strwythurol sy'n tyfu o fwlch neu ddatgysylltiad).[21] I grynhoi thesis Lyotard, mae gwyddoniaeth yn gweithio ar sail yr egwyddor o wahaniaeth ('Tout énoncé est à retenir du moment qu'il comporte de la différence avec ce qui est su, et qu'il est argumentable et prouvable', 103–4 (mae gosodiad yn cael ei ystyried yn werth ei gadw yr eiliad y mae'n gwahaniaethu oddi wrth yr hyn a wybyddir eisoes, ac ar ôl i ddadl a phrawf o'i blaid gael eu darganfod), ac yn yr ystyr honno mae'n wrth-fodel system sefydlogol (megis sefydliadau llywodraethol a chymdeithas gyfalafol wedi ei diffinio yn ôl egwyddor yr effeithlonrwydd uchaf posib – nad ydynt, o fod yn fodelau yn hytrach na gwrthfodelau, yn hyrwyddo ymchwil wyddonol sydd yn wironeddol agored). Ymryson yn hytrach na chonsensws sy'n gyrru gwyddoniaeth ymlaen. Y gweithgaredd gwahaniaethol hwn y cyfeirir ato hefyd fel gweithgaredd dychmygus neu barolegol yw'r hyn sy'n tynnu sylw at fetagyfarwyddiadau neu ragdybiaethau gwyddoniaeth, ac felly'n perswadio y rhai hynny sy'n rhan o gêm iaith gwyddoniaeth i dderbyn gwahanol rai. Er mwyn bod yn gyfreithiol, rhaid amlinellu gorwelion newydd – syniadau newydd, mewn geiriau eraill, gosodiadau newydd ('cela donnera naissance à des idées, c'est-à-dire à de nouveaux énoncés', 105).[22] Mae paroleg fel cam ym mhragmatiaeth gwybodaeth hefyd yn cael ei hadleisio yn nealltwriaeth Lyotard o 'ddigwyddiad', fel a gyflwynir yn ei astudiaeth fanwl o'r *différent* yn *Le différent* (1983).[23] Ystyrir fod 'digwyddiad' yn digwydd mewn ffordd sydd yn mynd y tu hwnt i'w ffrâm gyfeiriadol sy'n sail i'w ddealltwriaeth. Yn yr ystyr hon, mae'n amharu ar y ffrâm gyfeiriadol hon, ac felly'n ei disodli. Mae hyn yn ei gwneud yn amhosib deall y digwyddiad pan fo'n digwydd – ni ellir ei ddeall yn nhermau rheolau ystyr cynrychiolaeth. Dyma ei gymeriad ffigurol, a'r ffiguroldeb hwn (a ystyrir hefyd yn hynodrwydd) sydd yn creu ffrâm newydd ar gyfer gwybodaeth, waeth pa mor lleol neu fychan fo'r raddfa. Bydd y cysyniad hwn o'r ffigurol, fel agwedd arall ar yr esthetig sydd yn cyfleu potensial yr esthetig i fod yn radical, i'w weld yn arbennig yn fy nhrafodaeth ar destunau Havel a Hrabal, ym mhennod 3, yn paratoi'r ffordd at ailosod ac ailwerthuso yr hyn y gellid ei alw yn berspectif lleol neu annarostyngadwy benodol: yr unigolyn, y llais annarostyngadwy neu leiafrifol sydd yn brwydro i ddod o hyd i ffordd o warchod ei ddiddordebau oddi mewn i wleidyddiaeth brif-ffrwd neu o fewn system athronyddol heb danseilio ei *raison d'être*.

Er mwyn gwrthsefyll y demtasiwn i wneud gosodiadau eang, cyffredinol, ac er mwyn troi'n ôl at iaith lenyddol, mae'n debyg mai'r pwynt canolog yn astudiaeth Armstrong sydd yn cyfateb i ymgais y gyfrol hon i ddarganfod esthetig feirniadol, weithredol yn hytrach nag esthetig sydd yn annog agwedd oddefol yw ei beirniadaeth ar Derrida a de Man am nad ydynt yn cynnwys yr esthetig o fewn y gosodiadol:

> Derrida and de Man *unthink* the aesthetic and *have* it. They make just the aesthetic move – an exemption from the constraints of propositionality – which they attribute to the texts they critique [...] it is not my own belief [...] that artwork does without propositionality. Yet both produce flagrantly aesthetic texts, at least *in their terms*, in the course of deconstructing the aesthetic.[24]

Mae cau allan yr esthetig o faes y gosodiadol, i bob pwrpas yn ei ddiarfogi'n syth, yn ei dynnu allan o ymwneud gwleidyddol, oni bai fel llawforwyn i ideoleg (gweler pennod 4), neu, yn waeth byth, fel yr hyn sydd yn tynnu ein sylw mewn modd diletantaidd oddi wrth yr hyn sydd o bwys gwirioneddol: gwybodaeth fel cynnydd (neu ar gyfer yr ôl-fodernydd, gwybodaeth fel hunanymwybyddiaeth gref). Serch hynny, mae beirniadaeth Armstrong yma yn dangos y dryswch y gall gwrth-estheteg hyd yn oed Eagleton a de Man, ond yn arbennig, Derrida ei greu: paradocs yr hyn sy'n ein taro weithiau fel dadansoddiadau arbennig o esthetig o'r esthetig. Maent yn ddadansoddiadau sydd weithiau, yn eironig, yn ein gadael gyda phrofiad gweithredol yn hytrach na goddefol o'r esthetig, gan atgyfnerthu'r gwaith argyhoeddi y maent yn rhoi cynnig arno, a chan ddadleuir cymeriad barus, ymwthgar yr esthetig, lle, fe ddadleuir, 'prior to any determinate dialogue or debate, we are always already in agreement, *fashioned* to concur; and the aesthetic is this experience of pure contentless consensus where we find ourselves spontaneously at one without necessarily even knowing what, referentially speaking, we are agreeing over'.[25] Does dim yn fwy damniol. Dyma'r esthetig y mae Eagleton yn haeru ei fod yn ddim mwy nag 'ideology purified, universalized and rendered reflective, ideology raised to the second power, idealized beyond all mere sectarian prejudice or customary reflex to resemble the very ghostly shape of rationality itself'.[26] Efallai y dylid cydnabod, serch hynny, y gellid dehongli yr argraff hon a geir o ddarllen beirniadaeth esthetig ar yr esthetig, yn arbennig yn nhestunau ystwyth Derrida, fel arwydd o allu rhethregol, lle mae'r posibilrwydd o wrth-ddadl yn cael ei ysgubo ymaith o dan draed y darllenydd gan y plethu polyffonig a sgilgar sydd â thueddiad i fforchio'n gelfydd ddadansoddiad plaen, cysyniadol, ac felly, fel y mae Armstrong ei hun yn nodi, yn gwneud i rywun deimlo fel tipyn o ffŵl os yn ceisio troi'n ôl at feirniadaeth gysyniadol heb fod wedi cynnwys rywsut ryw agwedd ar y gosodiadau arddulliol hyn a wneir gan ddarlleniadau dadadeiladol. Yn yr ystyr hon, maent yn cadarnhau, yn gelfydd os nad yn ymwybodol, enw'r esthetig fel yr hyn sydd wedi ei blethu yn ddiymdroi ag ideoleg.[27]

* * *

Dylai fod yn eglur o'r cychwyn nad wyf am haeru bod y problemau a geir mewn mynegiant gwleidyddol yn unigryw i'r ffawtlinau penodol a ddisgrifir yn y gyfrol hon, hyd yn oed os ydynt yn arbennig o lym yn y cyd-destun hwn – sef cyd-destun diwylliant yr iaith Gymraeg megis yng ngwaith Twm Morys, neu wleidyddiaeth ymrysongar, wrthsafol a gwrth-dotalitaraidd fel ag yng ngwaith amrywiol Havel a Hrabal. Mae'n faes sydd, ers peth amser bellach, wedi bod o ddiddordeb i athronwyr cyfoes pragmataidd megis Richard Rorty, er enghraifft yn *Contingency, Irony and Solidarity* (1989).[28] Ac fel y byddaf yn trafod ym mhennod 4, roedd eisoes o ddiddordeb i Americanwr arall dros ganrif ynghynt, fel y dengys Pamela J. Schirmeister yn ei hastudiaeth o hunaniaeth Americanaidd yng ngwaith Ralph Waldo Emerson, *Less Legible Meanings: Between Poetry and Philosophy in the Work of Emerson* (1999).[29]

O ran yr ysgrifol, ac yn adleisio, yn addas iawn y gyriant ffeminyddol egnïol sydd y tu ôl i brosiect Armstrong yn ffurfio disgwrs esthetig amgen, mae'r rhan helaeth o ymchwil a gyhoeddwyd sydd yn ymwneud yn benodol â phosibiliadau gwleidyddol wedi ei wneud mewn perthynas â'r hyn sydd gan yr ysgrif i'w gynnig fel cyfrwng ar gyfer gwleidyddiaeth ffeminyddol. Un astudiaeth o'r fath yw *The Politics of the Essay: Feminist Perspectives* a olygwyd gan Ruth-Ellen Boetcher Joeres ac Elizabeth Mittman (1993).[30] Gellid gweld cysylltu'r ysgrif â gweithredu gwleidyddol yn y casgliad hwn o ysgrifau, ynghyd â thesis Isobel Armstrong, fel rhagflaeniad mewn maes gwahanol, i'r esthetig radical yr wyf yn ei olrhain. Mewn ystyron eraill, serch hynny, fel sy'n wir am astudiaethau sydd yn osgoi plethu ffasiynol estheteg ac ideoleg, ar wahân i garreg filltir Claire de Obaldia sydd yn cynnig gorolwg beirniadol, *The Essayistic Spirit: Literature, Modern Criticism and the Essay* (1995), mae astudiaethau sydd yn mynd i'r afael â'r ysgrifol yn brin yn Saesneg, Ffrangeg, Tsiec a Chymraeg.[31] Mewn Tsiec y gyfrol ddiweddaraf yw cyfrol Karel Storkán *Umění fejetonu* (Celfyddyd yr Ysgrif, 1979).[32] Yn Gymraeg, ers cyflwyniad byr Glyn Evans, *Yr ysgrif Gymraeg*, a gyhoeddwyd fel pamffled yn 1964, ni chafwyd unrhyw astudiaeth o unrhyw hyd.[33]

Dylai fod yn eglur nad yw fy astudiaeth innau ddim mewn unrhyw ffordd yn ceisio darparu historiograffi eang o'r esthetig neu'r ysgrifol mewn unrhyw lenyddiaeth – Tsiec, Saesneg, Ffrangeg neu Gymraeg. Ymhellach, gallai rhai wrthwynebu'r risgiau methodolegol a gymerwyd wrth geisio creu disgwrs beirniadol sydd yn gorfod bod yn ddigon hyblyg i drin canfas ddiwylliannol sydd ar wasgar mewn rhai ystyron, os nad ym mhob ystyr. Serch hynny, byddwn yn gobeithio bod y sylw agos a roddir i'r cwestiynau theoretig, ac i raddau llai, i'r cwestiynau generic, yn rhoi asgwrn cefn cysyniadol i'r drafodaeth. Yn olaf, mae'n bosib fod fy nefnydd o dermau llithrig megis gwleidyddiaeth, ideoleg, gwleidyddiaeth ddiwylliannol, radicaliaeth a gwrthsafiaeth ar y naill law, a'm heariad ar y llaw arall nad wyf ar unrhyw gyfrif yn ceisio ysgrifennu hanes llenyddol yr ygrifol neu'r esthetig (byddai hynny'n dasg anferth, wedi'r cyfan, ac efallai ddim yn bosib tan fod rhai cyfeirnodau wedi cael eu dynodi yn gyntaf) yn gor-ddweud effaith wleidyddol y math hwn o ymchwil. Os yw hyn yn wir, rwy'n ddiolchgar i Pamela J. Schirmeister am ein hatgoffa o rybudd Stanely Cavell yn ei ddarlleniad o ysgrifau Emerson (ac unwaith eto'n cael ei adleisio yng ngwaith Schirmeister ar Emerson): 'Philosophy cannot abolish slavery, and it can only call for abolition to the extent, or in the way, that it can call for thinking.'[34] Mewn geiriau eraill, yn ein brwdfrydedd dros lenyddiaeth, mae'n hawdd weithiau disgwyl gormod gan y cyfrwng ac wrth wneud hynny, golli'r pwynt: ni ddylid disgwyl i lenyddiaeth wneud mwy na'n gwneud yn ymwybodol o'r angen i fod yn radical – ni all fod yn gyfrifol am newid gwleidyddol a diwylliannol mewn modd uniongyrchol, breintiedig, ar ei liwt ei hun. Siawns fod hyn hefyd yr un mor wir am waith beirniadol. Byddai meddwl fel arall yn golygu colli'r hyn sydd gan yr esthetig a'r beirniadol – fel cefndryd y gwleidyddol – wedi eu dwyn ynghyd dros dro yng nghyfrwng yr ysgrifol, i'w gynnig i ni. Rwy'n gobeithio, serch hynny, y bydd yr hyn sy'n dilyn yn mynd o leiaf gam o'r ffordd i ddangos manteision agwedd esthetig – agwedd esthetig sydd yn mynnu cydblethiad o elfennau'r meddwl beirniadol fel y'i heglurwyd gan system athroniaeth Kant, nid fel modd at synthesis ideolegol, ond i'r gwrthwyneb, fel modd nid yn unig i ddod o hyd i droedle ar gyfer consýrn anghyfforddus lleiafrifol neu ddifreintiedig sydd yn cymhlethu'r darlun gwleidyddol, ond i ddangos hefyd sut mae'r un pryderon nad ydynt yn ffitio'n daclus, ac sydd weithiau mor anachronistaidd nes gwylltio rhywun, yn gallu profi'n achubiaeth i wleidyddiaeth ddemocrataidd. Yn olaf, mae'r ffaith fod y testunau a ddewiswyd gennyf yn cael eu hystyried yn bennaf fel testunau llenyddol neu bersonol, hefyd yn atgoffa rhywun nad yw ymwneud gwleidyddol ond yn perthyn i fyd y disgyrsaidd, fod rôl wleidyddol llenyddiaeth a'r esthetig yn ehangach na phropaganda ac ideoleg, a bod y swyddogaeth esthetig ei hun nid 'yn ddim ond epiffenomen swyddogaethau eraill nad ydynt yn bwysig yn ymarferol, ond yn cydbenderfynu ymateb dynoiaeth i realiti' ('Není také pouhým, prakticky bezvýznamným epifenomenem funkcí jiných, nýbrž je spoluurčovatelem lidského jednání vůči realitě').[35] I'r gwrthwyneb, trwy eu gallu i fynd at graidd croesddywediadau ac anghydwedd-iadau, gobeithiaf y bydd fy astudiaeth o'r testunau ysgrifol hyn yn dyst i allu unigryw yr esthetig i gadw ymwybyddiaeth o gymeriad angenrheidiol gymhleth ein dealltwriaeth wleidyddol, mewn modd na all beidio â bod yn ddatblygiad buddiol, os yn anuniongyrchol, ar gyfer ymarfer gwleidyddiaeth.

Yr ysgrifol a'r esthetig

I grynhoi, y sialens a amlinellais fel un o fannau cychwyn y drafodaeth hon oedd ceisio cysoni yr hyn sydd, ar ei wedd gryfaf, yn rhyddfrydiaeth ffyrnig, gyda modd o haeru gwleidyddol a diwylliannol nad yw'n tanseilio ar yr un pryd yr hyn y gellid ei alw'n fras fel ei uchelgais foesegol. Awgrymais y bydd yr esthetig, fel dull sydd yn creu nodwedd o'r bwlch a grëir mewn cynrychiolaeth, yn cael ei archwilio am ei botensial i gynnig atebion i'r sialens hon; fod y cyfeiriad hwn yn cael ei awgrymu, yn eironig, oherwydd y tueddiad poblogaidd i gysylltu'r esthetig ag ideoleg – mewn geiriau eraill, dafad ddu gwleidyddiaeth, neu wleidyddiaeth sydd wedi colli rheolaeth arni ei hun. Yn olaf, dewisais ganolbwyntio ar destunau ysgrifol fel ateb o ran arddull i hyn oherwydd hoffter naturiol yr ysgrifol o ffawtlinau a chymysgu ffurfiau, ac oherwydd ei enw fel method sydd yn gallu bod yr un mor gartrefol mewn amrywiol gyd-destunau, gan ddefnyddio technegau ieithyddol gwrthgyferbyniol – gwleidyddol, personol a llenyddol.

I osod y broblem mewn modd mwy concrid ac yng nghyd-destun y testunau dan sylw: sut mae rhywun, er enghraifft, yn mynd ati i wrthwynebu gwleidyddiaeth dotalitaraidd heb ailadrodd ei rhethreg dim ond trwy fod yn ymwneud â hi (Havel); ar lefel fwy personol, sut y gall awdur gyfiawnhau ei anallu i ymwneud â gwleidyddiaeth mewn modd ymarferol, mewn cyd-destun lle mae cydweithwyr yn aberthu rhannau sylweddol o'u bywydau er mwyn eu credoau gwleidyddol; sut ac i ba raddau y mae llenyddiaeth a gwleidyddiaeth yn cydblethu ac yn cynnig tanwydd gwerthfawr ar gyfer y gwleidydd afrwydd (Hrabal); ac yn drydydd, fel rhan o leiafrif ieithyddol a diwylliannol, sut mae mynd ati i fynnu yr un hawliau ieithyddol a diwylliannol yma, sut mae rhywun yn gofalu ei fod yn cael llais heb ddibynnu ar strategaethau eithafol, annemocrataidd, heb danseilio sylfaen foesegol yr hawliau hyn yn y broses o'u haeru (Morys)?[36]

Petai awdur yn chwilio am fodd i archwilio a datrys rhai o'r cymhlethdodau a amlinellwyd uchod, byddai'n synhwyrol ddigon i droi at y traddodiad ysgrifol am syniadau. I gychwyn, ceir yr atyniad amlwg fod yr ysgrifol ar ryw olwg yn galluogi rhywun i ddal llygoden a'i bwyta:

yn hybrid trwy ddiffiniad, mae'n cwmpasu mwy nag un *genre*, ac mae'n rhydd rhag rheolau cyfyng ymarweddiad. Ystyrir bod yr ysgrif wedi'r cyfan yn dechrau 'without preconceptions'.[37] Os y bu erioed *genre* democrataidd, dyma hi, yn derbyn â breichiau agored bob math, wedi eu cysylltu gan fethod – ysgrifiaeth neu *essayism* – yn hytrach na nodweddion *genre* allanol.

Ystyrir yr ysgrif yn aml fel *genre* ymylol,[38] ac mae'r hyblygrwydd hwn yn anorfod wedi cyfrannu at y diffyg deunydd beirniadol ar yr ysgrif a'r ysgrifol, er bod ysgrifiaeth wedi bod yn gweithredu fel 'paradigm of contemporary criticism' ers peth amser.[39] Ar ben hynny, mae'r term wedi cael ei ddefnyddio fel term ymbarél ar gyfer pob math o weithiau prôs byr anffuglennol[40] ac wrth gyfeirio at destunau mor wahanol â *Dialoges* Platon, *Meditations philosophiques* Descartes, *Encyclopédie* Diderot, dyddiaduron dychmygol a straeon byrion Kierkegaard, maniffestos Swrealaidd neu hunan-bortreadau Michel Leiris.[41]

Yn draddodiadol, gwelir yr ysgrif yn cwmpasu'r disgyrsaidd a iaith farddonol neu lenyddol, tra bod yr olrhain arferol o'r *genre* yn ôl i'r Dadeni ac *Essais* Montaigne ymhellach yn gwreiddio'r ysgrif yng nghyd-destun adfywio sgeptigiaeth Roegaidd yn y Dadeni a phrosiect Montaigne yn dad-wneud *doxa*'r Dadeni. Mae hyn yn gosod yr ysgrif yn null Montaigne wrth wraidd arbrofi modernaidd, heb fod wedi ei israddio i reolau ffuglen na threfnu rhesymegol ysgrifennu disgyrsaidd, gyda'r *raison d'être* yn ei amser gweithredol, yn ei fethod sydd yn datblygu yn arbrofol, gyda thestun yn tyfu mewn cyfeiriadau nas rhagwelwyd yn hytrach nag yn ôl egwyddor trefn eneraidd hierarchaidd. Mae'r risg o greu ffurf arall ar *doxa* felly'n cael ei lleihau trwy ganolbwyntio sylw gymaint â phosib ar y broses yn gymaint â'r canlyniadau, gan ddatgelu fod pa bynnag gasgliadau y deuir iddynt yn relatif i fodd a method eu mynegiant, heb geisio cyflwyno Gwirionedd gyda'i amseroldeb wedi ei gladdu. Ysgrifenna Montaigne, gan ein hatgoffa o feirniadaeth Gerallt Lloyd Owen ar arddull barddoniaeth Twm Morys fel 'un sy'n meddwi ar eiriau'[42]:

> Je ne puis assurer mon objet. Il va trouble et chancelant, d'une ivresse naturelle. Je le prends en ce point, comme il est, en l'instant que je m'amuse à lui. Je ne peins pas l'être. Je peins le passage: non un passage d'âge en autre, ou, comme dit le peuple, de sept en sept ans, mais de jour en jour, de minute en minute. Il faut accommoder mon histoire à l'heure.[43]

> (Nid wyf yn abl i sadio fy nhestun: mae yn mynd rhagddo yn ddryslyd ac yn siglo yn naturiol feddw. Rwyf yn gafael ynddo fel y mae nawr, ar y

foment hon tra rwyf yn oedi drosto. Nid wyf yn portreadu bod ond dyfod i fod: nid symud o un oes i'r llall (neu fel mae'r werin yn ei ddweud o un cyfnod o saith mlynedd i'r llall) ond o ddydd i ddydd, o eiliad i eiliad. Rhaid imi addasu'r cofnod hwn ohonof fy hunan bob awr.)

O gofio y tueddiad hwn i ddiffinio ysgrifau yn ôl yr hyn y maent yn ei wneud yn hytrach na'r hyn maen nhw'n ei ddweud, yn ôl method yn hytrach nag yn ôl nodweddion allanol sy'n perthyn i *genre* arbennig, nid yw'n syndod fod nodweddion yr ysgrif yn cael eu dargafnod mewn cyd-destunau amrywiol, fel offer wedi eu gwthio i mewn i *genres* eraill. Fel y dadleua Claire de Obaldia yn ei hastudiaeth o feirniadaeth fodern a llenyddiaeth trwy lygaid yr ysgrifol, mae method yr ysgrif i'w ddarganfod yn gyrru ffurfiau mor wahanol â nofelau a beirniadaeth, gan greu categori o nofelwyr ysgrifol megis Proust, Musil neu Borges, a beirniadaeth ysgrifol megis gwaith Roland Barthes; hyn i'r fath raddau nes ei bod yn anodd trafod yr ysgrif heb olygu'r ysgrifol.[44] Mae tri o theorïwyr pwysicaf yr ysgrif (Georg Lukács, Walter Benjamin, a Theodor W. Adorno) yn wir yn dadlau mai craidd yr ysgrif yw'r ysgrifol.[45] O blith y canon Gorllewinol, tebyg iawn mai prin fyddai'r ysgrifwyr hynny a fyddai'n ystyried eu bod yn ysgrifennu ysgrifau. Mae'r diffiniadau wedi tueddu i fod yn rhai a luniwyd yn ôl-syllol.

Os yw hyblygrwydd felly'n bwysig, lle mae'r personol, y gwleidyddol a'r dychmygol yn gallu cyd-fyw, byddai'r ysgrifol yn ddewis da.[46] Ymhellach, ymddengys y byddai'r ysgrifol nid yn unig yn derbyn ond yn croesawu arddull wrthddywediadol, gan roi rhwydd hynt i ddefnyddio amrywiaeth o strategaethau ysgrifennu, heb boeni am dorri dros dresi confensiynau generig, a rheolau *decorum* disgyrsaidd neu gyfyngiadau mimetig.

Yn ail, mae datblygiad yr ysgrif Fontaignaidd fel testun yn tyfu yn llorweddol yn ogystal ag yn fertigol, ei genesis fel sylwebaeth wedi ei hychwanegu at sylwebaeth, yn y pen draw yn cynhyrchu tri fersiwn gwahanol o'r *Essais* yn un, yn gosod dialechteg y canol a'r ymyl yng nghalon y *genre*. Mae'r defnydd o ddyfyniadau, wrth gwrs, yn nodweddiadol o destunau'r Dadeni a gwerthusiad y Dadeni o ddynwarediad fel parch tuag at, a modd o ddysgu gan, destunau yr hen fyd.[47] Ond mae Montaigne yn defnyddio dyfyniadau i yrru'r ysgrifau ymlaen trwy wahaniaethu, fel ffynhonnell ffrithiant rhwng amrywiol bersbectifau, sydd, yn eu tro, yn creu agoriadau yn hytrach na chadarnhau ei safbwynt, fel y mae'n cydnabod eu hun:[48]

> Ni elles, ni mes allégations ne servent pas toujours simplement d'exemple, d'autorité ou d'ornement. Je ne les regarde pas seulement par l'usage que j'en tire. Elles portent souvent, ors de mon propos, la semence d'une matière plus riche et plus hardie, et sonnent à gauche un ton plus délicat . . .[49]

> (Nid ydynt hwy na'm dyfyniadau bob amser yn gweithio fel dim ond esiampl, awdurdod neu addurn. Nid wyf yn eu hystyried yn unig yn ôl y defnydd a gaf ohonynt. Maent hefyd yn cynnwys yn aml, ar wahân i'm geiriau, hedyn pwnc cyfoethocach a mwy mentrus, tra'n gwneud synau mwy tyner i un ochr . . .)

Yr hyn a geir yw symudiad o ddynwarediad y Dadeni at greadigrwydd trwy gyfnewid amheuaeth ac ysgrifiaeth am gydymffurfiad, gan dorri cwys trwy gyfrwng egwyddor gwahaniaethu ('Qu'on ne s'attende pas aux matières, mais à la façon que j'y donne. . . Je ne compte pas mes emprunts, je les pèse' (Peidier ag oedi gyda'r mater ond gyda'm ffordd i gyda'r mater . . . nid wyf yn cyfrif fy menthyciadau: rwyf yn eu pwyso)).[50] Unwaith eto, mae datblygiad yr *Essais* yn ystod y Dadeni ar adeg pan oedd gwareiddiad y Gorllewin yn symud oddi wrth ddiddordeb a chonsýrn yr Oesoedd Canol gyda'r cyffredinolion at y diddordeb modern mewn profiad penodol, unigol, yn hyrwyddo'r lleol a'r personol dros systemau a haniaethau. Dyma oedd y *zeitgeist*, wrth gwrs, a ddarparodd y cyd-destun rai degawdau'n ddiweddarach ar gyfer *Méditations* Descartes a lleoliad yr hunan, yr unigolyn yng nghanol pob gwybodaeth bosib ('Les sens sont le commencement et la fin de l'humaine cognoissance', ysgrifenna Montaigne).[51] Fel y noda de Obaldia,

> from its genesis as notes in the margins of other texts, the genre becomes what it is through addition, supplementation, in other words by expanding on its own margins, so that the "full" status which it acquires depends on an increasing marginality and (typographically visible) decentring.[52]

Mewn geiriau eraill, mae method neu fodd yr ysgrif yn datblygu yn ôl deinamig allgyrchol.

Yn ôl yr egwyddor hon, mae'n ymddangos bod method ysgrifol Montaigne yn gwarchod yn awtomatig yn erbyn *doxa*, hyd yn oed yn erbyn ideoleg, gydag ymylon ac ychwanegiadau yn rhwystro unrhyw dueddiad canolgyrchol neu ddeisyfiad i gyflwyno syniadau fel petaent yn wirioneddau oesol. Mae'r syniad o ymylon lluosog yn hytrach na chanol unigol hefyd yn cael ei adleisio yn y ddealltwriaeth gyffredin o'r ysgrif a'r ysgrifol fel ffurf a method sydd yn ymgorffori orau hunanymwybyddiaeth gynyddol y goddrych modern, gan ddadlennu rhwyg rhwng goddrych a gwrthrych, rhwng y penodol a'r cyffredinol, a rhwng celfyddyd ac athroniaeth. Yn ôl y ddealltwriaeth hon, ceir yn barod yr hyn y gellid ei alw'n synnwyr alltudiaeth ac anghytgord wrth wraidd yr ysgrif, wedi ei gryfhau ymhellach gan ei method arbrofol yn hytrach na didactig, lle yr eir i hwyl wrth chwilio am gyflyrau anorffenedig, wrth ymgartrefu yn y gwagle rhwng cyflyrau, ond bob amser gydag ymwybyddiaeth alltud ei fod o afael cyfanrwydd er yn deisyfu'n anorfod amdano.[53] Yn y cywair hwn, dadleuodd theorïwyr mwyaf blaenllaw yr ysgrif (a oedd hefyd oll yn ysgrifennu yn Almaeneg, a go brin bod hynny'n gyd-ddigwyddiad chwaith) y byddai'r *genre* yn datblygu'n naturiol o ansicrwydd, mewn cyfnodau o drawsnewid, boed yn enerig neu'n ddiwylliannol. Gan ddilyn ymlaen o'u gwaith, a'r cysylltiadau a amlinellir ganddynt rhwng model *Essais* Montaigne a'r theori Almaenaidd Ramantaidd gynnar o'r ffragment, mae de Obaldia yn disgrifio'r ysgrif ymhellach o berspectif Rhamantaidd fel y *fragment* sydd yn ymlwybro rhwng dwy system, mewn 'transitory period between two "golden ages" or utopias, those of antiquity and of a future, better time (a "no longer" and a "not yet")'. Mewn geiriau eraill, mae'r ysgrif a'i statws fel rhagflaenydd yn cael eu dynodi fel 'the mark of a problematic form', 'the typical response to a world which has become problematic' and 'the typical expression of a lack of cultural untiy'.[54] Serch hynny, o fewn y cyd-destun cymhleth hwn mae'r ysgrif hefyd yn gallu gweithredu fel cyflafarefydd unigryw 'between these oppositions' ac 'expresses the foreboding of their unification or synthesis'.[55] Mewn geiriau eraill, mae moment yr ysgrif yn un gynhyrchiol yn hytrach nag yn un oddefol, 'always the expression of a possibility'.[56] I grynhoi, felly, yn sicr o safbwynt hanesyddol, mae'r method ysgrifol yn un sydd yn arbennig o abl i dynnu sylw at yr ymylol. Nid ailgrwpio daearyddol syml mo hyn, ychwaith, o'r canol at yr ymyl, mewn geiriau eraill, symud canol pŵer i'r ymylon. I'r gwrthwyneb, mae'n ymwneud yn gymaint â chyfryngu rhwng gwrthwynebiadau ac ail-leoli, dadadeiladu rhagdybiau mimetig a chysyniadau derbyniedig o gynrychiolaeth trwy symud proses i ganol pethau, ac ar ei ffurf orau, yn dynodi'r broses hon, yr ysgrifiaeth hon, y 'J'essaye' Montaignaidd fel ei *raison d'être*. Fel ffordd o warchod rhag atyniad rhwydd a pharod syniadau derbyniedig, mae'r method ysgrifol felly'n ymddangos yn un heb ei ail.

Gan atgyfnerthu enw'r ysgrif fel *baggy monster* arall, mewn ystyr hanesyddol, mae'r ysgrif â chynodiadau digon gwahanol yn y cyd-destun

Cymraeg a'r cyd-destun Tsiec – cynodiadau nad ydynt bob amser yn cyd-fynd yn daclus â'r hyn y gellid ei ystyried fel perthnasedd amlwg yr ysgrifol ar gyfer y ddau ddiwylliant hyn yn nau begwn Ewrop; mae'r ddau â phrofiad arbennig o ffiniau'n symud a phrofiad o ymylon gwleidyddol a diwylliannol yn rhan o'u hanes a'u cymeriad. I gychwyn, yn y cyd-destun Cymraeg, nid yw'r ysgrif neu'r ysgrifol wedi denu fawr o drafodaeth feirniadol neu greadigol. Mewn cyflwyniadau cymharol a hollgwmpasol megis cyfres Gwasg Prifysgol Cymru, *A guide to Welsh literature c.1990–1996*, nid yw'r ysgrif prin yn cael ei chrybwyll heb sôn am gael pennod neu adran i'w thrafod ar ei phen ei hun. Nid nad yw hynny'n golygu nad oedd llawer o ysgrifau'n cael eu hysgrifennu yn Gymraeg. I'r gwrthwyneb, cwynai Saunders Lewis yn 1953, 'Y ffurf Gymraeg boblogaidd a'r ffurf ddiocaf ar "ryddiaith greadigol" yw'r ysgrif, ac y mae gennyf fi ragfarn gadarn ond nid llwyr anorchfygol yn erbyn cyfrol o ysgrifau.'[57] Ac fel y noda Glyn Evans, y dyfynnir yr uchod yn ei astudiaeth fer, *Yr ysgrif Gymraeg*, a gyhoeddwyd fel pamffled yn 1964, mae'n rhyfedd fod cymaint o ansicrwydd wrth ddiffinio yr ysgrif o ystyried bod digon o ysgrifau i gynnal dau derm yn y Gymraeg am un yn Saesneg, sef *ysgrif* a *thraethawd*, yr olaf o gymeriad mwy didactaidd, llai cyfrwys.[58] Gan adleisio'r cnwd o ysgrifau a oedd yn cael eu hysgrifennu yn Lloegr ar y pryd, ystyrir bod yr ysgrif Gymraeg wedi dod yn ffurf boblogaidd, ffasiynol ar ôl 1922.[59] Dyma'r flwyddyn hefyd pan fu i T. H. Parry-Williams gyhoeddi ei ysgrif gyntaf 'K.C.16' a fu'n ddechrau cyfrolau di-ri ganddo o ysgrifau poblogaidd iawn. Dyma un o'r ychydig lenorion Cymraeg, serch hynny, a fabwysiadodd yr ysgrif fel un o'i brif ffurfiau.[60] Diddorol nodi yng nghyswllt sylwadau Glyn Evans fod ysgrifau T. H. Parry-Williams hefyd yn aml yn amlygu'r awydd i ysgrifennu traethawd sy'n anhraethadwy, fel y sylwodd Jerry Hunter mewn sgwrs â mi. Ac yng nghyswllt ysgrifau Twm Morys, a'r modd y chwaraeir gyda chyweiriau academaidd a chreadigol, mae'n werth cofio am y patrwm a osododd ysgrifau T. H. Parry-Williams ar gyfer yr ysgrif Gymraeg lle mae croesi ffiniau rhwng ysgrifennu 'creadigol' ac ysgrifennu 'academaidd' yn rhan bwysig o'r traddodiad.[61] Mi roedd yr Eisteddfod Genedlaethol, wrth gwrs, yn bwysig yn natblygiad yr ysgrif yng Nghymru, a thrwy gyfrwng cystadleuaeth ysgrifennu ysgrif y bu i Islwyn Ffowc Elis wneud ei enw am y tro cyntaf fel awdur. Serch hynny, o gofio i Montaigne gyhoeddi ei *Essais* yn 1603, ac i Francis Bacon gyhoeddi ei ysgrifau cyntaf yn 1597, roedd yr ysgrif Gymraeg yn hir yn magu nerth, er y gellid gweld 'Rhagymadroddion' y dyneiddwyr Cymraeg yn yr 16eg a'r 17eg fel rhag-flaenwyr yr ysgrif, gyda gwaith William Salesbury yn arbennig yn dadlennu nodweddion arddull ysgrifol.[62] Mae Glyn Evans yn awgrymu mai prinder economaidd yn y Gymru Gymraeg i gynnal yr hinsawdd salonaidd a fu'n gymorth i fagu a chynnal yr ysgrif Saesneg sy'n gyfrifol am y gwahaniaeth hwn rhwng Lloegr a Chymru; fod ystyriaethau mwy ymarferol yn mynd ag amser rhydd prin yr awdur Cymraeg:

> Sicrhaodd technoleg fodern ragor o oriau hamdden ond lle'r amlhaodd hamdden a hoe y rhagor-amlhaodd pryder dyn, nid am ei fara beunyddiol, ond am ei enaid ac am barhad y garfan o bobl y mae'r Cymro'n perthyn iddi, y genedl Gymreig a'i hiaith gysefin. Pe baem yn medru ymddihatru o'n cadwyni gwleidyddol, diwylliannol a dyngarol a chau'r drws o'n holau, yna fe gaem ysgrifwyr yn amlach.[63]

Mae'n bosib fod Glyn Evans yn gywir wrth ddweud nad oedd cyddestun cymdeithasol Cymru yn y cyfnod dan sylw yn rhoi lle rhwydd i ddatblygiad yr ysgrif yn yr un modd ag yn Lloegr. Ceir hefyd ddylanwad Methodistiaeth Gymreig, a'r cyswllt anorfod, fel dwy ffurf fer sydd yn draddodiadol yn hofran rhwng y myfyriol a'r didactig, rhwng pregethau dydd Sul a'r ysgrif, heb sôn am ddylanwad Methodistiaeth ar foesau'r cyhoedd, a'i dylanwad ar y pynciau a fyddai'n cael eu hystyried yn addas i'w trafod mewn trafodaeth neu fyfyrdod cyhoeddus. O ystyried y berthynas orfodol hon, nid yw'n syndod fod yr ysgrif Gymraeg yn aml yn nes o ran ysbryd i'r model Baconaidd o'r ysgrif fel trafodaeth â chonsýrn moesol. Serch hynny, gan rybuddio'r darllenydd i beidio â chymysgu'r ysgrif â thraethawd, llenyddiaeth gyda pholemig, mae Glyn Evans fel petai'n croesawu'r model hwn, gan ddadlau bod gan yr ysgrif ddelfrydol ffurf arbennig sydd yn trefnu ei thestun yn ofalus yn ôl thema ganolog, heb unrhyw addurn i dynnu sylw oddi wrth yr undod twt hwn.[64] Ar ben hynny, mae llyfnder a rhyw hunanhyder gwaraidd yn gynhenid i'w ffurf:

> Nodwedd yr ysgrif yw llyfnder a naws o lonyddwch gwâr sy'n adlais o ymddiddanion cylchoedd diwylliedig. Os yw'r gwestai yn troi a throsi yn ei gadair ac am symud o ystafell i ystafell, digon prin y bydd yr un a wahoddwyd i'w gwmni yn teimlo'n esmwyth iawn.[65]

Yn eironig, yn ei ymdrech i ddiffinio'r ysgrif fel ffurf lenyddol ddilys, mae Glyn Evans yn colli golwg ar elfennau mwyaf perthnasol a chynhyrchiol yr ysgrifol – ei allu i greu holltiadau ac agoriadau, adegau o densiwn sydd yn gymorth i agor yn hytrach na chau trafodaeth, y modd y mae'n uniaethu â safbwyntiau annisgwyl, gan yrru'r drafodaeth ymlaen yn hytrach na'i chonsolideiddio. Mae'n gresynu bod anghenion a chyfrifoldebau brys gwleidyddol a diwylliannol yn gofyn am sylw'r awdur, ac yn dadlau oni bai am hynny (a gellid ychwanegu yma, rôl ganolog Methodistiaeth), y byddai'r Cymry wedi bod yn ysgrifwyr llawer mwy brwd. Ond mae hynny'n colli golwg ar y pwynt ar y naill law fod testunau byr ysgrifol yn gyffredin yn Gymraeg ac ar y llaw arall, fod yr ysgrifol yn arbennig o berthnasol yn y cyd-destun Cymraeg oherwydd dealltwriaeth naturiol y Cymry o safbwyntiau amrywiol ac asymetrig, oherwydd eu gallu i drin pynciau o ongl annisgwyl, a'u gallu arbennig i gwestiynu cysyniadau ystrydebol o gynrychiolaeth, i fynd dan groen y *status quo* petai hynny ond er mwyn ei gyfnewid am *status quo* arall. Ni yw hyn mor syfrdanol efallai o ystyried y pwysau i gyd-ymffurfio gan anghydffurfiaeth. Ar ben hynny, ar gyfer diwylliant sydd, yn hanesyddol, wedi'i ddiffinio ei hun yn bennaf trwy gyfrwng y gair ysgrifenedig, trwy gyfrwng ei lenyddiaeth, byddai'n synhwyrol dadlau yn y cyd-destun hwn nad yw'r rhwyg rhwng theori ac ymarfer, rhwng ysgrifennu ac actio, llenyddiaeth a 'realiti' ddim mor absoliwt ag y byddai rhywun yn naturiol yn tybio. Mewn geiriau eraill, er na all llenyddiaeth fod yn gyfrifol am newid gwleidyddol a diwyliannol mewn modd uniongyrchol, os yw darllen ac ysgrifennu yn nodwedd ganolog sy'n diffinio diwylliant sydd hefyd, i raddau helaethach na'r arfer, yn hunanymwybodol, os nad yn hunanfyfyriol, mae'n amlwg yn mynd i gyfrannu mwy nag y byddai fel arall at y drafodaeth ddiwylliannol a gwleidyddol.

Yn aml, colofnau a gomisiynwyd gan gylchgronau sydd wedi arwain at yr ysgrifau mwyaf gwreiddiol, er enghraifft, ysgrifau R. T. Jenkins yn *Y Llenor* yn ystod rhan gynharaf a chanol yr 20fed ganrif; yn fwy diweddar, ceir colofnau Twm Morys, ac ar hyn o bryd, ei olynydd yn *Taliesin* Emyr Lewis.[66] Byddai astudiaeth bellach o waith R. T. Jenkins a T. H. Parry-Williams yn arbennig, yng ngolau'r drafodaeth a gychwynnir yn y gyfrol hon, yn sicr o fod yn gynhyrchiol.

Yn y cyd-destun Tsiec, o ystyried cymdeithas a diwylliant cyfoes Tsiec o'r tu allan, byddai'n hawdd cymryd yn ganiataol fod yr ysgrif Tsiec â thraddodiad naturiol, cryf sydd yn ymestyn i'r presennol. Wrth edrych yn arwynebol ar y labeli sydd yn arfer cael eu defnyddio i ddisgrifio rhai o'r ffigurau Tsiec mwyaf adnabyddus, byddai'n ymddangos yn deg casglu bod bywyd gwleidyddol a llenyddol Tsiec wedi uno, neu o leiaf, wedi cyfnewid lle. Mae un o gynrychiolwyr mwyaf blaenllaw, tan yn ddiweddar iawn, gwleidyddiaeth Tsiec, y cyn-Arlywydd Václav Havel, hefyd yn un o'u ffigurau llenyddol mwyaf amlwg, ac fe ddatblygodd ei enw yn y ddau faes, hyd at bwynt, yn annibynnol ar ei gilydd. Mae uno dau faes sydd yn arferol yn cael eu hystyried yn gwbl groes i'w gilydd wedi, ar y naill law, rhoi pwysau ar awduron Tsiec i'w hailddiffinio eu hunain fel deallusion (gan ddod â hwy o bosib yn nes at yr ysgrif), ac ar y llaw arall, wedi problemateiddio'n anorfod ystyr y gair deallusyn.[67] Heb geisio awgrymu bod y ddau derm yn cau ymaith y naill oddi wrth y llall, ar un olwg o leiaf, mae 'deallusyn' un cam yn nes at wleidyddiaeth nag awdur neu fardd, ac un cam oddi wrth lenyddiaeth, fel rhywun sydd yn sylwebu'n uniongyrchol ar faterion cymdeithasol, gwleidyddol a moesol. Ar y llaw arall, er mwyn cadw y gwrthrychedd a gysylltir â deallusion ac er mwyn peidio â llithro yn ddiymdroi at wleidyddiaeth, mae'n rhaid i'r sylwebaeth hon gael ei gwneud o'r tu allan, ac nid oddi mewn i wleidyddiaeth llywodraeth neu blaid. Yn y Weriniaeth Tsiec, ac mewn gwledydd eraill ôl-Gomiwnyddol, serch hynny, roedd y 'deallusion', fel Havel, yn eu cael eu hunain, braidd yn annisgwyl, yn llenwi gwagle gwleidyddol wedi i'r drefn Gomiwnyddol dotalitariadd ddymchwel. Fel y nododd Eda Kriseová (sef awdur a newyddiadurwraig, yn bennaf, ond hefyd yn nes ymlaen, aelod o un o fyrddau ymgynghorol gweithredol cyntaf Havel) nid oes trafodaeth synhwyrol i'w chael ynghylch pa mor ddoeth yw hi i ddeallusion ddal swyddi blaenllaw mewn llywodraeth, oherwydd roedd hyn yn anorfod yn hytrach nag yn fater o ddewis. Pan arweiniodd y Chwyldro Felfed yn Nhachwedd 1989 at ddymchwel y drefn, nid oedd yna ddosbarth o bobl abl, ddi-lwgr, broffesiynol nad oeddent yn Gomiwnyddion, yn barod i gymryd yr awenau.[68]

Os bu i awduron a deallusion Tsiec ddod yn rhan gynyddol o wleidyddiaeth, gellid disgwyl, o ganlyniad, y byddai'r ysgrif a'r ysgrifol yn cael mwy o ddylanwad fel math o ysgrifennu sydd yn abl i roi lle i'r gorgyffwrdd rhwng gwleidyddiaeth a llenyddiaeth. Gellid hefyd ddisgwyl, os yw'r awduron hynny sydd bellach yn byw yn nes at y llywodraeth a'i gofynion yn ysgrifennu, y byddai darnau byr, ysgrifau myfyriol, lle mae sylwebaeth wleidyddol, cyfeiriadaeth lenyddol ac arddull fyfyriol yn gallu cael eu cyfuno, yn apelio yn hytrach na phrosiectau mwy megis nofelau a dramâu. Os nad yw swydd Arlywydd, er enghraifft, yn caniatáu ond ychydig o amser hyd yn oed ar gyfer cysgu, heb sôn am ysgrifennu darnau llenyddol, mae areithiau'n dal i orfod cael eu hysgrifennu, ac mae awdur-Arlywydd yn fwy tebygol efallai o ysgrifennu ei areithiau ei hun.[69] Mewn geiriau eraill, ar gyfer yr awdur-ddeallusyn sydd wedi troi'n wleidydd, onid yw'r ysgrif a'r ysgrifol yn ddelfrydol i helpu'r deallusyn neu'r gwleidydd chwyldroadol orchfygu unrhyw amheuon posib ynghylch y cyfaddawdu y mae llywodraeth a gwleidyddiaeth blaid yn gofyn amdano? Wedi'r cyfan, mae'n ymddangos fod yr ysgrifol yn meddu'r gallu i roi lle i gyneddfau croesdynnol, gan adael i rywun esgus gwneud un peth tra'n gwneud rhywbeth cwbl wahanol. Hynny yw, gall roi lle i gymlethdod heb o angenrheidrwydd ddibynnu ar fynegiant tywyll.[70] Fel y noda Jerzy Szacki, hoff *genre* lenyddol y chwyldroadwyr oedd yr ysgrif, 'sy'n rhoi mwy o ryddid iddynt rhag y cyfrifoldeb o gofnodi pethau yn union fel y maent ac yn gwbl gywir'.[71] Mae Szacki, serch hynny, yn dadlau bod yr ysgrif fel cyfrwng, gyda'i hiaith wrth-wleidyddol, wedi dod yn 'anachronism much sooner than expected' ac iddi fod o'r cychwyn yn 'obstacle to a clear understanding of its political message', fod yr ysgrif fel ffurf o fynegiant wedi'i dewis 'in order to help individuals who thought and felt the same way to recognize each other in the "lonely crowd" of citizens of a state in which there were no normal channels of social communication or established forms of public discourse other than the official one'. Ymhellach, 'the less clearly views on specific matters were expressed, the more easily they could be accepted by anyone who wanted to come to an understanding'.[72] Ond fel y gwelwn ymhellach ymlaen, yn y cyd-destun gwleidyddol hwn, mae'r dull ysgrifol hefyd yn gallu magu deinamig sydd yn fwy creadigol ac egnïol yn wleidyddol, a hynny nid trwy greu cymuned amwys, o gonsensws yn seiliedig ar deimlad, ond wrth chwarae ar atyniad yr ysgrifol at ffrithiant a diffyg cydlyniad. Dyma'r potensial sy'n cael ei awgrymu ond heb ei wir gydnabod gan Adam Michnik yn *Polskie pytania:*

> I think that we know precisely what we do not want, but none of us knows precisely what we do want. There is no language which could correctly describe our aspirations – that too, is one of the peculiarities of this time. None of the known languages grasps our experience. The language of political analyses and sociological forecasts, the language of historical reflection and religious meditation does not suffice. The values whose presence we sense intuitively – and to which we want to be faithful – are values existing at the meeting point of different spheres of our human condition, and hence the language in which they could be described cannot be internally homogeneous. Hence we are looking for another language which would pinpoint the inexpressible.[73]

Dylid hefyd ddadlau, serch hynny, hyd yn oed os oedd y nifer o ddeallusion a gafodd yn y pen draw eu denu i swyddi yn y llywodraeth yn ystod degawd cyntaf democrataidd y Weirniaeth Tsiec wedi Comiwnyddiaeth yn gymharol fach, fe adawsant argraff tu hwnt o rymus ar lywodraethau democrataidd y Gorllewin, a bu i ddemocratiaeth a chyfalafiaeth ddwyn ymaith dafodau arferol y deallusion yn eu rôl fel *vox populi* yn siarad yn erbyn y drefn wleidyddol oherwydd disodlwyd eu testun arferol ac anorfod â rhywbeth rhy debyg iddyn nhw eu hunain, a oedd yn anos ei labelu fel 'arall'. Fel y nododd Adam Zagajewski yng nghyd-destun deallusion Pwylaidd a Chanol Ewrop yn gyffredinol, 'writers, who once represented visionary, mythical entities now represent just themselves'.[74]

Yn fwy cyffredinol, yn hanes llenyddiaeth Tsiec fodern, mae'r ysgrif yn cael ei chysylltu'n amlach na pheidio â'r *feuilleton*, sef *genre* newyddiadurol-lenyddol sydd wedi bod yn gymharol boblogaidd ac yn ymestyn yn ôl i ddegawdau olaf yr Ymerodraeth Awstro-Hwngaraidd, i groniclau Jan Neruda (1834–1891) tra'n teithio yn Ewrop a'r Dwyrain Canol (er enghraifft 'Různí lidé' yn *Arabesky*, 1893), ac yn ddiweddarach, yn y 1920au, 30au a'r 40au, ysgrifennu taith Karel Čapek (1890–1983), er enghraifft, ei ysgrifau ar Brydain (*Anglické listy*, 1924), Yr Iseldiroedd (*Obrázky z Holandska*, 1947), Yr Eidal (*Italské listy*, 1947) a Sbaen (*Výlet do Španěl*, 1932).[75] Mae awduron mwy diweddar y *feuilleton* yn cynnwys Ludvík Vaculík (1926–) ac Ivan Klíma (1931–), ac mae'r ddau yn parhau i gyfrannu colofnau a darnau byrion i'r wasg Tsiec.[76] Roedd natur cyhoeddi yn ystod y drefn Gomiwnyddol, a'r sensoriaeth orfodol a arweiniodd at ddatblygiad y diwydiant cyhoeddi tanddaearol *samizdat*, yn creu amgylchiadau ffafrifol ar gyfer y *feuilleton* gydag awduron a waharddwyd megis Vaculík, Klíma a Havel yn dechrau cyfnewid yn gyson eu hysgrifau llenyddol byr – a oedd hefyd yn aml yn sylwebaeth amserol ar ddigwyddiadau gwleidyddol – a hynny ar ffurf copïau a deipiwyd â llaw. Awgrymwyd hefyd mewn papur byr gan Aleš Haman ('Český esej jako lék ducha'; Yr Ysgrif Tsiec fel Balm Ysbrydol) y gallai'r ysgrif Tsiec fod yn wrthwenwyn i ystrywiau totalitariaeth, fel modd i ganiatáu gwahaniaeth unwaith eto, a glastwreiddio'r sêl Gomiwnyddol dros yr hyn sydd yn unffurf. Er bod ysgrifau Václav Bělohradský (1944–), er enghraifft, yn dod o gyd-destun beirniadol, cymdeithasol-athronyddol, yn hytrach na chyd-destun llenyddol, caent eu hystyried fel rhan o'r un dreif am idiosyncratiaeth a'r un gwrthwynebiad i atebion hawdd ag ysgrifennu ysgrifol cymhleth a ddatblygwyd gan yr awdur, y bardd, y newyddiadurwr a'r cemegydd, Richard Weiner (1884–1937) a'r athronydd a'r nofelydd Decadent Ladislav Klíma (1878–1928). Gellid gweld eu bod yn cael eu hysgrifennu nid dim ond fel ystryw ôl-fodernaidd i wrthwynebu totalitariaeth, ac yn ei dro, globaleiddio, ond hefyd fod yr ymbafalu yma am yr ôl-fodern trwy gyfrwng yr ysgrifol yn rhan o'r dreif dros adnewyddu gwerth y penodol, yr unigol a'r gwahanol neu'r idiosyncrataidd.[77] Mae'r rhyddid a gynigir gan yr ysgrif, gyda'i gallu i gyplysu'r disgyrsaidd ag ystrywau naratif ffuglen, wedi cael ei fabwysiadu ymhellach fel grym democrataidd gan Čapek, ac fe ystyriai ef fod y grym hwn yn deillio yn uniongrchyhol o botensial esthetig yr ysgrifol.[78] Mewn cywair tebyg, ystyriai y ffigur *avant-garde*, Karel Teige (1990–1951), hyn yn gyfle i ddod â'r barddonol a'r disgyrsaidd at ei gilydd mewn cyfuniad radicalaidd pwerus a fyddai'n berthnasol yn ymarferol ac yn wleidyddol.[79]

Gellir synhwyro'n barod fod y profiad Tsiec o'r ysgrifol, o leiaf yr ysgrifol fel *feuilleton*, yn sicr yn fwy datblygedig ac ymwybodol na'r profiad Cymraeg. Serch hynny, mae'n demtasiwn i gymryd yn ganiataol, ar sail fy newis o destunau, a'r dadansoddi testunol sydd i ddilyn, fy mod yn dadlau bod yr hanes llenyddol a'r cyd-destunau cyfoes diwylliannol hyn â'r gallu i fwydo ysgrifwyr sydd yn unigryw yn eu gallu i ddynnu ein sylw at berthnasedd a manteision yr ysgrifol. Dyma'r ysgrifol fel method sydd â'r gallu i fod yn gynhyrchiol yn esthetig yn ogystal â bod yn wleidyddol berthnasol ar yr un pryd, ac y mae i hyn oblygiadau ar gyfer rhai o anawsterau sylfaenol democratiaeth gynrychioliadol. Mae'r dewis o ddau gyd-destun diwylliannol tra gwahanol, gyda chonsyrnau gwahanol o ran materion yn ymwneud â dominyddiaeth wleidyddol, yn bwrpasol yn hynny o beth, mewn ymgais i ymwrthod â'r demtasiwn i gynnal fy nadl trwy lastwreiddio'r hyn sy'n neilltuol mewn clwb gwleidyddiaeth leiafrifol. Yn yr un modd, mae ysgrifau trawiadol a dyfeisgar llenorion megis William Hazlitt a Ralph Waldo Emerson – heb i'r naill mwy na'r llall fod yn perthyn i ddiwylliant lleiafrifol neu wrth-dotalitaraidd, a'r ddau yn ysgrifennu yn Saeneg – yn ein hatgoffa fod cyffredinoli o'r fath yn gamarweiniol, boed hynny yn nhermau diwylliant neu gyfnod.[80] Mae'r ddau yn defnyddio'r esthetig fel elfen angenrheidiol yn eu gwleidyddiaeth. Ganwyd Hazlitt, a ysgrifennai ar ddiwedd y 18fed ganrif, yn Lloegr ond bu'n byw am gyfnod byr yn America yn ystod ei blentyndod, pan oedd ei dad yn ymwneud â'r ymgyrch dros yr Americanwyr yn y rhyfel dros annibyniaeth. Cafodd ei ysgrifau eu symbylu gan ei wrthwynebiad cryf i ormes, megis yn *The Life of Napoleon Bonaparte*, sydd yn trafod y Chwyldro Ffrengig.[81] Mae ei wleidyddiaeth gynyddgar hefyd, yn ddiddorol iawn, yn ddibynnol ar y cysyniad o wybodaeth fel rhywbeth sydd yn angenrheidiol ddramatig, a gwelir hyn yn cael ei weithredu trwy gyfrwng ei fethod ysgrifol *par excellence*, sydd yn wirebol ac eclectaidd o ran arddull, ac sydd yn cael ei yrru gan hoffter o wrthdaro. Yn ei waith mae fel petai'n osgoi dod i gasgliadau pendant, ac mae'n chwarae gyda gwrthdaro fel modd i ysgogi dealltwriaeth o safbwyntiau cwbl groes i'w gilydd, ac ennyn cydymdeimlad tuag atynt; mae gwahaniaethau unigol yn cael eu croesawu fel elfennau angenrheidiol mewn drama dda – y ffurf fwyaf aruchel ar gelfyddyd – ac mae drama dda yn tynnu ein sylw at ffyrdd agored, cydymdeimladol o fyw. Yn y cywair hwn, gellid dadlau bod cyfraniad Hazlitt i ddealltwriaeth wleidyddol a meddwl democrataidd yn rhan annatod o natur esthetig ei gyflwyniad. Fel y nodwyd gan Jon Cooke, 'the validity of an idea in Hazlitt's work consists as much in its capacity to survive such transpositions as in its logical coherence', mewn geiriau eraill, nid yw ei syniadau yn hawdd eu dadbwytho. I'r gwrthwyneb maent yn dibynnu ar gael eu trawsgyweirio o un cyd-destun i'r llall, a chaiff eu naws esthetig ei ddyfnhau o ganlyniad.[82] Yn yr un modd, fel y byddaf yn dadlau yn fanylach ym mhennod 4, gellir gweld math arbennig Emerson o feddwl democrataidd yn deillio yn gymaint o rethreg ei ysgrifennu ag o'i gymeriad disgyrsaidd; mae fel petai defnyddio trosiad a thrawsenwad yn fodd hanfodol ar gyfer twyllo neu danseilio ideoleg, nid trwy ei gwrthod, ond trwy ei mabwysiadu'n rhan o strwythur ei destunau ysgrifol mewn ysbryd esthetig.

Serch hynny, ni ddylai hyn ein rhwystro rhag gadael i'n darlleniadau o'r testunau sy'n dilyn, gyda'u hynodrwydd diwylliannol, hanesyddol a gwleidyddol, dynnu ein sylw at mor arbennig berthnasol yw'r ysgrifol ar gyfer cymunedau diwylliannol sydd yn sensitif iawn ynglŷn â mynegi eu hunaniaeth a'u gwleidyddiaeth heb ddibynnu ar ideolegau caeedig. Ymhellach, mewn cyfnod pan fo hyd yn oed hen ddiwylliannau trefedigaethol megis y diwylliant Ffrengig yn cwyno am ddylanwad niweidiol y farchnad dorfol (mwy hyd yn oed na lleiafrifoedd ieithyddol Ewrop, ac ar ben hynny, ar eu traul) mae cyd-dynnu cynyddol economïau cenedlaethol wedi canolbwyntio sylw ar y lleol a'r penodol, a thrwy gysylltiad, ar faterion lleiafrifol.[83] Er nad yw'r nofel fel *genre* yn dangos unrhyw arwydd economaidd ei bod am chwythu ei phlwc ar hyd a lled Ewrop, mae'r rhyngrwyd a'r cyfryngau electronaidd hefyd wedi canolbwyntio diddordeb ar ffurfiau hybrid o gelfyddyd, ac ar ddarnau byr o lenyddiaeth y gellir eu torri, eu cario a'u gliwio yma a thraw.[84] Er bod y llenyddiaeth feirniadol mewn Tsiec, Saesneg, Ffrangeg neu Gymraeg (ar wahân i un eithriad, sef *The Essayistic Spirit: Literature, Modern Criticism, and the Essay* Claire de Obaldia) yn araf i ddangos awydd am ailwerthuso'r ysgrifol, gobeithiaf y bydd y drafodaeth destunol sydd i ddilyn yn dangos y graddau y mae'r ysgrifol mewn sefyllfa unigryw i ddal gafael ar yr hyn y gellid ei weld fel adegau daearyddol, diwylliannol a gwleidyddol cyfoes sydd nid yn unig yn ddiddorol, ond hefyd o bwys.

Gwleidyddiaeth ddemocrataidd a'r esthetig

Ond sut mae modd cysoni cwestiynau gwleidyddol o'r math hwn â'r esthetig? Onid yw'n sefyll i reswm mai'r unig dir cyffredin rhwng yr esthetig a'r gwleidyddol yw ideoleg? O roi rhethreg o'r neilltu, onid yw gwleidyddiaeth fel yr hyn sydd yn haeru ymwneud â materion sydd o bwys ymarferol yn wrthnysig i'r ysbryd esthetig, yn chwilio am atebion concrid, penodol, a hynny'n aml ar draul angenrheidiol meddwl beirniadol agored?

Fel y gwelsom, mae'r esthetig, y tu allan i diriogaeth athroniaeth, yn aml yn cael ei ddrysu gydag esthetiaeth, gan awgrymu'r is-bwnc 'theori prydferthwch' (yn yr un modd ag y cyfeirir weithiau at epistemoleg fel 'theori gwybodaeth'), gyda phleser esthetig wedi ei wahanu oddi wrth gwestiynau yn ymwneud â gwybodaeth. Ond yn ganolog i estheteg mae mimesis a chynrychiolaeth.[85] Onid yw pleser esthetig yn gweithredu yn ôl yr egwyddor fod adnabod gwahaniaeth yn hanfodol i bleser? Mewn geiriau eraill, onid yw pleser esthetig yn codi o'r ffaith fod gwrthrych esthetig, er enghraifft darn o gelfyddyd, yn ein hatgoffa am realiti, ond ar yr un pryd, yn troi oddi wrtho, a'r 'gwagle' hwn wedyn yn rhoi bodolaeth i bleser esthetig?

Fel y dadleuwyd gan F. R. Ankersmit yn *Aesthetic Politics: Political Philosophy Beyond Fact and Value* a grybwyllais yn gynharach, mae cwestiynau sydd yn ymwneud â chynrychiolaeth hefyd yn ganolog i wleidyddiaeth ddemocrataidd ffurflywodraeth, lle mae'r etholaeth yn penderfynu pwy fydd yn eu cynrychioli ar ffurf llywodraeth. Ystyriwn y canlynol: haerir yn gynyddol yn y cyfryngau ac mewn cylchoedd academaidd fod adain wleidyddol democratiaeth gyfalafol y gorllewin yn datblygu'n fwyfwy unlliw a byr-dymor ei golwg, a'i bod wedi ei chlymu wrth ofynion ymddangosiadol yr etholaeth, ac yn amharod i gymryd y risg o hyrwyddo polisïau anodd – er bod globaleiddio yn anorfod yn arwain at gynnydd mewn diddordeb mewn gwahaniaethau diwylliannol. Symleiddio pethau fyddai dweud bod hyn yn ffenomen sydd yn ymestyn i'r un graddau drwy Ewrop (cymharer, er enghraifft y niferoedd mawr o bleidiau gwleidyddol yng Ngwlad Groeg gyda'r dylanwad tymor-hir diweddar a gafwyd gan y Ceidwadwyr a'r Blaid Lafur ar wleidyddiaeth Prydain), ond mae wedi bod yn broblem sydd ar gynnydd yng nghyd-destun economïau gwleidyddol mwy yn Ewrop, er enghraifft yn Yr Almaen, Ffrainc a Phrydain. Mewn geiriau eraill, mae'r etholaeth, y llywodraeth a'r gwrthbleidiau yn ymdebygu i'w gilydd fwyfwy, gan gau'r bwlch rhwng yr etholaeth sy'n cael ei chynrychioli a'r gwleidyddion sy'n ei chynrychioli o fewn y llywodraeth, a hynny er mwyn sicrhau bod y llywodraeth yn cael ei hailethol. Yn yr un modd, mae'n dod yn fwy ac yn fwy anodd gwahaniaethu rhwng pleidiau gwleidyddol os nad trwy gyfrwng y personoliaethau sydd yn eu cynrychioli. Hynny yw, er y gellid dadlau bod gwahaniaethau diwylliannol yn gynyddol dan sylw wrth i economïau marchnad cenedlaethol ddod yn agosach at ei gilydd ar draws ffiniau, gellid dadlau bod gwahaniaethau gwleidyddol yn cael eu hofni fwyfwy oherwydd yr enw y mae hynny'n ei gael fel rysáit sy'n arwain at golli pŵer, oherwydd y modd y mae'r gwahaniaeth gwleidyddol yma yn cael ei ystyried fel rhywbeth sydd yn cynyddu'r pellter rhwng yr etholaeth a'r rhai hynny sydd yn cael eu hethol.

Dadleua Ankersmit mai democratiaeth yn ei thanseilio ei hun yw hyn, yn dinistrio ei seiliau fel modd o lywodraethu lle mae pawb yn cyfrif (un person, un bleidlais), trwy ymdebygu fwyfwy iddi hi ei hun, trwy fethu â rhoi lle i'r hyn sydd yn anathema iddi. Mae Ankersmit yn cynnig ateb i'r broblem hon trwy droi ein sylw at y gwagle neu'r rhwystr anorfod ac angenrheidiol sydd yn gwahanu llywodraeth ac etholaeth, a hynny trwy gydweddiad â chynrychiolaeth esthetig, lle na all yr esthetig weithio heb i ni dderbyn yr hyn y mae'n ei alw'n 'agendor radical' rhwng y byd real a byd cynrychiolaeth artistig: er mai amcan cynrychiolaeth fimetig yw cael gwared â'r gagendor hwn, ni all weithio hebddo; yn ysbryd Gombrich, mae cynrychiolaeth artistig yn 'cynrychioli' felly yn yr ystyr o 'gymryd lle'.

Mae'r gagendor hwn y mae'r esthetig yn ein dysgu i'w werthfawrogi hefyd â gwerth gwleidyddol yng nghyd-destun cynrychiolaeth wleidyddol a gwleidyddiaeth blaid neu wleidyddiaeth ymarferol: 'We only talk about representation when there is a difference – and not an identity – between the representative and the person represented.' Mewn geiriau eraill 'the representative cannot be a substitute for the person represented if the latter is supposed to be identical to the representative' (50). Mae Ankersmit yn galw'r gwagle hwn, sy'n hanfodol er mwyn galluogi cynrychiolaeth wleidyddol ddemocrataidd i weithio, yn un 'esthetig': 'The aesthetic difference or gap between the represented and his or her representative is the origin of (legitimate) political power, and we are therefore justified in assigning to political power an *aesthetic* rather than an *ethical* nature.' (49) Ar ben hynny, mae cynrychiolaeth wleidyddol ddemocrataidd effeithiol yn sylfaenol esthetig, oherwydd y gwagle rhwng y cynrychiolydd a'r un sy'n cael ei gynrychioli (y cysylltiad esthetig), sydd, yn eironig, yn gymorth i warchod rhag gormes:

> while in mimetic representation the domains of the representative and the person represented in principle always coincide or are congruous, with the result that every difference in political will on the part of the representative and the person represented would imply a harsh exercise of power by the former against the latter, aesthetic representation creates an opening between the two, which allow both the representative and the person represented their own space to move in without coming into conflict with each other. (50)

Gan nad oes modd gwahaniaethu rhwng y ddealltwriaeth esthetig hon o gyfreithlondeb gwleidyddol a phŵer, a'r berthynas sydd yn ei chreu, yn sylfaenol, nid oes modd ei meddiannu, dim ond ei defnyddio; nid yw'r pŵer gwleidyddol sydd yn deillio ohoni yn perthyn i unrhyw ochr i'r berthynas rhwng yr etholaeth a'r un sy'n cynrychioli'r etholaeth honno – fel y dadleua Ankersmit, byddai hyn yn mynd â ni yn ôl at gysyniadau mimetig o bŵer – ond i'r gwrthwyneb, mae'n dibynnu ar ddrama'r berthynas hon:

> The constitutional rules between voters and the person elected are the rules of play for the control of something that does not belong to either of them – for the simple reason that political power *could* never belong to either one of the two. If the political power were to be given to either one of the two parties, this would inevitably lead to a renaissance of mimetic concepts. (50)

O ddilyn dadl Ankersmit, felly, mae gwerthfawrogi dimensiwn esthetig gwleidyddiaeth ffurflywodraeth ddemocrataidd yn gyfystyr â gwarchod y wleidyddiaeth honno rhag rhewi'n dotalitariaeth. Ar ryw ystyr, gellid hefyd ddadlau bod gwleidyddiaeth ddemocrataidd o'r math hwn gyda rhyw synnwyr o dotalitariaeth wedi ei wreiddio yn ei system, lle mae uniad gwladwriaeth a chymdeithas mewn hunaniaeth fimetig, gyflawn, yn cael ei weld fel pen taith naturiol democratiaeth gynrychioliadol iach, gyda llwyddiant Aelod Seneddol yn dibynnu ar ei llwyddiant ymddangosiadol yn adnabod a chynrychioli mor ffyddlon â phosib ofynion ei hetholaeth. Mae dimensiwn esthetig cwbl angenrheidiol gwleidyddiaeth ddemocrataidd felly yn codi'n benodol yn y tyndra a grëir gan yr hyn y gellid ei weld fel sawdl Achil gwleidyddiaeth ddemocrataidd –

ei huchelgais dotalitaraidd – a hynny yn eironig yn creu rhywbeth gwarchodol, achubol o'i helfen amherffaith fwyaf angenrheidiol. Heb yr elfen hon, heb y brycheuyn hwn, mae'n debyg y byddai gwleidyddiaeth ddemocrataidd yn chwythu ei phlwc. Mewn geiriau eraill, realaeth gwleidyddiaeth ddemocrataidd gynrychioliadol, y ffaith ei bod wedi ei gwreiddio ym mandad y mwyafrif, hynny yw, nid pawb, sydd hefyd, mewn ffordd wyrdroëdig, yn sicrhau iddi ei hachubiaeth, gan rwystro'r llywodraeth a etholwyd rhag tyfu'n rhy debyg i'w hetholaeth. Ni ddylai democratiaeth gyrraedd pen taith perffeithrwydd, felly, hyd yn oed pe dymunid hynny, gan y byddai'n gyfystyr â'i dymchwel.

Mae gofynion y lleiafrif, yn yr ystyr hon, trwy fod yn ymladd dros hawliau na allant gael eu cefnogi yn llwyr gan reolaeth syml y mwyafrif, yn cynnig bollt angenrheidiol yn y peiriant, yn rhwystro llywodraeth sy'n cynrychioli etholaeth rhag datblygu'n gynrychiolaeth fimetig o'i hetholaeth, hynny yw, yn gynrychiolaeth unwedd, yn hytrach nag esthetig, sef 'anunwedd' a darniog. Dyma'r pellter sy'n cael ei warchod gan fersiwn esthetig, yn hytrach na mimetig, o gynrychiolaeth, sydd yn symud ei ffocws o'r syniad o bŵer fel rhywbeth sydd yn tyfu o rywbeth neu rywle, ac felly yn perthyn i rywun neu rywle, i'r syniad o bŵer fel yr hyn sy'n codi o'r berthynas rhwng y rhai sy'n cael eu cynrychioli a'r llywodraeth sydd yn eu cynrychioli, fel yr hyn sy'n codi o'r broses barhaol honno o negodi nad yw byth yn cael ei boddhau i'r graddau ei bod yn mynd yn ofer. Gellid dadlau mai dyma sy'n rhwystro llywodraeth ddemocrataidd rhag caledu'n dotalitariaeth.

Gan Ankersmit, felly, ceir darlun o'r esthetig sydd yn troi o gwmpas ei gymeriad anorfod ranedig. Mae hyn yn ein symud i ffwrdd oddi wrth natur 'ymwybyddiaeth ffug' yr esthetig fel ag y'i gwelir yn *The Ideology of the Aesthetic* Terry Eagleton, lle darlunnir yr esthetig fel elfen sydd yn llawiach ag ideoleg, lle, yn ysbryd Kant ac athroniaeth esthetig Schiller, mae'r agwedd esthetig wedi ei gyrru gan ei hymgiprys am hunaniaeth, empathi a chynghanedd rhwng yr elfennau.[86] I'r gwrthwyneb, mae'r ddealltwriaeth hon o'r esthetig yn sylfaenol radical, wedi ei gyrru, mewn modd rhywfaint yn Fachiafelaidd, gan natur doredig ddiymdroi, gyda'r peirianwaith fel petai wedi ei ddadlennu. Mae'r esthetig hwn fel method, fel proses, yn tyfu ac yn newid yn barhaus, ac felly'n osgoi'r posibilrwydd a'r demtasiwn o apelio at natur a tharddiad neu wreiddiau er mwyn cael cyfiawnhad gwleidyddol.

Gyda chymorth y method ysgrifol, fe welwn sut y mae'r esthetig hwn, gyda photensial radical, yn dangos ei fod o gymorth arbennig ar gyfer y dilemâu mynegiant y mae'r testunau ysgrifol dan sylw yn ymwneud â nhw; y modd y mae'r testunau'n gwneud y gorau o gydymdeimlad naturiol ddemocrataidd yr esthetig, gyda'r eironi cynhenid, trwy ecsbloetio mewn ffyrdd gwrthgyferbyniol yr hyn y gellid ei weld fel yr awydd cynhenid ond amhosib am undod, ymwybyddiaeth o'r hunan, a thrwy gysylltiad, totalitariaeth. Byddant hefyd yn dadlennu'r esthetig a'i fodur ysgrifol fel method sydd yn arbennig o berthnasol heddiw, ac ar adegau, hyd yn oed mewn ystyr radical, gan gynyddu ein hymwybyddiaeth fod 'democracy in and of itself is not the path to freedom; even if it is a necessary condition of freedom, it is not a sufficient one'.[87]

Cawn weld yn y bennod nesaf y modd y mae consýrn sylfaenol ysgrifau Twm Morys gyda dod o hyd i ffordd o gadw gafael ar wleidyddiaeth genedlaethol o fewn cymdeithas sydd yn gyfan gwbl ymroddedig i werthoedd democrataidd yn cynnig agwedd gyfoethog ar yr hyn sydd yn rhy rwydd i'w ddiystyru fel anachroniaeth wleidyddol. Ym mhennod 3, fel welwn sut y mae defnydd obsesiynol Havel o iaith osodiadol er mwyn gafael ar gysyniadau sydd, trwy ddiffiniad, tu hwnt i'r gosodiadol, yn bwysig wrth achub yr un defnydd hwn o iaith rhag cael ei gamddefnyddio, trwy ddynodi ei gyfyngiadau, ac felly danseilio'r syniad a gymerir yn ganiataol mai pen draw iaith sydd yn athronyddol, wleidyddol berthnasol, ac yn berthnasol yn bersonol, yw'r iaith osodiadol. Mewn geiriau eraill, mae'r hyn y gellid ei weld fel elfen andwyol ar gyfer safiad athronyddol Havel yn cael ei bwydo'n ôl i blygion ei athroniaeth fel nodwedd ddiwygiadol. Yn bwysicach, dyma'r sail ar gyfer datblygu athroniaeth wrthwynebus Havel, sef y negodi parhaol rhwng y safbwynt rhannol, a'r *horizont bytí* na ellir mo'i adnabod. Byddaf yn dangos sut y mae math arbennig Hrabal o ryddfrydiaeth *laissez-faire* yn dibynnu ar fath o gêm lle mae ideoleg (fel metanaratif) yn chwarae yn erbyn effeithiau toredig gosodiadau *non-sequitur* a naratifau anghyflawn a gedwir, neu y'u tynnir yn ôl i'r naratif presennol. Mae'r dulliau cyferbyniol sy'n deillio o hyn oll yn tynnu eu rhesymeg weithredol o gydnabod, yn hytrach nag anwybyddu, yr hyn sydd, fe ddadleuir, yn egwyddor esthetig sylfaenol o anundod a diffyg cydlynedd.

Ar gyfer y tri awdur, mae'r esthetig hwn yn dod i'r wyneb fel modd sydd yn unigryw yn ei allu i gadw perthynas i fynd rhwng cyneddfau sydd yn aml yn cael eu hystyried yn rhai anodd, anghydryw a chroesdywediadol, heb orfodi cydlynedd: cenedlaetholdeb lleiafrifol diwyliannol ac agwedd ddemocrataidd; iaith osodiadol a'r hyn a ddynodir gan ei ffiniau fel modd o ragweld perthynas rhwng yr hyn sydd yn benodol ac yn gyfarwydd a'r hyn sydd yn wahanol ac heb ei adnabod – y sail angenrheidiol ar gyfer datblygu synnwyr cyfrifoldeb, ac yn ei dro, hunaniaeth; ac yn olaf, technegau ideolegol a ddefnyddir i ymwrthod ag ideoleg cywirdeb gwleidyddol er budd cadw rhyddid yr unigolyn.

Nodiadau

1. Terry Eagleton, *The Ideology of the Aesthetic* (Blackwell, 1990).
2. Rwyf yn defnyddio'r termau gwleidyddiaeth a'r gwleidyddol yn yr ystyr ehangach o werthoedd ac agweddau sydd yn mynd y tu hwnt i system ffurfiol gwleidyddiaeth.
3. Mae'n werth cofio i Havel gael ei fagu ar y tu allan fel petai i'r gymdeithas Tsiec, fel mab i bendefigion. Mae'r ymdeimlad o fod ar y tu allan hyd yn oed yn nodweddu ei areithiau fel Arlywydd, fel y mae yntau wedi nodi: 'můj niterný pocit vyřazenosti či nezařazenosti, jakési vyděděnosti a bytostné nepatřičnosti, [. . .] je skrytým motorem veškerého mého houževnatého snažení, [. . .] Odvážil bych se dokonce říci, že všechno dobré, co jsem kdy udělal, udělal jsem možná jen proto, abych nějak překryl svůj téměř metafyzický pocit provinění.' (mae f'ymdeimlad personol, mewnol o fod wedi fy nghau allan, o fod heb fy nghynnwys, fy mod mewn ffordd wedi fy nadetifeddu a theimlad cynhenid o fod allan o le [. . .] yn fodur cudd fy holl ymdrechion cyson [. . .] Yn wir, byddwn yn mynd mor bell â dweud i unrhyw beth o werth rwyf wedi ei gyflawni gael ei gyflawni o bosib dim ond er mwyn ceisio cuddio fy nheimlad o euogrwydd sydd yn ymylu ar fod yn fetaffisegol.) *Projevy: leden-červen 1990* (Areithiau, Ionawr-Mehefin, 1990), (Vyšehrad, 1990), 102.
4. Canolbwyntir yn y gyfrol hon ar astudiaethau perthnasol diweddar o theori'r esthetig. Hoffwn mewn erthygl neu gyfrol bellach ymestyn y drafodaeth i archwilio'n fwy manwl gyfraniad Benjamin ac Adorno fel esthetyddion Marcsaidd, a Macherey ac Althusser fel enghreifftiau o'r dull Marcsaidd sydd yn cyd-fyw'n gyfforddus â'r dull dadadeiladol.
5. Tyfodd Beirniadaeth Newydd yn yr Unol Dalieithiau rhwng 30au a 60au'r ugeinfed ganrif. Rhoddai'r mudiad bwyslais newydd ar gymhlethdod geiriol cerddi, gan ystyried testunau ar eu telerau eu hunain, yn hytrach nag yn nhermau eu gwreiddiau neu eu heffaith ar y darllenydd.
6. Cysyniad yw 'ffurf organig' sydd yn cyffelybu gweithiau llenyddol i organebau byw, hynny yw, ystyrir y gweithiau llenyddol fel petaent wedi ymffurfio'n 'naturiol'. Hyrwyddwyd y cysyniad hwn gan Coleridge ar ddechrau'r 19G ac yna gan y 'Feirniadaeth Newydd' yn yr UD. Ystyrid gwaith artistig fel undod organig, gyda'r cyfan yn cyfateb i fwy na'r darnau unigol sy'n ei ffurfio; roedd ffurf a chynnwys yn cael eu hystyried fel un, a dadansoddiad llenyddol fel ymarfer negyddol, haniaethol.
7. Jan Mukařovský, 'Estetická funkce, norma a hodnota jako sociální fakty' yn *Studie z estetiky* (Odeon, 1966), 22: 'Estetická funkce znamená tedy mnohem víc než pouhou pěnu na povrchu věcí a světa, za jakou bývá někdy

pokládána. Zasahuje významně do života společnosti i jednotlivcova, má podíl na řízení vztahu – nejen pasívního, nýbrž i aktivního – jedince i společnosti k realitě, do jejíhož středu jsou postaveni.' (Yn y modd hwn mae swyddogaeth esthetig yn golygu llawer mwy na dim ond trochion ar wyneb pethau neu'r byd, fel y mae rhai pobl yn ceisio'n perswadio. Mae'n dylanwadu yn sylweddol ar fywydau unigolion a chymdeithas, yn chwarae rhan yn nhrefniant perthynas – weithredol yn ogystal â goddefol – unigolion a chymdeithas â'r realaeth y maent yn darganfod eu hunain yn ei chanol.) CS: *Aesthetic Function, Norm and Value as Social Facts*, cyf. Mark E. Suino (Ann Arbor: University of Michigan, 1970), 23. Gweler hefyd Saunders Lewis, *Williams Pantycelyn* (ail arg., Gwasg Prifysgol Cymru, 1991).

8   Dadleuodd y Ffrancwr, Michel Foucault (1926–84), fod pŵer gwirioneddol yn bresennol ar lefel gymdeithasol yn hytrach nag ar lefel bersonol, yn y systemau sydd yn clymu cymdeithas gyda'i gilydd. Gweler e.e. *Folie et déraison*, 1961 (*Madness and Civilization*, 1965). Gweler Michael P. Clark, gol., *Revenge of the Aesthetic: The Place of Literature in Theory Today* (University of California Press, 2000) am drafodaeth ar hyn.

9   Yng Nghymru, mae hyn yn arbennig o amlwg, er enghraifft, yn y derbyniad a fu i'r cylchgrawn *Tu Chwith* pan y'i sefydlwyd, ac yn y cyfnod rhwng 1993 ac 1996, hefyd, yn eironig, yn agenda olygyddol y misolyn *Barn* o dan olygyddiaeth Simon Brooks, cyn-olygydd a chyd-sefydlwr *Tu Chwith*. Gweler hefyd adolygiad Simon Brooks o *Y Sêr yn eu Graddau: Golwg ar Ffurfafen y Nofel Gymraeg Ddiweddar*, gol. John Rowlands (Gwasg Prifysgol Cymru, 2000) yn *Barn*, Tachwedd 2000, rhif 454, 44–46, 'Diaspora y Nofel', lle gwerthfawrogir y cyfraniadau hynny nad ydynt yn mynd ar ôl ystyriaethau ffurfiol neu athronyddol, ond yn aros o fewn ffiniau ystyriaeth gymdeithasol-hanesyddol. Perthnasol hefyd yw trafodaeth Angharad Price yn *Rhwng Du a Gwyn: Agweddau ar Ryddiaith Gymraeg y 1990au* yn y gyfres 'Y Meddwl a'r Dychymyg Cymreig' (Gwasg Prifysgol Cymru, 2002).

10 F. R. Ankersmit, *Aesthetic Politics: Political Philosophy Beyond Fact and Value* (Stanford, 1996).

11 Gweler, er enghraifft, Josef Chytry, *The Aesthetic State: A Quest in Modern German Thought* (University of California Press, 1989).

12 Paul de Man, *Aesthetic Ideology*, gol. Andrzej Warminski (University of Minnesota Press, 1996).

13 Isobel Armstrong, *The Radical Aesthetic* (Blackwell, 2000).

14 Michael P. Clark (gol.), *Revenge of the Aesthetic: The Place of Literature in Theory Today* (University of California Press, 2000).

15 Gweler y dyfyniad gan Helen Regueiro Elam ar gefn y cyhoeddiad cyntaf (gweler uchod). Mae'r ffaith y ceir cyfraniadau gan ffigurau megis Jacques Derrida yn awgrymu efallai y dylem beidio â chymryd yn ganiataol fod dadadeiladaeth wedi aros gyda'r ddealltwriaeth Kantaidd o'r esthetig fel ag y'i hamlinellwyd yn 'Economimesis' Derrida (cyhoeddwyd yn *Mimesis, Des articulations*, gol. Sylviane Agacinski (Aubier-Flammarion, 1975); CS: 'Economimesis', cyf. Richard Klein, yn *Diacritics* 11:2 (1981), 2–35.) a *La Vérité en peinture* (Flammarion, 1978). CS: *The Truth in Painting*, cyf. Geoff Bennington ac Ian McLeod (University of Chicago Press, 1987).

16 Michael P. Clark (gol.), 5.

17 Isobel Armstrong, 2.
18 Gillian Rose, *The Broken Middle: Out of Our Ancient Society* (Blackwell, 1992).
19 Mae hyn yn rhannol oherwydd drysu estheteg fel un o adrannau athroniaeth sydd yn ymwneud â'r celfyddydau, ac estheteg fel dullwedd athronyddol at sefyllfaoedd a gwrthrychau – o bosib tu allan i fyd gwrthrychau celf – sydd yn rhoi bod i deimladau esthetig neu'n awgrymu gwerthoedd esthetig. Mae'r dryswch hwn yn cael ei wneud yn waeth gan y gorgyffwrdd cynyddol dros yr ugain mlynedd ddiwethaf rhwng theori feirniadol ac athroniaeth beirniadaeth, neu'n fwy penodol, consýrn cynyddol theori feirniadol â materion y gellid eu hystyried yn draddodiadol yn perthyn i sffêr athroniaeth beirniadaeth. Mae'r gyfrol hon efallai'n engrhaifft o hynny. Ymhellach, ceir y dryswch ychwanegol rhwng yr esthetig a materion ynghylch gwerth esthetig yn cael eu cwmpasu gan *critiques* cymdeithasegol neu hanesyddol, megis ymgais Eagleton a Derrida i ddadlennu swyddogaeth ideolegol yr esthetig fel teyrnas gyda'i gwerthoedd mewnol ei hun.
20 Rwyf yn defnyddio'r term disgyrsaidd yma yn ei ystyr wreiddiol o 'proceeding by argument or reasoning, not intuitive' yn hytrach nag yn ei ddefnydd poblogaidd cyfredol i olygu 'rambling, digressive, expatiating' (*The Concise Oxford Dictionary of Current English*, Clarendon Press, 1982, 7fed arg.).
21 Jean-François Lyotard, *La Condition postmoderne* (Les Editions de Minuit, 1979), 98: 'on vient de le voir, le "petit récit" reste la forme par excellence que prend l'invention imaginative, et tout d'abord dans la science,' 98 (fel yr ydym newydd weld, mae'r naratif bychan [*petit récit*] yn parhau i fod y ffurf fwyaf sylfaenol ar gyfer creu dychmygus, yn arbennig yn y gwyddorau). CS: *The Postmodern Condition: A Report on Knowledge*, cyf. Geoff Bennington a Brian Massumi (Manchester University Press, 1999, 8fed arg.).
22 Ibid. 97: 'En s'intéressant aux indécidables, aux limites de la précision du contrôle, aux quanta, aux conflits à information non complète, aux «*fracta*», aux catastrophes, aux paradoxes pragmatiques, la science postmoderne fait la théorie de sa propre évolution comme discontinue, catastrophique, non rectifiable, paradoxale. Elle change le sens du mot savoir, et elle dit comment ce changement peut avoir lieu. Elle produit non pas du connu, mais de l'inconnu. Et elle suggère un modèle de légitimation qui n'est nullement celui de la meilleure performance, mais celui de la différence comprise comme paralogie.' (Mae gwyddoniaeth ôl-fodern – o fod yn ymwneud â phethau meigs materion na ellir mo'u penderfynu, terfyn rheolaeth fanwl, gwrthdaro a nodweddir gan wybodaeth anghyflawn, *"fracta"*, trychinebau, a pharadocsau pragmataidd – yn theoreiddio ei hesblygiad ei hun fel un sydd yn fylchog, sydd yn gatastroffig, yn anghywiradwy, ac yn baradocsaidd. Mae'n newid ystyr y gair *gwybodaeth*, tra'n mynegi sut y gall newid o'r math hwn ddigwydd. Mae'n cynhyrchu nid yr hyn a adnabyddir, ond yr hyn na gwybyddir. Ac mae'n awgrymu model o gyfreithloniad nad oes a wnelo o gwbl â pherfformiad ar ei eithaf, ond sydd â gwahaniaeth yn yr ystyr o baroleg fel sail iddo.)
23 Jean-François Lyotard, *Le différent* (Editions de Minuit, 1983). CS: *The differend: phrases in dispute*, cyf. Georges Van Den Abbeele (Manchester University Press, 1988).

24 Isobel Armstrong, 55.
25 Terry Eagleton, 96.
26 Ibid. 96.
27 Diddorol yw nodi yma erthygl Jerry Hunter yn *Y Traethodydd* sydd yn dadlau, er bod ideoleg Bobi Jones yn gwbl wahanol i ideoleg y dadadeiladwyr, mae hanfod esthetig ei ysgrifau'n aml yn ymdebygu iddynt. 'Chwarae â Thafodau Tân', *Y Traethodydd*, Ebrill 2002.
28 Richard Rorty, *Contingency, Irony and Solidarity* (Cambridge University Press, 1995; cyhoeddwyd am y tro cyntaf yn 1989).
29 Pamela J. Schirmeister, *Less Legible Meanings: Between Poetry and Philosophy in the Work of Emerson* (Stanford University Press, 1999).
30 Ruth-Ellen Boetcher Joeres ac Elizabeth Mittman (gol.), *The Politics of the Essay: Feminist Perspectives* (Indiana University Press, 1993).
31 Claire de Obaldia, *The Essayistic Spirit: Literature, Modern Criticism, and the Essay* (Oxford University Press, 1995).
32 Karel Storkán, *Umění fejetonu* (Novinář, 1979).
33 Glyn Evans, *Yr Ysgrif Gymraeg* (Llyfrau'r Dryw, 1964).
34 Stanely Cavell, *Philosophical Passages: Wittgenstein, Emerson, Derrida* (Blackwell: Oxford, 1995), 29.
35 Jan Mukařovský, 'Estetická funkce, norma a hodnota jako sociální fakty' yn *Studie z estetiky* (Odeon, 1966), 64–5. CS: *Aesthetic Function, Norm and Value as Social Facts*, cyf. Mark E. Suino (Ann Arbor: The University of Michigan, 1970), 95.
36 Gellid archwilio'r cysyniad hwn ymhellach yng nghyd-destun cyfrol Angharad Price, *Rhwng Du a Gwyn*, a'r cysyniad o'r 'cic iwtopaidd' wrth ddarllen rhyddiaith dafodiaith-gyfoethog Robin Llywelyn. O gofio'r cysylltiadau rhwng gwaith ac estheteg Twm Morys a Robin Llywelyn, gellid awgrymu o bosib mai yn arddull Robin Llywelyn y gwelwn awdur sydd yn hawlio lle mewn modd pendant i'w iaith a'i ddiwylliant, er enghraifft, ond heb bwyso ar dactegau 'gormesol' yn y broses.
37 Grahame Good, *The Observing Self: Rediscovering the Essay* (Routledge, 1988), 24.
38 Gweler, er enghraifft, Alastair Fowler, *Kinds of Literature: An Introduction to the Theory of Genres and Modes* (1982), 11, fel y'i dyfynnir gan Claire de Obaldia yn *The Essayistic Spirit: Literature, Modern Criticism, and the Essay* (Oxford University Press, 1995), 4: 'Alastair Fowler who in his book never questions the literary status of the *Essais*, has to yield to the evidence that the essay is one of the few *genres* to which "ambiguity of status is confined".'
39 Claire de Obaldia, *The Essayistic Spirit: Literature, Modern Criticism, and the Essay* (Oxford University Press, 1995), 56.
40 Carl Klaus, 'Essay' yn Robert Scholes a Carl Klaus (golygyddion), *Elements of Literature* (Oxford University Press, 1991; 4ydd arg.), 4.
41 Gweler Claire de Obaldia, 6.
42 Gweler nodyn rhif 4 ym mhennod 2. Mae cysyniad tebyg yn hydreiddio gwaith Iwan Llwyd (bod 'dan ddylanwad', 'meddwi ar eiriau'). Meddylier hefyd am y cysyniad chwareus o'r 'reu-fardd' a ddyfeiswyd gan y grŵp o feirdd y mae Twm Morys ac Iwan Llwyd yn aml yn perfformio â hwy, ac yn aelodau hunanymwybodol ohono, e.e. 'Y Bechgyn Drwg'.

[43] Michel de Montaigne, 'Du repentir' yn *Essais*, III, Pennod 2 (L'intégrale, aux Éditions du Seuil, 1967), 327. CS: 'On Repenting' yn *Michel de Montaigne: The Complete Essays*, cyf. M. A. Screech, III, Pennod 2 (Penguin, 1991), 907–8. Gweler hefyd Jean Starobinski, *Montaigne en mouvement* (Gallimard, 1982).
[44] Mae Claire de Obaldia hefyd yn cydnabod traddodiad llai dominyddol Francis Bacon, lle mae'r ysgrif yn cael ei ffurfio fel uned ddadleugar fwy hunangynhaliol. (*The Essayistic Spirit*, 37).
[45] Georg Lukács, *Die Seele und die Formen: Essays* (Egon Fleischel und Co., 1911). CS: *Soul and Form: Essays*, cyf. Anna Bostock (MIT Press, 1974). Walter Benjamin, *Reflections: Essays, Aphorisms, Autobiograhpical Writings*, cyf. E. Jephcott, gol. Peter Demetz (Harcourt Brace Jovanovich, 1978). Theodor W. Adorno, 'Der Essay als Form' yn *Noten zur Literatur*, i (Suhrkamp, 1958). CS: 'The Essay as Form', yn *Notes to Literature*, i (Columbia University Press, 1991).
[46] Gweler Michael L. Hall, 'The Emergence of the Essay and the Idea of Discovery' yn Alexander J. Butrym (gol.), *Essays on the Essay: Redefining the Genre* (University of Georgia Press, 1989), lle disgrifir yr ysgrif fel 'a kind of written discourse which allows the writer to think freely outside the constraints of established authority and traditional rhetorical forms', 78.
[47] Terence Cave, *The Cornucopian Text: Problems of Writing in the French Renaissance* (Oxford University Press, 1979); David Quint, *Origin and Originality in Renaissance Literature: Versions of the Source* (Yale University Press, 1983); Antoine Compagnon, *La Seconde Main, ou Le Travail de la citation* (Editions du Seuil, 1979); François Rigolot, 'Montaigne et la poétique de la marge', *Actes du Colloque International Montaigne* (1980), 140–74; *Le Texte de la Renaissance: Des rhétoriquers à Montaigne* (Droz, 1982); Claudia de Obaldia, 'Montaigne's *Essais*: A Poetics of Margin' yn *The Essayistic Spirit*, 65–98.
[48] Gweler Antoine Compagnon, *La Seconde Main, ou Le Travail de la citation* (Editions du Seuil, 1979); hefyd André Tournon, *Montaigne: La Glose et l'essai* (Presses Universitaires de Lyon, 1983).
[49] Michel de Montaigne, 'Considération sur Cicéron' yn *Essais*, I, Pennod 40 (L'intégrale, aux Éditions du Seuil, 1967), 115. ET: 'Reflections on Cicero', Llyfr I, Pennod 40, yn *Michel de Montaigne: The Complete Essays*, cyf. M. A. Screech (Penguin, 1991), 281.
[50] Michel de Montaigne, 'Des Livres' yn *Essais*, II, Pennod 10 (L'intégrale, aux Editions du Seuil, 1967), 171. CS: 'On Books', Llyfr II, Pennod 10, yn *Michel de Montaigne: The Complete Essays*, cyf. M. A. Screech (Penguin, 1991), 458.
[51] Michel de Montaigne, 'Apologie de Raimond Sebond' yn *Essais*, II, Pennod 12 ('L'intégrale, aux Editions du Seuil, 1967), 244. CS: 'An Apology for Raymond Sebond', Llyfr II, Pennod 12, yn *Michel de Montaigne: The Complete Essays*, cyf. M. A. Screech (Penguin, 1991), 663.
[52] Claire de Obaldia, 29.
[53] Gweler trafodaeth Terence Cave ar Montaigne a phroblemau ysgrifennu yn y Dadeni Ffrengig yn *The Cornucopian Text* (Oxford University Press, 1979), 326: 'Exile is the condition of the dislocated *topos*, eternally seeking reintegration.'
[54] Claire de Obaldia, 39.
[55] Ibid. 39–40.

56 'Der Essay is immer Möglichkeitsaussage' (Gerhard Haas, *Studien zur Form des Essays und zu seinen Vorformen im Roman* (Max Niemeyer, 1996), 19) fel y'i dyfynnir yn Claire de Obaldia, 64.
57 Dyfynnir yn Glyn Evans, *Yr ysgrif Gymraeg*, Cyfres Pamffledi Llenyddol Cyfadran Addysg Aberystwyth, rhif 8 (Llyfrau'r Dryw, Llandybïe, 1964), 11.
58 Ibid: 'Y rhyfeddod yw ein bod wedi bod mor ansicr o'r ffurf hon er bod gennym ddau air, *ysgrif* a *thraethawd* am un gair Saesneg. *Traethawd* yw'r term i ddisgrifio gweithiau Macaulay a Strachey ond *ysgrif* yw'r enw ar ffurfiau llenyddol Edward Thomas, Hilaire Belloc a Robert Lynd.'
59 Thomas Parry, 'Ysgrifau' yn *Llenyddiaeth Gymraeg 1900–1945*, Cyfrol 8 yn y gyfres 'Cyfres Pobun', gol. E. Tegla Davies (Gwasg y Brython, 1945): 'Yn ddiweddar y daethpwyd i ystyried yr ysgrif yn ffurf lenyddol, er bod yr union beth i'w gael yn rhai o lyfrau Owen Edwards a chan Daniel Owen yn *Y Siswrn*. Ond gydag i T. H. Parry-Williams ddechrau cyhoeddi ysgrifau tua 1922 daethant yn weddol ffasiynol.' 50.
60 Bu gan T. H. Parry-Williams yrfa flaenllaw academaidd yn y gwyddorau a llenyddiaeth. Hawdd gweld bod yr ysgrifol, gyda'i allu i roi lle i'r arddull ddisgyrsaidd a'r arddull ffuglennol, yn apelio'n naturiol ato.
61 Gweler, er enghraifft, 'Croes Naid' gan T. H. Parry-Williams, *Casgliad o Ysgrifau T. H. Parry-Williams* (Gomer, 1984), 397–401. Mae hon yn ysgrif sydd yn ymddangos fel y nodiadau 'diflas' esboniadol hynny a geir mewn cylchgronau academaidd megis *Llên Cymru*, ond mae hyn yn drosiad ar gyfer rhywbeth amgenach tra hefyd yn rhoi cyfle i T. H. Parry-Williams ddychanu'r traddodiad academaidd yng Nghymru. Nid annhebyg yw colofn Twm Morys 'Rhai Geiriau Difyr (gen i) yng Nghanu Dychan Llyfr Coch Hergest'yn *Barddas* sy'n gyfuniad o nodiadau academaidd a'r chwarae a welwn yn ei ysgrifau eraill.
62 Mae'n werth cofio hefyd pan oedd Garfield Hughes yn golygu a chyhoeddi *Rhagymadroddion 1647–1659* (Gwasg Prifysgol Cymru, 1951) roedd yn cynnig modelau posib ar gyfer awduron yng Nghymru, er mai academaidd oedd ei fwriad.
63 Glyn Evans, *Yr ysgrif Gymraeg*, 31.
64 'Trefnir pob paragraff i gynnal thema ganolog yr ysgrif . . . Nis addurnir gan ddim sy'n amddifadu'r ysgrif o'i hundod.' Glyn Evans, *Yr Ysgrif Gymraeg*, 16.
65 Glyn Evans, *Yr Ysgrif Gymraeg*, 19.
66 Cyhoeddodd R. T. Jenkins (1881–1969) hefyd gyfrol o ysgrifau sydd yn arbennig o gyfoes ar gyfer darllenwyr heddiw, *Casglu Ffyrdd* (Hughes a'i Fab, 1956). Tan gyfrol Simon Brooks *O Dan Lygaid y Gestapo: yr oleuedigaeth Gymraeg a theori lenyddol yng Nghymru*, yn y gyfres 'Y Meddwl a'r Dychymyg Cymreig' (Gwasg Prifysgol Cymru, 2004), prin fu'r sylw beirniadol a roddwyd iddynt.
67 Disgrifiodd y dramodydd Arthur Miller yr Arlywydd Havel fel 'The world's first surrealist president.' Mae'r awdur Milan Kundera wedi disgrifio ei ddoethineb fel doethineb bardd, ac 'among the great political figures of our time, I see no other who possess that wisdom'. (Cefn clawr y bywgraffiad swyddogol o Václav Havel gan Eda Kriseová, St. Martin's Press, 1993).

68 Eda Kriseová, 'Intellectuals as Leaders' yn *The Partisan Review: Intellectuals and Social Change in Central and Easter Europe* (Rhifyn Arbennig, rhif 4, Boston, 1992), 704.
69 Mae Havel wedi dadlau bod ysgrifennu areithiau'n bleser iddo ac eto mai dyna ei anlwc: 'Writing speeches is my joy and my misfortune. It's a joy because it is really one of the more creative aspects of being president, unlike all those matters of protocol and other official duties, and also because it connects me with my past as a writer and with my literary nature. At the same time, it's my misfortune because I cannot write as I once used to, when I would become inspired by an idea, sit down to write, and keep on writing for as long as I wanted, as long as I got pleasure from it. Now, I must write in strictly limited blocks of time and to strict deadlines, regardless of whether I am inspired or not. So the joy of writing becomes something of a religious observance, and yet I can't imagine carrying out my duties without it. I would certainly not want to be the kind of president who merely holds office. It seems to me, given my character and my nature – but also given the traditions of the presidency in our country – that more is expected of me. If the president were called upon to be no more than a bureaucrat, I would have to resign.' Author's Preface mewn argraffiad Americanaidd o areithiau ac ysgrifau Havel rhwng 1990 ac 1996, cyfieithwyd gan Paul Wilson ac eraill: Václav Havel, *The Art of the Impossible: Politics as Morality in Practice* (Alfred A. Knopf, 1997), xix.
70 Ni fydd fy nhrafodaeth ar rai o ysgrifau Havel ym Mhennod 4 yn mynd i fanylder ynghylch ei areithiau fel Arlywydd, oherwydd byddaf yn dechrau a chanolbwyntio ar y testunau hynny a ysgrifennwyd gan Havel o garchar beth amser cyn iddo ddod yn Arlywydd. Serch hynny, byddai'n ddiddorol, a gobeithio yn werth chweil yn y dyfodol i ddefnyddio'r astudiaeth hon i symud y drafodaeth ymhellach i astudiaeth fanylach o'r areithiau hyn unwaith mae'r llwch wedi cael digon o amser i setlo, a rhywfaint o amser wedi mynd heibio.
71 Jerzy Szacki, 'Protoliberalism: Autonomy of the Individual and Civil Society' yn *Liberalism after Communism,* cyf. Chester A. Kisiel (Central European University Press, 1996), 81.
72 Ibid.
73 Adam Michnik, *Polskie pytania* (Zeszyty Literackie, 1987), 42–3, fel y'i dyfynnir yn Saesneg yn Jerzy Szacki, *Liberalism after Communism*, fel uchod, 82.
74 Adam Zagajewski, 'Intellectuals as Leaders' fel uchod, 669–670.
75 Gweler er enghraifft epilog Jiří Opelík i'r flodeugerdd o ysgrifau Tsiec o ddechrau'r ugeinfed ganrif, *České myšlení: lehký harcovník: antologie českého literárního eseje 2, léta desátá a dvacátá století* (Melantrich, 1986): '. . . v teorii žánrů se připomíná období (18. století) kdy esej žil v symbióze s fejetonem', 287. (. . . yn nhermau theori *genre*, mae yn ein hatgoffa o'r cyfnod (18fed ganrif) pan yr oedd yr ysgrif a'r *feuilleton* yn cyd-fyw. Serch hynny, mae Opelík yn mynd yn ei flaen i wahaniaethu rhwng y ddwy ffurf. Mae'r epilog hwn hefyd yn gyflwyniad da i'r ysgrif Tsiec, ac yn ceisio cynnig dosbarthiad penodol o wahanol fathau o ysgrifau.
76 Mae ysgrifau Ivan Klíma a ysgrifennwyd ar gyfer y papur dyddiol Tsiec,

Lidové noviny, wedi cael eu casglu, eu dewis a'u cyhoeddi yn y gyfrol *Kruh nepřátel českého jazyka: fejetony* (Hynek, 1998). Yn Saesneg, gweler *The Spirit of Prague and other essays*, cyf. Paul Wilson (Granta, mewn cydweithrediad â Penguin, 1994). Am ysgrifennu ysgrifol Ludvík Vaculík yn Saesneg, gweler *A Cup of Coffee with my Interrogator: the Prague chronicles of Ludvík Vaculík*, cyf. George Theiner (Readers International, 1987). Yn Tsiec, gweler *Jaro je tady: fejetony z let '81–'87* (Mladá fronta, 1988) a *Srpnovy rok: fejetony z let 1988–1989* (Mladá fronta, 1990).

[77] Aleš Haman, 'Český esej jako lék ducha' (Yr Ysgrif Tsiec fel Iachawr Ysbrydol) a gyflwynwyd mewn seminar ym Mrhâg ym Mai 2001. Hyd y gwn, dim ond mewn Tsiec ac Eidaleg y mae ysgrifau a gwaith Václav Bělohradský, yr athronydd a'r cymdeithasegydd, yn bodoli. Am wybodaeth am gyhoeddiadau perthnasol Tsiec, gweler y llyfryddiaeth; a'r un fath ar gyfer cyhoeddiadau Richard Weiner a Ladislav Klíma.

[78] Gweler, er enghraifft, Karel Čapek, 'Poslední epos čili Román pro služky' yn *České myšlení*, fel uchod.

[79] Gweler uchod ysgrif Karel Teige, 'Slova, slova, slova' yn *České myšlení*, fel uchod.

[80] Er nad yn perthyn i ddiwylliant esthetig a democrataidd, mae'n werth cofio mai amcan Emerson oedd cynorthwyo i sefydlu traddodiad llenyddol ac athronyddol Americanaidd newydd, gan dorri'n rhydd oddi wrth yr hyn a welai fel gafael y traddodiadau Prydeinig ac Ewropeaidd. Gweler yn arbennig 'The American Scholar' a 'Nature', Carl Bode (gol.), *The Portable Emerson* (Penguin Books, 1977).

[81] William Hazlitt, *The Life of Napoleon Bonaparte* (London, 1830).

[82] Gweler cyflwyniad Jon Cook i *William Hazlitt: Selected Writings* (Oxford University Press, 1998), xxxii.

[83] Mae Ffrainc yn un o ddim ond dwy wlad a wrthododd lofnodi siarter hawliau ieithyddol yr UE.

[84] Yn yr ysbryd hwn, mi wnaeth *Taliesin* noddi cystadleuaeth ar gyfer llên-feicro yn haf 2001.

[85] Defnyddir y term *mimesis*, sef yr hen air Groeg am ddynwarediad y gellir ei olrhain yn ôl i gyfnod Platon ac Aristoteles, mewn beirniadaeth lenyddol ac estheteg wrth drafod i ba raddau y mae darn o gelfyddyd yn dynwared unrhyw agwedd ar realiti allanol. Fe'n hatgoffir hefyd o astudiaeth enwog Erich Auerbach, *Mimesis*, a gyhoeddwyd gyntaf yn Berne, mewn Almaeneg, yn 1946.

[86] Terry Eagleton, *The Ideology of the Aesthetic* (Blackwell, 1990).

[87] Jerzy Szacki, 'The collectivism of Solidarity' yn *Liberalism after Communism*, fel uchod, 115. Gweler hefyd Norberto Bobbio, *Liberalism and Democracy* (Verso, 1988).

2

'Codi Sgwarnogod': Twm Morys a chenedlaetholodeb diwylliannol

Rhwng Ionawr 1993 a Gwanwyn 1998, bu Twm Morys yn cyfrannu colofn o'r enw 'Codi Sgwarnogod' i *Taliesin*. Bydd y drafodaeth yn y bennod hon yn canolbwyntio ar yr ysgrifau hyn, gan gyfeirio yma a thraw at ei golofnau eraill, megis 'Canu Dychan y Llyfr Coch' a ragflaenodd 'Bob Dalen ar Benillion' a ddechreuwyd yn 1997, a 'Rhai Geiriau Difyr (gen i) yng Nghanu Dychan Llyfr Coch Hergest', yn *Barddas*.

Mae yna dueddiad i edrych ar yr ysgrifau hyn, fel ag ar farddoniaeth Twm Morys, un ai fel ymgais un-dimensiwn i atgyfodi y 'gwir' ddiwylliant Cymraeg, hynny yw, fe'u darllenir yn llythrennol (i'r graddau y mae hynny'n bosibl), neu fel dathliad dros ben llestri o'r dychymyg, fel darn o ffuglen.[1] Hoffwn ddadlau bod yr ysgrifau yn dwyn eu hegni o drosiad estynedig – sgwarnogrwydd – sydd yn dibynnu ar y tyndra hwn rhwng y ddau ddarlleniad uchod, a bod presenoldeb y trosiad hwn ar lefel strwythurol yr ysgrifau yn sylfaenol i'w consýrn gwleidyddol.

Hoffwn edrych yn ogystal ar sut y mae'r math hwn o fynegiant, sydd, fel y gwelwn, yn codi'n naturiol ddigon o ffurf yr ysgrif, yn arbennig o ddeniadol i awdur sydd yn brwydro i gadw diwylliant lleiafrifol i fynd yn wyneb dominyddiaeth diwylliant mwy, ac sydd hefyd yn sensitif i'r perygl o atgyfodi y rhethreg y mae'n ei gwrthwynebu dim ond wrth ymateb iddi.

Rwyf am ofyn i ba raddau y mae darlleniad o'r fath yn dadlennu'r ysgrif fel ffurf sydd yn arbennig o addas ar gyfer consýrn cenedlaetholwr diwylliannol yng nghysgod dylanwad theorïwyr ôl-drefedigaethol a phan fo rhethreg cenedlaetholdeb diwylliannol, er gwaetha'r ffaith y gellid gweld cenedlaetholdeb fel ffenomen gyffredinol, yn arbennig o sensitif i'r perygl o dramgwyddo.[2]

Sgwarnogrwydd fel trosiad estynedig

Mae'r ysgrifau sy'n ffurfio'r golofn 'Codi Sgwarnogod' yn frith o osodiadau trosiadol sydd yn drysu llawer ymgais i roi trefn synhwyrol ar y mynegiant. Mae'r defnydd o drosiadau, wrth gwrs, yn perthyn yn naturiol i *genre* yr ysgrif er nad yw'n un o'i nodweddion sylfaenol. Ond yn yr ysgrifau hyn, mae'r trosiadol mor sylfaenol fel bod darllenwyr wedi cael eu temtio fwy nag unwaith i gyhuddo Twm Morys o'u gadael mewn môr diystyr.[3] Ac mae'r trosiadol ar brydiau mor gryf nes y ceir trosiadau sy'n ymestyn dros baragraffau, hyd yn oed o un ysgrif i'r llall.

Ffordd gyfarwydd o edrych ar y modd y mae trosiadau yn gweithio yw eu gweld fel pethau sydd yn cyflwyno term neu grŵp o dermau dieithr i blith yr hyn a elwir yn 'isotopi' y cyd-destun.[4] Gellir deall isotopi fel presenoldeb elfennau semantig sydd yn gydnaws ac sydd yn arwain at ddarlleniad diamwys o destun. Term cyfarwydd a ddefnyddir i gyfeirio at yr elfen ddieithr yw alotopi. Mae cyflwyno elfen anghydnaws i gyd-destun isotopig sydd ar y cyfan yn gydnaws yn achosi toriad yn rhediad yr ystyr sydd yn cymell ailasesiad o'r ystyr neu aildrefniant o'r gwahanol elfennau semantig. Mae'r ystyr newydd a rennir rhwng yr elfennau yn cael ei chreu o'r nodweddion sydd yn gyffredin i'r elfennau isotopig ac alotopig fel ei gilydd; dyma sy'n creu ystyr drosiadol. Yr effaith a geir wedyn yw fod delwedd gysylltiedig yn cael ei chreu yn y dychymyg, sydd yn cael cyfle i adleisio ar ein synwyrusrwydd heb fod ein rhesymeg yn gorlywio'r stori.

Yr ymateb cyfarwydd arall a geir i waith Twm Morys yw beirniadaeth ar ei gyfeiriadaeth barhaus at y diledryw, a'i ddyrchafiad o hanfodion sydd yn awgrymu oes aur y Gymru gyn-ddiwydiannol. Daw hyn i'r wyneb mewn nifer o wahanol ffyrdd, trwy gyfrwng ffantasïau delfrydol atchweliadol am ailstrwythuro cymdeithas yng Nghymru neu ddoethineb ar ffurf yr Hen Wêr.[5] Dyma'r math o fynegiant sydd wedi arwain at feirniadaeth o safbwynt gwleidyddol Twm Morys fel un amrwd.[6] Mae'r ysgrifau hefyd wedi eu britho â gosodiadau tebyg i'r addewid '...y sgwennwn i y tro 'ma yn eglur a llai sgwarnoglyd, heb herwa dim yn yr hirwair a'r miloedd blodau melyn' ('Codi Sgwarnogod', *Taliesin*, cyfrol 86 (CS: 86)). Mae'r ffaith fod yr adroddwr yn yr ysgrifau hyn yn amlwg yn ei fwynhau ei hun yn carlamu trwy drosiadau a chymariaethau heb boeni am gonfensiynau, wrth gwrs yn atgyfnerthu beirniadaeth o'r fath, gyda'r defnydd o dechnegau ffuglennol megis trosiadau estynedig a naratifau ar ffurf deialog neu straeon ond yn atgyfnerthu effaith wrth-realaidd, iwtopaidd ei ddelfrydiaeth wleidyddol.

Ar y llaw arall, ar ryw ystyr, mae darllen yr ysgrifau yn y modd hwn, gan edrych arnynt trwy lygaid llythrennol, gan geisio eu darllen felly fel ysgrifau gwleidyddol, er gwaethaf yr anawsterau y mae'r testun yn eu creu o geisio gwneud hynny, yn gyfystyr â diystyru y modd y mae'r ffuglennol yn gweithio ynddynt. Mae'r defnydd o'r ffuglennol a'r penrhyddid yn y testun wedyn yn cael eu gweld fel pethau sydd ond yn cadarnhau symlrwydd naïf y wleidyddiaeth. Mae hefyd yn creu darlleniad sydd yn methu ag ymdopi â'r ffordd y mae'r ysgrifau yn mynnu cael eu darllen ar un olwg fel ysgrifau uniongyrchol cenedlaeth-olwr pybyr tra ar yr un pryd yn tanseilio darlleniad o'r fath trwy ysgogi arferion darllen sydd yn gysylltiedig nid â disgwrs rhesymegol a rhethregol ond â'r ffuglennol.

Byddai'r darlleniad gwrthgyferbyniol yn dadlau, er gwaethaf eglurdeb i ryw raddau safiad diwylliannol a gwleidyddol yr adroddwr yn yr ysgrifau, mai dim ond fel ffuglen y gellir eu darllen. Hawdd yw mabwysiadu'r agwedd hon petai hynny ond oherwydd yr holl osodiadau *non-sequitur* ac ymddangosiadol ddisynnwyr sydd wedi eu rhaffu trwy'r ysgrifau. Un enghraifft yw 'Roedd e'n chwil fel seithmil o'r Sowthmyn' sydd yn ymddangos yn 'Codi Sgwarnogod' (CS: 82) ac yn y gerdd gaeth 'Y Môr', a feirniadwyd am fynd y tu hwnt i ffiniau rheswm, ac am ei bod yn llinell sydd yn symptomatig o atyniad y gerdd at wyrdroi synnwyr tu hwnt i ddealltwriaeth.[7] Drwy'r ysgrifau, ceir neidiadau semantig tebyg i 'Mae gin dy chwaer gwt cwiningod, toes? Pam goblyn na chei di ddim cwt glo, ta?' (CS: 81). Ceir hefyd enghreifftiau niferus o sgyrsiau gyda ffigurau hanesyddol sydd wedi hen farw, tebyg i'r un gyda Jul Gros (CS: 80), gan osgoi unrhyw awgrym mai sgyrsiau ffuglennol ydynt. Plethir y ffuglennol a'r hanesyddol. Ar ben hynny, mae unrhyw fynegiant a allai ar un olwg fod yn uniongyrchol ac yn fynegiant 'go-iawn' yr adroddwr yn cael ei wyrdroi gan eironi a chyfaddefiadau niferus yr adroddwr fel beirniad ei fod wedi gwneud camgymeriad arall. Er enghraifft, un nodwedd eironig ar waith Twm Morys yw cyfraniadau ei *alter-ego* fel adroddwr, ei athro barddol, Yr Athro Neil Sagam.[8] Ar un adeg, yn 'Bob Dalen ar Benillion', mae'r athro'n ysgrifennu ei fod wedi cytuno, o dan bwysau'r golygydd, i ysgrifennu'r golofn ar gyfer y mis hwnnw, wedi i Morys yr adroddwr fynd i bwdu mewn 'boudoir', wedi Helynt yr Enwau ar dudalennau llythyrau'r rhifyn blaenorol (*Barddas*, cyfrol 226, Mawrth 1996). Mae'r cyflwyniad i *Ofn Fy Het*, sef cyfrol o farddoniaeth Twm Morys, hefyd wedi ei ysgrifennu gan Yr Athro Neil Sagam, ac mae'n nodi 'Pan ddaeth Twm Morys ataf i gyntaf am gymorth, fe wyddwn yn syth ei fod yn fardd sâl iawn' a 'Dywedodd wrthyf lawer gwaith ei bod yn llawer gwell ganddo sŵn heb synnwyr na synnwyr heb sŵn. Gwn fod yr hyn a sgrifennodd James Joyce rywdro mewn llythyr yn gysur mawr iddo: "God knows what my prose means, but it sounds good to the ear . . ."'[9] Yn un o'i golofnau cynnar, 'Canu Dychan y Llyfr Coch' yn *Barddas*, cyn i'r golofn dyfu'n 'Bob Dalen ar Benillion', mae'n cyfaddef nad yw'r 'englyn' gan T. H. Parry-Williams i'w gael yn 'nhŷ' Gwyn Evans ond yn 'nhŷ' Gwyn Davies; fod trefn y llinell gyntaf wedi ei gwyrdroi mewn camgymeriad, ac mai gan R. Williams Parry yr oedd hi wedi'r cwbl, nid T. H. Parry-Williams. Yn yr un modd, mae'n ysgrifennu mewn man arall fod W. P. Llantrisant yn iawn i nodi yn rhifyn y Nadolig o *Barddas* fod ei het 'yn het rwydd i siarad drwyddi' a'i fod yntau 'yn amau bod ei chynffon hi yn mynd i'm llygaid hefyd, achos ar ôl lambastio safon beirniadu'r Eisteddfod, yn enwedig ar yr englyn, dyma fi wedyn yn GWOBRWYO ENGLYN GWALLUS yn y gystadleuaeth gorffen englyn'.[10] Ceir hefyd gefnogaeth i ysgrifennu llif-yr-ymwybod, sydd yn ymgorffori yr hyn a bregethir drosto yn ei strwythur. Yn aml, defnyddir cynghanedd i symbylu cyfresi o'r fath. Er enghraifft, yn ei golofn gyntaf o 'Codi Sgwarnogod', mae'r adroddwr yn mynnu mai 'Llamgar Fynach' oedd awdur *Y Mabinogi*, ac yna'n mynd ati i greu'r enw disynnwyr 'Lleufer Wombat' o 'Llif-yr-Ymwybod' trwy gyfrwng 'Llyfr am Wybed'. Mae hefyd yn haeru petai ganddo goesau fel llyffant neu gangarŵ, ond heb 'lamgarwch', byddai'n mynd yn ei flaen 'fel malwan yn ymlusgo neu bry lludw yn ymlwybro' (CS: 80).

Gan dderbyn ei bod yn anorfod ymdebygu i'r Athro Neil Sagam wrth geisio ysgrifennu'n feirniadol am ysgrifau Twm Morys, byddwn yn dweud bod y ddau ddarlleniad hwn o'r ysgrifau, o safbwynt ffurfiol, yn awgrymu cydfodolaeth dau (neu fwy) o lwybrau isotopig. Mae fel petai'r ysgrifau yn gofyn am gael eu darllen fel un math o ddisgwrs, hynny yw, disgwrs cenedlaetholwr sydd yn gwbl o ddifrif a diffuant yn ei safiad, tra ar yr un pryd, fe rwystrir darlleniad eglur a syml o'r fath gan y modd y mae'r testunau hefyd yn gofyn am arferion darllen ac ymateb sydd yn perthyn yn draddodiadol i fath arall o ddisgwrs – i'r ffuglennol.

Y trosiad mwyaf dyfal a geir yw 'sgwarnogrwydd'. Ysgrifenna Twm Morys yn ei golofn gyntaf o 'Codi Sgwarnogod' fod 'Duw' – fel y gellid disgwyl, Duw o fath arbennig – yn fwy tebygol o fod yn bresennol mewn sgwarnog nag yn unrhyw le arall, a'i fod yn ei chael hi'n haws credu 'y clywa' i o ryw ddiwrnod yn llefaru o'r twmpath eithin, ac y gwela'i ei glustiau hardd a hir yn codi drwy'r fflamau melyn'. Dywed ei fod wedi myfyrio yn 'galed ar egwyddorion Sgwarnogrwydd – Meindrwyndod, Hirglustrwydd a Llamgarwch – nes bod y rheini'n rhan o'm natur innau' a'i fod wedi gweld 'o'r diwedd mai ffordd y Sgwarnog, y ffordd dwmpathog wibiog-jibiog, oedd yr unig ffordd'. (CS: 80, 7). Mae'r ddelwedd hon o'r sgwarnog yn cael ei hymestyn yn barhaus trwy gyfrwng berfau sydd yn nodweddiadol o sgwarnog ond mewn cyd-destunau lle nad oes sgwarnogod. Er enghraifft, ysgrifenna mai'r 'llyfr gorau i lamu ynddo fo ydi'r Geiriadur'. (CS: 80)

Un o atyniadau'r defnydd hwn o sgwarnogrwydd fel trosiad estynedig yw, nid yn annhebyg i *errance pure* Roland Barthes, ei fod yn arwain at grwydro a thoriad yn rhediad ystyr y naratif. Oherwydd ei fod mor hollbresennol, mae hefyd yn gweithio fel gosodiad, fel isotop cyffredinol yn yr ysgrifau, fel cyd-destun ar gyfer y cyfeiriadau parhaus at y 'go-iawn', y 'wir Gymru' y gellid eu hystyried fel alotopau. Hefyd, mae'r patrymu strwythurol hwn yn cael ei gryfhau o gofio mai un diffiniad posib o *errance pure* yw fel ymroddiad i gyflwyno alotopi i ymateb yn erbyn yr isotopi gwreiddiol, ac yn ei dro alotopi i ymateb yn erbyn yr alotopi sydd newydd ei oleddfu ac wedi ei droi'n llwybr isotopig newydd, a hyn, *ad infinitum*, yn rhoi i ni drosiad yn gweithredu ar lawer mwy nag un lefel, fel ei fod yn bresennol o leiaf ddwywaith drosodd.

Mae'r defnydd cryf hwn o drosiad, nid yn unig ar lefel leol, ond hefyd ar lefel strwythurol gyffredinol, yng ngosodiad gwreiddiol yr ysgrifau, hynny yw, 'sgwarnogrwydd', yn cynnig i ni ysgrifau sydd yn cynnwys yn eu strwythur a'u dadl fapio dilechdidol sydd yn perthyn yn ddigon rhwydd i ffurf yr ysgrif. Dyma'r tensiwn sydd ar waith yn naturiol yn yr ysgrif rhwng gwrthrychedd a goddrychedd, rhwng yr unplyg a'r lluosog, yr haniaethol a'r concrid, rhwng yr hyn sydd yn naturiol yn gwthio yn erbyn yr awdurdodol ar y naill law, ac ar y llaw arall, yr awgrym o wirioneddau unplyg a geir gan y gyfeiriadaeth at y diledryw a'r lleol.

Gellid dadlau y gwneir yn fawr o natur greadigol a digymell y trosiadol yma er mwyn cryfhau ein hydwylledd a'n parodrwydd i dderbyn y propaganda diwylliannol o blaid y diledryw, trwy roi i ni'r argraff o brofiad go-iawn yn digwydd yn y presennol, profiad yr ydym yn rhan annatod ohono, gan beri inni 'neidio' fel sgwarnogod ein hunain yn ein darlleniadau. Yn y modd hwn, lleiheir y posibilrwydd o ddieithrio'r darllenydd oherwydd natur ddogmataidd ystyr sydd wedi ei chreu ar ei chyfer, yn hytrach nag ystyr a grewyd a hithau'n rhan o'r broses o greu. Mae'r cenedlaetholwr diwylliannol pybyr wedyn yn gallu cyflwyno ei achos heb ailadrodd natur gaeedig yr ideoleg y mae'n gwneud safiad moesol yn ei herbyn. Yn yr un modd, mae fel petai'r ysgrif wedi ei mabwysiadu oherwydd ei gallu i ddwyn yn ôl 'wallusrwydd' y gwir, heb fod yn anhebyg i'r ymwybyddiaeth Hegelaidd mai'r unig ffordd o gadw ffydd mewn ysbryd systematig yw trwy fod mor ansystematig â phosib. Byddai cyflwyno safiad ideolegol yr ysgrifau hyn yn uniongyrchol yn golygu ei fod yn cael ei gyflwyno mewn modd gwrthrychol, fel ffaith a fyddai, ar ryw ystyr, yn ailadrodd ei natur anhrafodadwy, sef rhywbeth y mae'r ysgrifau hyn, yn anuniongyrchol, yn milwriaethu yn ei erbyn. Yn y modd hwn, gellid gweld ysgrifau Twm Morys yn ein cyfeirio ni at ddilechdid negyddol nid fel ffordd o gydnabod methiant, ond, fel yr hyn y cyfeiriodd Frederic Jameson ato fel 'a thoroughgoing critique of forms', fel proses barhaus o ymwthio at hypostasis, tuag at ddangos gwleidyddiaeth sydd yn ei chyfiawnhau ei hun yn ôl mythau gwreiddiau, ond hefyd, ar yr un pryd, trwy ddad-wneud y broses hon, gan ein cyfeirio ni felly at wleidyddiaeth sydd yn ddibynnol ar y broses hon o ddad-wneud fel sail i'w gwireddu.[11]

Beirniadu ideoleg?

Hyd yma, felly, ceisais ddangos mai'r hyn sy'n ddiddorol am ysgrifau Twm Morys yw'r modd y mae'r trosiadol yn sylfaenol i'r wleidyddiaeth a gyflwynir, nid dim ond yn rhethregol, ond hefyd yn strwythurol. Ceisiais ddangos fod yr anghytgord hwn sy'n cael ei greu gan isotopau ac alotopau oddi mewn i'r trosiadol yn creu'r prif ddeinamig yn 'Codi Sgwarnogod', nid dim ond yn yr hoff ddefnydd o drosiadau ar lefel leol yma ac acw, ond hefyd, ar lefel fwy cyffredinol, yn y sialens o ddarganfod ffordd o adael i'r emffatig a'r dogmatig, ar y naill law, a'r toredig, a'r darnau ymddangosiadol ddigyswllt ar y llaw arall, i gyd-fyw mewn modd synhwyrol, defnyddiol. Dangosais hefyd fod yr anghytgord hwn sy'n gyrru'r trosiadol yn gynhwysyn angenrheidiol yng ngallu'r ysgrifau hyn i gynnal eu gwleidyddiaeth. Awgryma hyn fod Twm Morys, yn hytrach na cheisio chwynnu neu lethu, neu hyd yn oed amsugno anghysonderau ac anawsterau, yn eu bwydo'n ôl i mewn i'w ddadl, i'r fath raddau fel bod y gallu i fynegi'r ddadl yn y lle cyntaf yn dibynnu ar yr anghysonderau a'r anawsterau hyn. Ar ben hynny, gellid dadlau mai'r rhesymeg y mae'r ysgrifau hyn yn gofyn i'r darllenydd ei dilyn sydd yn rhoi eu gwleidyddiaeth ar fynd, ac felly'n rhoi sylw i'r trosiadol fel rhan o'u hathroniaeth, yn hytrach na modd i rywbeth arall, rhyw dro rhethregol er mwyn gwneud i bobl wrando. Mae hyn hefyd yn canolbwyntio meddwl y darllenydd ar y ffordd y mae'r gwleidyddol yn cael ei ffurfio, yn yr un modd ag y mae'r ysgrifau'n defnyddio'r darllenydd yn y broses hon, yn ei chymell i neidio dros agendorau semantig a chystrawennol annisgwyl. Mewn geiriau eraill, mae darllen 'Codi Sgwarnogod' a 'Bob Dalen ar Benillion' yn dod â ni wyneb yn wyneb â mecanwaith gwleidyddiaeth, yn ei ystyr diwylliannol ehangach. Trwy ddinoethi'r blociau codi, dadleuaf fod Morys yn talu ei drethi rhyddfrydol, democrataidd i'w ddarllenwyr, ac o'r herwydd mae'n gallu parhau gyda'i brosiect o genedlaetholdeb diwylliannol emffatig. Mae hon yn ymwybyddiaeth y mae Morys yn ei dadlennu'n agored ac af ymlaen yn awr i'w harchwilio'n fanylach.

Ideoleg greadigol

Mae unrhyw ymgais i geisio dadansoddi ideoleg yn ysgrifau Twm Morys yn profi'n llawn gwrthddywediadau. Ar y naill law, maent yn ein hatgoffa byth a beunydd, heb flewyn ar dafod, o'u galwad i'r gad yn erbyn y rhagfarn sy'n cael ei hyrwyddo gan ddiwylliannau mawr yn erbyn rhai llai, y rhagfarn honno

> ydi'r ochor din, ochor y pen-cwin, i hen geiniog ddifyr yr Americanwr sy'n dod i chwilio am ei dylwyth i Ffostrassole neu Clanberries. *All right! You're Welsh! So you talk like in rhyme? You live in a coalmine, sing hymns all the time. You go taking leeks in the mist an the snow. And you used to play rubgy a long time ago . . .* (CS: 81)

Neu ragfarn diwylliant aruchel Lady Chance yn sefydlu Gŵyl Criccieth (*sic*) oherwydd 'I want to bring culture here' (CS: 81). Ac eto, fel y gwelsom, mae ffantasïau atchweliadol am y diwylliant Cymraeg sydd yn dathlu yr union ragfarnau hyn, yn cael eu porthi, nid dim ond yn strwythur y naratif sydd yn aml yn dwyn oddi ar dechnegau sy'n perthyn i'r traddodiad storïol Cymraeg, ond hefyd yn newis yr ysgrifau o gymeriadau, o iaith, ac yn y cyd-destun gwleidyddol ei hun. Ar ben hynny, pan fo ideoleg imperialaeth ddiwylliannol yn cael ei dychanu, mae'n cael ei dychwelyd i'r darllenydd, nid gyda'r delweddau goleuedig, blaengar hynny sydd yn dangos y diffyg gwybodaeth a'r rhagfarnau hyn am yr hyn ydyn nhw, ond gyda mwy o'r un peth, mwy o *clichés*, mwy o fromidau. Er enghraifft, pan fo A. N. Wilson yn cael ei ddychanu am ei sylwadau yn yr *Evening Standard*, am haeru na wnaeth y Cymry 'no significant contribution to any branch of knowledge, culture or entertainment (with) no architecture, no gastronomic tradition, and since the Middle Ages, no literature worthy of the name', (CS: 81), dyma ymateb yr adroddwr:

> A dwi am droi i'r Fain am chydig funudau rwan, achos mi geith Mr A. N. Wilson y rhifyn yma o *Taliesin* drwy'r post. Aralleiriad ydi rhan o'r sgwrs yma o ddarn yn ei lyfr am yr Iesu . . . *Hello? Mr A. N. Wilson? Sorry to be sneaking through your letter-box like this – under cover, as it were. A flat mailvoice enquiry I am. It's about your article, see. I think you maybe know Ji? Anyway, I've kept it with the blue books, like. Now, it's not so much the 'untalented' and 'sly'. No, no, no! I'm as sly and untalented as a fox who can't trot, isn't it. It's not that. It's the 'DINGY'! I'll have you know we never go anywhere only by coracle. I read your book about Jesus too, and . . . Hey! Mr Wilson! Mr Wilson bach! Don't go away . . . I just have a few questions I'd like to ask, starting . . . NOW. Mr Wilson! What are the sources for your beliefs about Welsh literature? How do you know whether or not they are accurate? Is it possible for someone who speaks not a word of Welsh to get close to Welsh literature, or to envisage with anything approaching accuracy what it might be like?* (CS: 81)

Ymhell o fod yn gwrthod *clichés* Cymraeg, gellid dadlau bod y darn hwn yn rhoi golwg i ni ar y modd y mae Twm Morys yn gafael ynddynt fel cerrig llam, er enghraifft y defnydd parodïol o odl fras, a chyfieithu llythrennol o gystrawen y Gymraeg. Yn ogystal â dychwelyd, ymysg nodweddion eraill, gôr meibion sy'n canu allan o diwn ('a flat mail-voice enquiry') ar y slei, trwy ddrws A. N. Wilson, mae'r adroddwr hefyd yn ymateb trwy ddweud 'we never go nowhere only by coracle', fel petai'n dweud nid yn unig fod ystrydebau diymchwil a thwp A. N. Wilson am lenyddiaeth Cymru yn anghywir, ond ei fod hyd yn oed yn methu â darllen y *clichés*, yr elfennau mwyaf amlwg o ddiwylliant Cymru, yn gywir.

Daw'r darn hwn ar ôl triptych Celtaidd ar ragfarn, gyda chydsgyrswyr Twm Morys wedi eu peintio yn eu holl ogoniant rhagfarnllyd:

> Wel, calad ydi hi ar y tyddynnwr bach o Wyddel ichi gael dallt. Fel hyn y bu 'leni: Tatws yn braenu. Twll yn y cyrrach. Trai ar yr heniaith. Pla, nyfadwch, haint, gwae, loes, dagrau, griddfan. Anffawd ac anffawd yn gynffon. Oio, Fab Duw . . . ac AR Y BLACS MAE'R BAI. (CS: 81).

Neu'r hen wraig grempog o Pen ar Bed, Llydaw, a welodd ddyn du yn peintio ffens ac na fedrai ddeall sut fyddai rhywun yn medru dweud os oedd wedi ymolchi ai peidio, gan ei fod mor ddu â chrochan (CS: 81). A Jo Glo sydd yn rhybuddio 'Gwylia'r Hwntw' oherwydd 'tydi'i fara brith o ddim yr un fath'. (CS: 81)

Mewn geiriau eraill, strategaeth Twm Morys yw, nid dadadeiladu safbwynt A. N. Wilson yn rhethregol, trwy daflu golau dadl fwy diwylliedig a synhwyrol arno, ond trwy daflu ei ragfarnau cyntefig ei hun i ganol y llwyfan trwy ymateb i eiriau A. N. Wilson gydag enghreifftiau o ragfarn wedi eu tynnu o'r corneli mwyaf gwledig, cyntefig ac ynysig yn y diwylliant Gwyddelig, Llydewig a Chymraeg. Yn sylfaenol, mae'n defnyddio'r arf y mae A. N. Wilson yn ei ddefnyddio i ledu ei ragfarn, i yrru'r rhagfarn honno yn feirniadol yn ôl ato, fel bwmerang. Ar yr un pryd, mae'r dechneg bwmerang hon yn ei alluogi i goethi ei wleidyddiaeth yntau o genedlaetholdeb diwylliannol gyda phwythau arwyddocaol eraill. Mae'r saga A. N. Wilson ar yr un pryd yn dangos y pethau hynny sy'n gyffredin rhwng gwleidyddiaeth ac ideoleg, y modd y mae'r naill yn fagned i'r llall, a'r pwythau tyner, brau sy'n eu gwahanu. Yn y modd hwn, mae Twm Morys yn llwyddo i ddenu ei ddarllenwyr mwy amyneddgar, y darllenwyr hynny sy'n dyfalbarhau, i archwilio ideoleg, tra ar yr un pryd, yn ennyn eu cydymdeimlad â'i brosiect gwleidyddol ei hun o genedlaetholdeb diwylliannol, trwy ddangos ei fod yn hen ymwybodol o'r llinell frau hon sy'n gwahaniaethu'r ddau. Wrth gwrs, mae gwleidyddiaeth yn cael ei denu at ideoleg oherwydd gafael ddefnyddiol yr ail ar rethreg, oherwydd gallu ideoleg i dynnu cymuned o gydymdeimlad ynghyd, hyd yn oed os yw hyn yn digwydd fwy na heb trwy ddechnegau amrwd polareiddio. Ac eto, er mwyn i ideoleg ymgyrraedd at fwy na stasis dall, er mwyn iddi esgor ar unrhyw beth ymarferol (ac yn ôl rhai, dyma pryd y byddai'n peidio â bod yn ideoleg), mae'n rhaid iddi ddal gafael ar y deinamig arbrofol hwnnw a ddylai fod yn sail i unrhyw wleidyddiaeth ddemocrataidd. Mae gan ysgrifau Twm Morys fodd i dynnu'r tensiwn hwn i'r wyneb er eu mantais eu hunain, gan roi cyfle i rywun fynegi rhwystredigaeth wleidyddol, ond ar yr un pryd, ddod o hyd i ffordd o ailgylchu'n organig yr un sŵn hyll, digymrodedd hwn, mewn modd sydd yn ei ddychwelyd i'r darllenydd nid yn unig fel drych i'w photensial hithau i greu golygfeydd hyll, i esgor ar ragfarn, ond hefyd,fel y gwelwn, gyda'i allu i ysgogi meddwl wedi ei wisgo ar lawes. Fel gwleidyddiaeth wedi ei gwisgo tu chwith allan, mae ergyd neu *envoie* yr ysgrifau i'w ddarganfod nid yn eu casgliadau ond yn y modd y maent yn eu dadlennu eu hunain, yn eu pwysau, eu croesddywediadau, a'r abswrdiaeth sydd yn codi o osod ideoleg a rhagfarn wyneb yn wyneb, gan wneud rhywbeth defnyddiol o'r rhagdybiaethau sydd yn fwyaf o dân ar ein crwyn.

Mae'r tensiwn hwn yn cael ei greu yn y llefydd a'r pethau mwyaf annisgwyl. Er enghraifft, pan fo'r adroddwr yn ymweld â'r hen wraig grempog Lydewig yn Pen ar Bed, mae gwrthrychau sfferigol yn amlwg, yn ei 'falau falau filoedd, a'r un yn chwiblo byth', CS: 81) yn hongian yn ei pherllan; yn y gyfeiriadaeth oblygedig i'r byd yn lleoliad yr olygfa mewn ardal o Lydaw a adnabyddir fel 'pen y byd' – Pen ar Bed mewn Llydaweg; yn y gair 'byd' yn y gyfeiriadaeth i'r cyfarchiad Llydaweg, '"Sut mae'r byd gynnoch chi?" medden ni, yn ôl arfer y Llydawyr.' Ond yr hyn a symbylodd ymweliad yr adroddwr oedd crempog ('Ei diléit hi ydi brodio lês gwyn a gwneud crempogau. A'n diléit ni ydi cael ein cramwytho', CS: 81). Mae'r grempog hon yn ei thro'n cael ei defnyddio yn y darn, yn rhannol trwy ailadrodd, fel rhywbeth sydd yn tynnu'r sfferigol trwy gyfrwng y cylchol yn ôl at yr hyn sy'n fflat – 'Mae CREMPOG yn fflat ac yn grwn', meddai'r adroddwr wrthi wedyn – gan dynnu ar yr arwyddocâd yn yr enw disgrifiadol o'r ardal, *Pen* neu ddiwedd y Byd, o'r ddadl hen honno am siâp y byd, sydd hefyd yn poeni'r hen wraig ('. . . fflat ydw i'n ei weld o erioed. Ond crwn ydi o, meddan nhw i mi,' meddai hithau, 7). Ar yr un pryd, mae'r awydd a fynegir fwy nag unwaith am grempogau'n dechrau ymdebygu i'r awydd i ddirnadaeth fod yn fwy hyblyg. Mae'r cymorth gweledol hwn i hyblygrwydd felly yn cael ei ddarganfod, yn eironig, mewn symbol sydd wedi ei godi o'r ddelwedd fwyaf draddodiadol a chyffredin o'r diwylliant Llydewig. Nid dim ond hynny, mae'r ddelwedd yn ymuno â'r grempog yn y darn pan mae ar ei fwyaf ceidwadol a didrugaredd: yr hen wraig wedi drysu wrth ddod ar draws rhywbeth o'r tu allan i'w milltir sgwâr, yn meddwl sut fyddai rhywun yn gwybod os yw dyn du wedi molchi ai peidio. Dyma un enghraifft o'r ffordd y mae'r ysgrifau yn dangos sut y mae modd i'r delweddau mwyaf ceidwadol ddadlennu ffyrdd sy'n gallu symud syniadau ymlaen i gyfeiriadau anarferol. Hefyd, oherwydd ei fod yn dewis darganfod yr olion traed hyn yn y llefydd mwyaf annisgwyl a didrugaredd, lle mae rhagfarn yn nodweddiadol yn rhwystro gwleidyddiaeth rhag achub y blaen ar ideoleg, mae hefyd yn gallu tymheru ac ychwanegu cymhlethdod at ei fynegiant yntau o'i dueddiad i wyro at ideoleg yn ei genedlaetholdeb diwylliannol.

Mae ffrithiant tebyg rhwng ideoleg ac ideoleg i'w weld hefyd ar waith yn *alter-ego* ffuglennol Twm Morys yr adroddwr, sef y Dr Neil Sagam.

Yn ogystal â'r rhagair a ysgrifennodd ar gyfer cyfrol farddoniaeth Twm Morys, *Ofn fy Het*, rhoddir y clod i Neil Sagam hefyd am ysgrifennu tair o'r colofnau 'Codi Sgwarnogod'. Cyn iddo gymryd drosodd dros dro, daw i ryddhau Twm Morys draean o'r ffordd trwy ei golofn ar gyfer Hydref 1996 (CS: 95). Caiff ei gyflwyno fel y ffisig a fydd yn glastwreiddio tueddiadau eithafol Twm Morys; noder y gyfeiriadaeth feddygol: *'There now! Let's go and lie down for a while, shall we?'* neu *'Hush, now . . . Nice Dr Sagam will take over now . . . See hay looly, maybe . . .'*; y cyfeiriadau at Morys yr adroddwr fel claf sydd wedi mynd i orffwys, yn teimlo 'dan deimlad mawr'.[12] Ymuna â 'Codi Sgwarnogod' pan fo pethau'n dechrau poethi, fel y mae gwleidyddiaeth yn dechrau mynd allan o reolaeth, pan fo'r 'Hen Ŵr Mwyn' yn dechrau gweiddi:

> Pan fydd llyffantod, neu ryw ddraenogod,
> Neu giw o falwod, rhaid gofalu.
> Ond pan fydd Saesneg, drwyddynt ar d'union
> A'u bwrw o Eifion, heb arafu. (CS: 95)

Ac mae ffigwr y bardd yn yr ysgrif, hwnnw sydd hefyd yn adroddwr, yn dechrau ochneidio 'Na! Fedra'i ddeud dim mwy . . . DIM MWY . . . 'Dach chi'n dallt? 'Dach chi'n meddwl bod hyn yn HAWDD? Ydach chi?' Daw Dr Sagam i mewn, felly, fel dyfais sydd yn tynnu'r min oddi ar genedlaetholdeb Morys yr adroddwr, yn dadlennu ei wleidyddiaeth fel 'ffantasi am ladd' a welodd yn dod o hirbell:

> Y DR NEIL SAGAM: Wel, gyfeillion . . . Mi fu hi'n hirach o lawer yn dod i'r fei na'r disgwyl – tri rhifyn, yn wir, o *Taliesin*, a gwell na dwy ran o dair o'r Cylch, chwedl y claf. Ond dyma'r ffantasi'r oeddwn i am ei thrafod gyda chi yn y gynhadledd hon. Sef y ffantasi am ladd. (CS: 95)

Â Sagam ymlaen i ddadadeiladu gwleidyddiaeth yr adroddwr yn ysbryd *sgwarnogrwydd*. Ond wrth wneud hynny, mae hefyd yn dadadeiladu ei ymdriniaeth ei hun, ei dechneg ei hun (ac yn rhannol, felly, ymdriniaeth Twm Morys yr adroddwr) – sef sgwarnogrwydd – gan fod ei sylwadau'n cael eu rhoi at ei gilydd fwy na heb mewn ysbryd o hunan-barodi, bob amser yn ymylu ar yr abswrd.[13] Mewn geiriau eraill, yn yr un modd ag y mae Sagam yn cael ei dynnu i mewn i oleddfu a thymheru cenedlaetholdeb diwylliannol yr adroddwr, mae Sagam ei hun yn cael ei oleddfu, er enghraifft: 'OND beth ydwyf haws â thrafod dim efo neb, os 'ffug-academaidd' ydwyf, yn rhan o fudiad 'amddiffynnol i ddiarfogi beirniaid'? Dyna mae'r Athro Dafydd Johnston yn ei ddweud amdanaf, fel y bu ysgolhaig arall yn taeru fy mod i wedi boddi yn Iwerddon!'[14] (CS: 95) Felly mae Sagam – ynghanol ei ddiléit yn ymarfer technegau sgwarnogrwydd, yn neidio ac yn dod o hyd i'r cysylltiadau mwyaf annhebygol, ac ar yr un pryd, yn chwarae rhan yn tynnu'r min oddi ar eithafiaeth Twm Morys yr adroddwr, trwy eu gwneud yn fwy 'dynol' gyda chymorth 'ymchwil seico-semantaidd' – yn cael ei gyhuddo o'r union un gwendid seicolegol: bod yn gefnogwr mudiad sydd yn cael ei ddisgrifio mewn termau militaraidd: mudiad 'amddiffynnol i ddiarfogi beirniaid' (6), ac felly'n awgrymu cysylltiad â'r eithafiaeth y mae'n feirniadol o Morys am ei meithrin. Ymateb Sagam yw gwneud hwyl am ben y cyhuddiadau: 'Na . . . Petai ymrwymedigaeth yn rhan o'm hei-denti-cit, perthyn i fudiad ymosodol iawn y byddwn i, yn gyrru beirniaid i wersyll dirgel yng nghanol y coed i ddysgu sut i drin calashnicoff' (6). Ar yr un pryd, mae ei hunan-amddiffyniad yn tanseilio ei grebwyll beirniadol ei hun: os nad yw yn 'ymrwymedig', yna sut y gall gael ei gymryd o ddifrif? Fodd bynnag, mae hyn, yn ei dro, trwy gysylltiad, yn creu'r gyd-effaith o lastwreiddio a thynnu'r min oddi ar y pyliau o eithafiaeth yn rhethreg wleidyddol Morys yr adroddwr. Ceir yma hefyd ystryw ryngdestunol: mae ymgorffori beirniadaeth Dafydd Johnston yn yr ysgrif mewn dull chwareus hefyd yn fodd i'w diarfogi tra ar yr un pryd yn ychwanegu at hiwmor y darn.[15]

Ond nid yw'r gostyngiad hwn yn nhanbeidrwydd y rhethreg wleidyddol yn fwy na rhywbeth dros dro. Ar yr un pryd, gadewir y datgymalu yma o'r adegau eithafol o genedlaetholdeb diwylliannol trwy dechneg sgwarnogrwydd ar y naill law a photensial cyfystyr yr un dechneg i gyrraedd pwynt abswrdiaeth ar y llaw arall, yn rhydd, heb eu datrys. Mewn geiriau eraill, mae gosod ideoleg cenedlaetholdeb diwylliannol Morys yr adroddwr wyneb yn wyneb ag ymarfer yr un mor ideolegol y Dr Sagam o sgwarnogrwydd yn cael yr effaith o dymheru eithafrwydd y ddwy ymdriniaeth tra'n cadw'r ddau i fynd ochr yn ochr â'i gilydd, heb eu datrys, ac fel elfennau angenrheidiol yn natblygiad yr ysgrifau fel undod. Wedi dadadeiladaeth Dr Sagam o'i ymdriniaeth yntau o wleidyddiaeth Morys yr adroddwr, fel traddodiadaeth ddall ac atchweliadol, mae Morys yr adroddwr yn dychwelyd, ei gonsyrnau gwleidyddol mor uchel a chroyw ag erioed:

> Tydw i ddim yn glaf, a tydach chi ddim yn *bod*, neno'r dyn! Techneg ydach chi. Techneg lenyddol, ôl-fodernaidd.'Dach chi yn eich lle, cofiwch, yn dweud mai cywilydd ddaru beri imi jibio. Cywilydd mawr iawn. Cywilydd o'r hyn fuo wedyn. Sef . . . bod yr Offeiriad wedi weindio agor y

ffenast wichlyd, a dweud yn glên iawn wrth un o'r petha' gwyllt oedd yn colbio'r fan: *'Watch out now. I'm about to start up the engine.'* A'n bod ni wedi mynd o'na 'n ara' deg iawn iawn, fel pobol yn cerdded ar flaena'u traed rhag sathru ar gyrn chwilen. (CS: 95)

Ond yr hyn sy'n dilyn yw nid atgyfnerthiad o'i weledigaeth wleidyddol, ond tro'n ôl at yr iaith a'r naratif mytholegol a geir yn llinellau agoriadol yr ysgrif, i'r Hen Ŵr Mwyn a'r topoi Canoloesol megis 'y llys', 'y gromlech' (CS: 95), wedi eu plethu â mwy o gwpledi a mwy o gynghanedd. Ac unwaith eto, tymherir hyn gan linell glo sgwarnoglyd yr ysgrif: 'A be goblyn 'dan ni'n mynd i ddweud ydi ystyr hyn i gyd?' (CS: 95).

Daw hyn â ni yn ôl at fy rhagosodiad cyntaf: er ei fod wedi'i dymheru gan ei ddinoethiad fel ideoleg ar lun Dr Sagam, mae sgwarnogrwydd yma, nid yn unig fel motiff ynddo ei hun, ond yn benodol trwy yr ymgomio parhaus a gawn yn ysgrifau Morys gydag ideoleg cenedlaetholdeb diwylliannol, yn adleisio i ryw raddau'r modd y mae trosiad yn gweithio. Yn ôl egwyddorion sgwarnogrwydd, mae anghytgord, diffyg cydlyniad a symud annisgwyl rhwng y darnau nid yn unig yn cael eu cyrchu, ond fe'u gwerthusir yn eu rhinwedd eu hunain fel modd o gymell newid persbectif; fel modd o gadw pethau i fynd heb eu datrys. Ond yn wahanol i drosiadau marw, mae termau'r hafaliad yn cael eu cadw'n fyw. Dyma'n arbennig sy'n rhwystro'r colofnau 'Codi Sgwarnogod' rhag gweithio fel rhyw fath o gyfiawnhad syml dros y cenedlaetholdeb diwylliannol sy'n cael ei fynegi ynddynt. Yr hyn sy'n gwneud yr ysgrifau hyn mor ddiddorol yw'r ffaith fod yna symudiad ac addasiad parhaus yn digwydd. Yn y modd hwn, er bod cenedlaetholdeb diwylliannol yn yr amlwg ar ffurf eithafol, mae gwleidyddiaeth yr ysgrifau'n cyfateb i fwy na'u hideoleg, gan beri mwy o syniadau, mwy o feddwl, mwy o bwyso a mesur, trwy gymell cysylltiadau annisgwyl parhaus, nad ydynt byth yn setlo yn gynghanedd gyfforddus ac ystyrlon, neu fodel strwythurol trosiad marw. Mewn geiriau eraill, mae'r adlais strwythurol o'r modd y mae trosiad yn gweithio yma yn ymwneud, nid yn gymaint â chreu trydydd term, term newydd, ond â'r broses sydd yn arwain at hynny, y foment lle ceir ffrithiant digymrodedd. O'r herwydd, yn y modd y maent yn datblygu, mae ysgogi mwy o feddwl, ysgogi perthynas rhwng termau pellach sydd yn anesmwytho'r naill fel y llall, yn cael blaenoriaeth ar draul ymgais i sefydlu paramedrau gwybodaeth, hyd yn oed os yw hyn yn ymddangos fel antithesis, i fod yn croesddweud yr hyn sydd ar adegau yn wleidyddiaeth atchweliadol o draddodiad ar draul datblygiad. Y gorfywiogrwydd yma sydd yn gwneud ysgrifau Morys yn y pen draw yn wleidyddol yn hytrach nag ideolegol. Ond, i grynhoi, mae'r wleidyddiaeth atchweliadol yma fel ideoleg yr un mor sylfaenol i brosiect yr ysgrifau â'u gallu i symud ymlaen. Mae'n darparu'r ffrithiant angenrheidiol ar gyfer creu amgylchiadau sy'n rhwyddhau ymryson neu ymaraniad neu wahaniaeth barn, lle mae gosod ideoleg a *clichés* wyneb yn wyneb gyda mwy o ideoleg a mwy o *clichés* yn peri sefyllfa annerbyniol o abswrdiaeth o ganlyniad i ormod o'r un peth, a hynny yn ei dro'n peri impetws ar gyfer addasiad yn hytrach na chadarnhad, gan ysgogi'r sgwarnog i neidio (sgwarnog sydd wedi ei thynnu o galon natur – a hynny'n ein hatgoffa o ideoleg traddodiad sydd yn rhaffu'r ysgrifau – ond yn cael ei wneud i weithio fel ymgorfforiad o ystryw), i greu cysylltiadau'n y llefydd mwyaf annisgwyl, llefydd sydd yn ymddangos yn gwbl anghymharus. Mewn geiriau eraill, mae'r synnwyr o abswrdiaeth sydd yn cael ei greu trwy osod ideoleg wyneb yn wyneb ag ideoleg yn cael ei ddefnyddio i ysgogi math ymarferol o abswrdiaeth, rhyw fath o nonsens sydd yn gweithio, ar ffurf y sgwarnog – gweithredol yn hytrach na diffrwyth, lledryw yn hytrach na chydryw.

Ac eto, fel y gwelsom, mae egni creadigol y *sgwarnog* hefyd yn cael ei ddofi i ryw raddau, a'i liniaru rywfaint gan y cip a geir o'i botensial i hunan-beillio, i gyrraedd pwynt o abswrdiaeth pan y'i gadewir i'w ddyfeisiadau ei hun – trwy ddiffiniad felly'n ddyfeisiadau cydryw (os yn lledryw o gydryw). Mewn geiriau eraill, fe'n hatgoffir ac fe'n rhybuddir nad yw'r method gweithredol trosiadau a ddefnyddir gan sgwarnogrwydd – tynnu ynghyd elfennau annisgwyl – yn ddefnyddiol ond pan fo'r trosiadau yn gallu canu yn erbyn cefnlen sydd yn gwneud i'r cysylltiadau annisgwyl yma sefyll allan; i'r graddau ein bod yn gallu eu gweld fel cysylltiadau annisgwyl a chynhyrfus, ac yn methu â dod o hyd i aralleiriad cyffredin i gymryd eu lle, neu i'w hegluro.[16] Yn 'Codi Sgwarnogod', y gefnlen hon yw cenedlaetholdeb diwylliannol a'i berthynas agos a chymhleth gydag ideoleg. Ond fel y gwelsom, nid yw'n gefnlen oddefol, ond yn hytrach, dyma'r modur sydd yn gyrru ysgrifau Morys – modur sydd yn cael ei oddef yn benodol oherwydd ei fod mewn perthynas barhaus â sgwarnogrwydd, lle mae'r broses o ddatgymalu gwleidyddiaeth leiafrifol sydd yn ei chyfiawnhau ei hun trwy droi at 'yr achos gwreiddiol', mythau gwreiddiau, a thraddodiad, yn cael ei dangos i fod yn syflaenol i'r dangosiad a'r gynrychiolaeth o'r wleidyddiaeth hon.

Felly mae ysgrifau Twm Morys yn enghraifft o'r modd y mae rhai elfennau o fecanwaith trosiadau yn gallu, yn eu tro, awgrymu mecanweithiau sydd yn ddefnyddiol ar gyfer mynegi argyhoeddiad gwleidyddol, nid dim ond mewn ystyr rethregol, trwy gyfrwng perswâd rhethregol, ond hefyd fel ffordd o wireddu neu alluogi safbwynt gwleidyddol arbennig. Mae hynny efallai'n annisgwyl o gymryd safbwynt ei feirniaid mwyaf pragmataidd sydd yn dueddol o roi'r gorau i ymwneud â'r testunau ar yr awgrym cyntaf o wleidyddiaeth traddodiad, neu droi'n ôl at wreiddiau, yn ei waith.

Gwleidyddiaeth ddemocrataidd a'r esthetig

Yn debyg i hanes diweddar yr esthetig, prin yw'r adegau pan fo'r trosiadol yn cael ei ystyried fel rhywbeth sy'n berthnasol i ymwneud gwleidyddol (os nad fel rhan o rethreg), hyd yn oed yng nghysgod ôl-foderniaeth a dadadeiladaeth. Er bod estheteg yn ddiweddar iawn yn dechrau cael ei chymryd o ddifrif unwaith eto, o leiaf ymysg llond dwrn o theorïwyr beirniadol, fel y soniais eisoes yn y cyflwyniad, nid yr un yw hanes y trosiadol o angenrheidrwydd. Mae cyfrol Ankersmit yn enghraifft ddiddorol a chroesdynnol o hyn. Fel y nodwyd eisoes, mae *Aesthetic Politics* yn gosod estheteg yng nghanol gwleidyddiaeth, fel elfen weithredol gwbl hanfodol, gan ddadlau bod 'cynrychiolaeth' wleidyddol o'r math democrataidd bob amser yn gofyn am agendor esthetig rhwng y rhai hynny sy'n cael eu cynrychioli a thrwydded y gwleidydd i'w cynrychioli. Serch hynny, mae'r gagendor hwn, y rhyddid y mae'r gwleidydd yn ei fwynhau o safbwynt ei phleidleiswyr, yn rhywbeth sydd yn cael ei werthfawrogi fel ffordd angenrheidiol o rwystro gwleidyddiaeth rhag dadelfennu'n dotalitariaeth. Dadleuir mai'r union agendor esthetig yma sydd hefyd yn galluogi creadigrwydd gwleidyddol ac yn galluogi gwleidyddiaeth i fynd yn ei blaen yn iachus, ac felly'n gosod yr hyn sydd yn aml yn cael ei ystyried fel y cymhlethdod neu'r elfen anodd yng nghyd-destun democratiaeth, fel yr elfen sydd yn ei hachub. Mae trafodaeth Ankersmit o athroniaeth wleidyddol Tocqueville ('Metaphor and Paradox in Tocqueville') yn cynnig nifer o enghreifftiau sy'n gorgyffwrdd gyda'm hymateb innau i 'Codi Sgwarnogod'. Mae'r rhagdybiaeth epistemolegol gyffredin (efallai ddim mor gyffredin mewn astudiaethau llenyddol) y byddai nid yn unig yn gamgymeriad ond yn ddisynnwyr i feddwl y dylai'r modd y mynegir syniadau ddilyn siâp y pwnc dan sylw; y dylai disgrifiad o rywbeth crwn fod yn grwn ei hun, yn cael ei gwrthod. Mae'r diffyg cysondeb a'r paradocsau y mae Tocqueville yn adnabyddus amdanynt yn cael eu harchwilio nid fel nam yn ei athroniaeth ond fel elfen angenrheidiol ar gyfer mynegiant yr athroniaeth honno, fel gwrthiant yn y testun sydd yn ei rwystro rhag sychu'n baced o theori symudol – a fyddai'n tanseilio thesis Tocqueville nad oes gan ddemocratiaeth ganol neu hanfod.[17] Mewn geiriau eraill, mae method Tocqueville o weu ei athroniaeth o ddemocratiaeth yn hanfodol i'w gynllun ac nid yn rhywbeth y gellir ei daflu ymaith fel cocŵn pili pala; yn yr un modd ag yr wyf wedi dadlau bod Twm Morys yn bwydo'r anawsterau a'r anghysondebau yn ôl i mewn i ddatblygiad ei wleidyddiaeth fel rhywbeth sydd yn syflaenol i'w fynegiant. Serch hynny, er gwaethaf defnydd Ankersmit o estheteg yn ei ymgais i ddadwneud gwendidau democratiaeth; er gwaethaf ei wrthwynebiad i ystyried paradocsau neu anghysondebau fel niwsans diangen sydd yn llesteirio datblygiad athroniaeth gref, nid yw'r trosiad yn cael ei gymryd fel enaid hoff cytûn, ond, i'r gwrthwyneb, fe'i gosodir yn y pen draw yn erbyn paradocs fel hwyluswr ychydig yn rhy hwylus gwleidyddiaeth, fel cynhyrchydd cnewyllyn, fel 'the heart that pumps the lifeblood of political philosophy' trwy fod yn fodd i roi trefn ar realiti gwleidyddol.[18] Mae Ankersmit yn dadlau y llwyddir i wneud hyn trwy'r perspectifedd a gynigir gan y trosiadol, sydd yn anorfod yn creu pellter rhwng y goddrych a'i wrthrych, 'a distancing from the reality metaphorized' (320).[19] Er bod y trosiadol felly'n cael ei weld, yn ddigon anarferol, fel elfen ganolog mewn athroniaeth wleidyddol, yn ei allu i bennu persbectif sydd yn trefnu ystyr, ystyrir y trosiadol fel mecanwaith ar gyfer datrys yn hytrach na chynnal gwrthdaro, fel elfen sydd yn gwisgo gwrthdaro mewn ystyr mewn modd rhethregol er mwyn mwynhau i'r eithaf y pleser o'u hadferiad mewn trydydd term o ystyr arwyddocaol.[20] Mewn geiriau eraill, er bod Ankersmit yn mynd yn erbyn graen tueddiad athroniaeth wleidyddol y gorllewin i anwybyddu ei natur drosiadol ei hun, parheir i bortreadu'r trosiadol fel llawforwyn gysurlon i wleidyddiaeth a theori wleidyddol, yn hytrach nag fel grym sydd yn dwyn datblygiad nid trwy adferiad ond trwy gadw'r gwrthdaro i fynd. Fel y gwelsom, nid yw'r modd y syniaf am y trosiadol fel dynamig strwythurol yng ngwaith Morys yn gyfystyr â defnydd Ankersmit o'r term. Mae fy nefnydd i yn rhy agored, yn debycach i drosiad arafsymudol, mewn *slow-motion*, nid â'i drwyn wedi ei droi at y pleser o adferiad, ond wedi ei osod ar faen proses, lle y chwilir am symudiadau annisgwyl er mwyn ysgogi newid persbectif heb godi termau'r hafaliad trosiadol ymaith, fel modur ar gwch rhwyfo unwaith mae'r hwylio'n dechrau mynd yn dda. Dyma'r trosiadol felly wedi ei gadw'n fyw, ac yn angenrheidiol bresennol drwyddo-draw – ar lefel strwythur – yn hytrach nag wedi ei dynnu i mewn o dro i dro er budd rhyddhad ieithyddol achlysurol.

Er bod Ankersmit yn gresynu at y modd y mae'r gagendor hwn rhwng llywodraeth a'i dinasyddion yn cau'n ara' deg (yr hyn y mae'n ddiddorol iawn yn ei weld fel canlyniad i dranc ideoleg, 'buddugoliaeth eironi dros y trosiadol', 358), lle mae colli'r pellter trosiadol hwn rhwng llywodraeth a dinasyddion yn difa ein gallu ni i ystyried materion gwleidyddol a chymdeithasol yn fwy gwrthrychol, ac felly, yn fwy eglur, ar yr un pryd, mae'n cynnig paradocs fel model a allai gymryd lle'r trosiadol yn y cyswllt hwn; a allai roi lle i'r diffyg cymesuredd yma rhwng llywodraeth a'i dinasyddion, ac a allai ar yr un pryd fod yn fwy addas ar gyfer amcanion democratiaeth ac unrhyw ymgais i dreiddio i waelodion athroniaeth gyfoes o ddemocratiaeth. Mewn geiriau eraill, gan fod pendantrwydd ideolegol bellach wedi datgymalu'n eironi ac yn berthynas tymor-byr adweithiol rhwng llywodraeth a dinesydd, gellid cadw'r gagendor esthetig a awgrymir gan gynrychiolaeth wleidyddol draddodiadol (fel y bollt yn yr olwyn sydd yn cadw'r ffrithiant angenrheidiol ar gyfer llywodraeth ddemocrataidd effeithiol) yn fwy effeithlon trwy gyfrwng y cyflwr toredig hwnnw sy'n nodweddu'r esthetig, gan adleisio'r model a awgrymir gan destunau gwleidyddol Tocqueville. Eisoes, gwelwn nad yw ystyriaeth wleidyddol Ankersmit o baradocs ddim ymhell oddi wrth fodel Morys o drosiad arafsymudol, o drosiad fel sgwarnogrwydd, fel un ffordd o ddeall a dal y ffrithiant cynhyrchiol hwn y mae'r model o'r esthetig fel 'canol toredig' yn ei gynnig trwy esiampl. Er yn wahanol i baradocs, nid oes cydbwysedd tynn yn y ffrithiant a dynnir at ei gilydd gan drosiad yn ysgrifau Morys. Trwy ganolbwyntio ar anghymesuredd ei dermau fel yr hyn sy'n gyrru mynegiant gwleidyddol ei ysgrifau, mae'r ffrithiant hwn yn aml yn ymddangos fel rhyw fath o baradocs rhydd. Mewn geiriau eraill, fe'n hatgoffir nad yw trosiad o angenrheidrwydd yn ymwneud yn unig â thryloywder cyfeiriadol, â phlygiant taclus deunydd yn symbolau. I'r gwrthwyneb, mae'r trosiadol yn nwylo Morys yn ymddangos fel y strwythur mynegiannol sydd yn dal orau yr atyniad esthetig at hunaniaeth ac undod, tuag at adferiad na ellir byth ei wireddu. Mae'r cymhelliad yn rhy gymhleth ac anghyson i ffitio ffurf paradocs a'i fapio deuol. Fel y gwelsom, mae'r gorwel hwn o hunaniaeth, undod neu adferiad a addewir yn bwysig ac mae angen ei gadw yn y golwg oherwydd ei fod hefyd yn cadw ideoleg yn y golwg; mewn geiriau eraill, mae'n cadw ymwybyddiaeth o'r hyn a ddeisyfir er gwaethaf enw hwnnw fel rhywbeth gwleidyddol annymunol ac anghywir. Mae hyn yn bwysig oherwydd mae'n cydnabod yn hytrach na gwadu neu wahardd deisyfiadau eithafol weithiau y cenedlaetholwr diwylliannol, ac felly mae mewn gwell lle i ddelio gyda'r pethau anodd neu'r cymhlethdodau a gyflwynir gan ideoleg neu hawliau gwleidyddol nad ydynt yn hawdd i'w derbyn a'u ffitio o fewn gwleidyddiaeth ddemocrataidd. Trwy fwydo'r tueddiad yma at yr hyn y gellid ei ystyried ar un olwg fel meddyliau eithafol, annemocrataidd yn yr ystyr ehangach, yn ôl i mewn i'r naratif gwleidyddol fel rhan anhepgor ohono, mae Morys wedi dod o hyd i ffordd o ollwng stêm sy'n cael ei gwerthfawrogi yn ei rhinwedd ei hun ac nad yw yn ennyn triniaeth nawddoglyd. Yn yr un modd, mae darllen yr ysgrifau hyn yn nhermau'r berthynas gynnil yma rhwng estheteg, gwleidyddiaeth ac ideoleg, yn galluogi rhywun i werthfawrogi'r dimensiwn a gynigir gan yr esthetig, fel categori cynhyrchiol o safbwynt epistemolegol, ac sydd â digon o allu i fod yn berthnasol yn wleidyddol, petai hynny ond trwy gydweddiad.

Nodiadau

[1] Fel yr atgoffwyd fi gan Jerry Hunter, mae'n werth cyfeirio yma at fywgraffiad cyhoeddus Twm Morys, hynny yw, y darnau hynny o'i hanes personol y mae'n eu testunoli trwy eu hymgorffori yn ei waith ysgrifenedig a'i waith cyhoeddus – darlithoedd, perfformiadau, cyfweliadau radio. Dechreuodd draethawd M. A. amser yn ôl ar y farddoniaeth ddychanol ganoloesol a geir yn llawysgrif Llyfr Coch Hergest; er na orffennodd ei draethawd, mae'r ymchwil wedi bwydo ei ysgrifau, ac yn enghraifft o ysgrifennu arbennig o ffeithiol (ymchwil ôlraddedig ar farddoniaeth ganoloesol) yn bwydo cymysgedd ffuglennol-ffeithiol ei ysgrifau.

[2] Gweler y cyfrolau sy'n dilyn, sydd yn dadlau, o'u symleiddio, fod cenedlaetholdeb yn gynnyrch neu yn agwedd gyffredinol ar foderniaeth, ac felly ddim yn 'ideoleg' neu 'faes gwleidyddol' wedi ei gyfosod yn erbyn cysyniadau eraill megis 'Rhyddfrydiaeth', 'Sosialaeth', ac ati, ond yn hytrach fod pob ideoleg a stans gwleidyddol yn ymwneud â chenedlaetholdeb ac mewn rhyw ffordd yn ddibynnol arno. Gweler Miroslav Hoch, *The Social Preconditions of National Revival in Europe* (Cambridge university Press, 1985), Ernest Gellner, *Nations and Nationalism* (Oxford University Press, 1983), hefyd *Encounters with Nationalism* (Oxford University Press, 1994); John Hall (gol.), *The State of the Nation: Ernest Gellner and the Theory of Nationalism* (Cambridge University Press, 1998); Tom Nairn, *The Break-up of Britain: crisis and neo-nationalism* (London: NLB, 1977), hefyd *Faces of Nationalism: Janus Revisited* (Verso, 1997) a Benedict Anderson, *Imagined Communities: reflections on the origin and spread of nationalism* (Verso, 1991). Mae fy niolch i Jerry Hunter am ei gyfraniad at y drafodaeth yma.

[3] 'Gwir y canodd W. P. Llantrisant yn y rhifyn Nadolig am fy het i, ei bod yn

"het rwydd i siarad drwyddi",' 'Bob Dalen ar Benillion', *Barddas* 238, Chwefror 1997. Mae'r dyfyniad yn defnyddio cynghanedd ac yn cysylltu'r dywediad Cymraeg 'siarad drwy'ch het' – siarad nonsens – gyda chyfeiriadau niferus Twm Morys at hetiau, a ddefnyddir yn ogystal i archwilio'r syniad o nonsens. Er enghraifft, 'Rhaid oedd dewis, fel un dyn sy'n taflu dis. Ai taflu'r het fel rhyw hen enw hurt rwan hyn i Hafren, ynteu'i chadw? Gwg 'ta gwên? Het i bawb, het y bobol? Neu het wen yn twynnu. Anfarwol o het wen. Het wahanol . . .' ('Codi Sgwarnogod': 92,8) Yn yr ysgrif arbennig hon mae thesis canolog Twm Morys yn cael ei ddatblygu'n ogystal o gwmpas delwedd yr het.

4   Gweler er enghraifft 'isotopie' yn A. J. Greimas a J. Courtès, *Sémiotique: Dictionnaire raisonné de la théorie du langage* (Hachette, 1979). Gweler hefyd ddisgrifiad Luz Aurora Pimentel o'r modd y mae trosiad yn gweithio, yn *Metaphoric Narration: Paranarrative Dimensions in* A la Recherche du temps perdu (University of Tornoto Press, 1990): 'a lexeme or group of lexemes is opposed, at the level of the contextual semes, to the recurrning classematic base constituting the rest of the utterance', 12; a Michel Leguern, *Sémantique de la metaphore et de la métonymie* (Larousse, 1973), lle y diffinnir trosiad yn nhermau torri dros y tresi isotopig.

5   Gweler 'Codi Sgwarnogod' yn *Taliesin*, cyfrol 83, 7: 'Sôn roedden nhw am adael y trefi rhyngddyn a'u potes, a chilio'n ôl i'r coed a'r mynydd, i fyw yn aml a Chymraeg, a galw ar bob Cymro a Chymraes ar goll yn y diffeithwch i ddod atyn nhw ar herw, nes codi Gogledd newydd a Deheubarth newydd rhwng mawnog a môr . . .'

6   Mae ymateb beirniadol i waith Morys ar ffurf ysgrifenedig yn gymharol brin, er y ceir llawer o drafod ar lafar boed mewn sgyrsiau neu ar y radio neu'r teledu. Serch hynny, mae ysgrifennu dychanol megis gwaith Mihangel Morgan, er enghraifft y stori fer, 'Recsarseis Bŵc, neu: Meri a Mwy (ar Sado-Masocistiaeth) nag Ambell Chwip Din, neu: *Sut i shgwennu storis i bobol Cymru os yw'ch Chymraeg yn* crap *drwy smalio shgwennu fatha plentyn bach mewn tafodiaith a chael getawê*' yn *Cathod a Chŵn* (Y Lolfa, 2000), yn parodïo y diwylliant llafar, barddonol y mae Twm Morys yn aml yn cael ei weld yn ei gynrychioli. Gweler hefyd y darn 'Yr Hetiau' gan Manon Rhys yn *Taliesin* 105/106 (Gwanwyn/Haf 1999), 93, sydd yn edrych yn feirniadol ar ymarweddiad cyhoeddus Twm Morys a'i gyd-feirdd.

7   '. . . wedi ffoli'n lân ar eiriau . . . gall fynd dros ben llestri nes ymdebygu i rywun yn ymarfer ei grefft trwy gynganeddu rhywbeth-rhywbeth, e.e., "Roedd o'n chwil fel seithmil o'r Sowthmyn",' Gerallt Lloyd Owen, 'Beirniadaeth yr Awdl', *Cyfansoddiadau a Beirniadaethau Eisteddfod Genedlaethol Bro Colwyn 1995* (Gwasg Dinefwr, 1995), 71.

8   Ceir chwarae ar eiriau yn enw Yr Athro Neil Sagam yn ogystal. Wrth ynganu 'Neil Sagam' yn Saesneg, ceir sŵn tebyg iawn i'r Wyddeleg 'níl a fhios agam', sef 'dwn im'. Gweler sylwadau Jerry Hunter yn *A guide to Welsh Literature 1900–1996* (Gwasg Prifysgol Cymru, 1998), 155–8.

9   *Ofn fy Het* (Cyhoeddiadau Barddas, 1995), 7.

10 'Bob Dalen ar Benillion', *Barddas*, rhifyn 238, Chwefror 1997. Mae'r Athro Neil Sagam yn ymddangos eto yn 'Codi Sgwarnogod' yn rhifynnau 95 a 96 o *Taliesin*.

11 Frederic Jameson, 'T. W. Adorno; or "Historical Tropes" ' yn *Marxism as Form* (Princeton University Press, 1971): ' . . . a thoroughgoing critique of forms, in a painstaking and more or less permanent destruction of every possible hypostasis of various moments of thinking itself', 56.

12 'Codi Sgwarnogod', *Taliesin* 95, 5–6.

13 Mae'r darn canlynol yn nodweddiadol, gan adleisio'r cadwyni hynny gan Twm Morys sydd wedi eu hysbrydoli gan y sgwarnog: 'Cyn galw'r claf yn ei ôl – mae'n bwysig iawn iddo gael cysgu gronyn – mi hoffwn i awgrymu bod yr "Offeiriad" a'r "Hen Ŵr Mwyn" a'r "Gwas Ystafell" – ac yn wir yr holl "Swyddogion" eraill – i gyd yn wahanol agweddau arno ef ei hun. Ef sy'n nogio. Ef sy'n annog hefyd: Nog ac Annog . . .' (CS: 95).

14 Mae Twm Morys yn dyfynnu Dafydd Johnston yma yn ei adolygiad ar *Ofn fy Het*, 'Yr Ôl-fodernydd Cyndyn' yn *Taliesin* rhif 94 (Haf 1996), 119–121.

15 Fel yr awgrymodd Jerry Hunter mewn trafodaeth â mi, byddai'n ddiddorol rhedeg yr ysgrif hon yn erbyn adolygiad Dafydd Johnston a chraffu'n fanwl ar y modd y mae Twm Morys yn troi sylwadau'r beirniad – fel olion yr hen draddodiad llenyddol Cymraeg ac yn y blaen – yn fwyd i borthi'r sgwarnog. Noder hefyd yr adlais yn safbwynt Dafydd Johnston o'r pwynt a wneir gan Isobel Armstrong ynghylch Derrida a de Man a'u dibyniaeth ar arddull amlwg esthetig yn eu diystyraeth o'r esthetig: dadleua Dafydd Johnston fod rhai beirdd ac awduron Cymraeg yn ymwrthod ag ôl-foderniaeth tra eu bod ar yr un pryd yn mabwysiadu rhai o'r allanolion testunol a gysylltir â'r holl fwrlwm ôl-fodernaidd.

16 Mae'r dehongliad strwythurol hwn o drosiad yn adleisio thesis Donald Davidson (gweler Essay 17: 'What Metaphors Mean' (1978) yn *Inquiries into Truth and Interpretation* (Oxford University Press, 1984)) y dylid deall trosiadau fel yr hyn sy'n peri i ni fod yn abl i ymestyn neu addasu ein dealltwriaeth neu ein gwybodaeth yn hytrach na chynrychiolaethau neu fynegiant o'r wybodaeth yna: 'It is no help in explaining how words work in metaphor to posit metaphorical or figurative meanings, or special kinds of poetic or metaphorical truth. These ideas don't explain metaphor, metaphor explains them. Once we understand a metaphor we can call what we grasp the 'metaphorical truth' and (up to a point) say what the 'metaphorical meaning' is. But simply to lodge this meaning in the metaphor is like explaining why a pill puts you to sleep by saying it has a dormative power.' 247)

17 Gweler 'Metaphor and Paradox in Tocqueville' yn F. R. Ankersmit, fel uchod: 'Tocqueville's inconsistencies and paradoxes are not simply a regrettable defect in his argument (if only because Tocqueville, not being quite the most obtuse of political philosophers, would undoubtedly have been capable of avoiding them if he had thought that their presence might interfere with the nature of the enterprise). I therefore propose to see these inconsistencies and paradoxes rather as marks or signs of the brakes provided by the text *itself* to resist any Elsterian attempt to force it willy-nilly into a coherent and consistent "theory" of democracy or social action.' 341–2

18 Ibid., 255.

19 Ibid.: ' . . . all political action requires a point of application, so to speak,

from which social or political reality is changed or influenced. And metaphor offers both the political theorist and the politician such a point of application.' 321

[20] Ibid. Gweler yn arbennig drafodaeth Ankersmit ar drosiad yn Platon ym mhennod 5: 'Politics and Metaphor', 254–293.

3

Y Gwleidyddol Esthetig yn nhestunau ysgrifol Václav Havel a Bohumil Hrabal

Václav Havel, y ffigurol a'r syniad o gyfrifoldeb yn Dopisy Olze
(Llythyrau at Olga)

Yn fuan wedi ei ryddhau o garchar yn 1983, cyhoeddwyd casgliad *samizdat* o ysgrifau ar ffurf llythyrau gan Václav Havel (1936–). Yn Tsiecoslofacia, tua diwedd y 70au, dechreuodd ddatblygu enw fel ysgrifwr er mai fel dramodydd y'i hadnabyddid yn bennaf dramor. Er mai dyma'r cyflwyniad mwyaf trylwyr o'r athroniaeth sydd yn sail i'w wleidyddiaeth, ni roddwyd llawer o sylw i'r casgliad hwn boed dramor neu mewn testunau beirniadol Tsiec oni bai fel dogfen hanesyddol.

Rwyf am ganolbwyntio yn y bennod hon ar y modd y dylanwadwyd ar arddull Havel gan ei gonsýrn moesegol â'r syniad o gyfrifoldeb a'r Arall – consýrn sydd yn dangos ôl dylanwad theori'r Arall yng ngwaith yr athronydd Emmanuel Levinas. Fe ddefnyddir y term yn y cyd-destun hwn i gyfeirio at y bod arall ymdeimladol, yn yr ystyr o ymwybyddiaeth arall a'u gwahaniaethau. Er nad yw'r casgliad hwn yn wleidyddol neu ideolegol yn yr ystyr o fod yn ywneud mewn modd systematig â gwleidyddiaeth, rwyf am archwilio goblygiadau esthetig sylfaenol Havel ar gyfer ei wleidyddiaeth.

Fel *Dopisy Dubence* Bohumil Hrabal, mae ymdriniaeth *Dopisy Olze* â'r gwleidyddol ac ag athroniaeth wedi ei phlethu â natur ffigurol a rhethregol disgwrs ideolegol. Mae'r ddau awdur yn manipiwleiddio eu hymwybyddiaeth o rethreg a goblygiadau rhethreg ar gyfer cyflwyno digwyddiadau gwleidyddol (Hrabal) neu athroniaeth benodol (Havel) ac yn gwneud hynny mewn ffordd gyferbyniol.

Ar yr wyneb, nid yw awdur *Dopisy Olze* yn gwneud unrhyw ymdrech i droi natur ffigurol iaith i'w felin ei hun. Mae'r iaith a'r dilyniant syntactig, er yn gywrain ar adegau, yn syber, heb droadau chwareus i roi lliw ar ei ddadleuon. Ond ar yr un pryd, mae *Dopisy Olze* yn anelu at wleidyddiaeth sydd yn codi uwchlaw ffiniau strwythurol cystrawen a semanteg ffyslyd Havel.[1] Gan ddefnyddio theori Levinas o'r Arall, mae Havel yn datblgyu consýrn moesegol gyda chyfrifoldeb a'r Arall sydd, trwy ddiffiniad (fel yr af ymlaen i egluro), yn bodoli tu hwnt i allu diffiniol y testun, gan leoli'r cysyniad o'r hyn sy'n ddiderfyn yn ein cyfrifoldeb tuag at yr Arall hwn.

Yn y bennod hon, byddaf yn ceisio sefydlu i ba raddau y mae manyldeb ffyslyd cystrawen a semanteg *Dopisy Olze*, hynny yw, nodweddion ffurfiol yr ysgrifau, yn cyfreithloni safbwynt athronyddol neu wleidyddol Havel. Yn wahanol i *Dopisy Dubence*, mae *Dopisy Olze* yn defnyddio natur neu ansawdd plaen 'gwrthrychol' datblygiad semantig a chystrawennol i gynnal cynnwys sydd yn anferth ei sgôp. Mae'r testunau ysgrifol hyn yn dangos Havel yn brwydro gyda chymlethdodau ac yn gwneud lle ar gyfer tensiynau a oedd yn cael eu symleiddio gan y cyferbynnu deuol a grewyd gan y system Gomiwnyddol rhwng gwladwriaeth a chymdeithas sifil.

Byddaf yn holi ym mhennod 4, gan ddatblygu ymhellach y drafodaeth ar Morys, Havel a Hrabal, i ba raddau y mae'r amrywiol agoriadau a holltau yn y naratifau ysgrifol hyn yn dadlennu'r esthetig fel elfen bwysig ar gyfer mynegi a datblygu hunaniaeth, mewn dadleuon a gosodiadau sy'n rhoi sylw i'r llais lleiafrifol gan, yn eironig, ein dwyn yn ôl at galon y gwleidyddol yn ei ystyr wreiddiol.

* * *

Arestio Havel gan yr heddlu diogelwch ar 29 Mai, 1979 yw'r cefndir i *Dopisy Olze*. Ynghyd â naw aelod arall o VONS – Výbor na obranu nespravedlivě stíhaných, Pwyllgor er Amddiffyn y Rhai a Erlidiwyd ar Gam, fe gadwyd Havel yng ngharchar Ruzyně ar gyrion Prâg a'i gyhuddo o dan Ddeddf 98 o'r Côd Troseddol am 'danseiliad', sef trosedd yn erbyn y wladwriaeth a allai arwain at hyd at ddeng mlynedd o garchar. Sefydlwyd VONS yn 1978 ac fe ddatblygodd o Siarter 77, y mudiad hawliau dynol yn Tsiecoslofacia, er mwyn arolygu achosion pobl a gawsai eu herlid am fynegi eu barn, neu'r rhai oedd yn cael eu cam-drin gan yr heddlu a'r llysoedd. Yr oedd Havel wedi cael ei gyhuddo a'i ddedfrydu nifer o weithiau o'r blaen, ond nid aethpwyd â'r achosion ymhellach. Yn Hydref 1979, yn achos chwech o'r rhai a lofnododd Siarter 77 a oedd hefyd yn aelodau o VONS, fe'i dedfrydwyd i bedair blynedd a hanner o garchar, mewn sefydliad cywiro o'r categori cyntaf.

I'r darllenydd cyffredin, un o nodweddion mwyaf trawiadol *Dopisy Olze* yw'r cyferbyniad rhwng ysgrifau Havel a hiwmor ei ddramâu mwy adnabyddus. Caiff y darllenydd ei daro'n arbennig gan y sylw obsesiynol y mae *Dopisy Olze* yn ei roi i fanylion, bron hyd ddiflastod. Ac fel cyfanwaith, mae strwythur y llythyr-ysgrifau yn drawiadol, yn arbennig o ystyried eu hamgylchiadau anodd a'r ffaith – unwaith yr oeddynt wedi cael eu trosglwyddo i'r swyddogion carchar – doedd dim ffordd o gyfeirio yn ôl at yr hyn a ysgrifennwyd yn ystod yr wythnosau blaenorol. Ar y llaw arall, efallai fod hyn yn rhannol gyfrifol am eu naws ffanatig, fel y ffordd orau o sodro yn y cof synnwyr cyfeiriad, neu, fel yr ysgrifenna Havel yn llythyr 67, mae ailadrodd a chadw arferion yn help i gadw i fynd:

> navzdory nejrozmanitějším komplikacím bych se nerad vzdával svého zvyku psát Ti každý týden čtyřstránkový dopis. (Mám k tomu rozhodnutí řadu dobrých důvodů; mezi jinými ten, že určité věci, které člověk dělat nemusí, ale dělat chce, přestože mu život spíš komplikují, než zjednodušují, tu zásadně není dobré opouštět – mohl by to být totiž nenápadný začátek rozkladu, který by mohl vést nakonec třeba až k tomu, že člověk přestal číst i ty noviny, přestal by si čistit dvakrát denně zuby, bylo by mu jedno, jestli má na košili knoflíky nebo ne, až by ho posléze nezajímalo vůbec nic.) (DO: 67, 151–2)

> (er gwaethaf nifer fawr o gymhlethdodau tydw i ddim am roi'r gorau i'm harfer o ysgrifennu llythyr pedair tudalen bob wythnos. (Mae gen i resymau da dros hyn; yn eu plith y mae'r ffaith fod yna rai pethau nad oes raid i rywun eu gwneud, ond fod rhywun am eu gwneud, hyd yn oed os ydynt yn cymhlethu yn hytrach na symleiddio bywyd, ac yn y lle hwn tydi hi ddim yn syniad da i roi'r gorau i bethau, oherwydd gallai arwain yn ddiymwybod at ddadfaeliad a allai arwain, er enghraifft, at beidio â darllen y papur neu beidio â brwsio dannedd ddwywaith y dydd, neu beidio â phoeni os oes gan rywun fotymau ar ei grys, nes yn y diwedd, fyddai rhywun ddim yn poeni am ddim byd o gwbl.))

Mae llythyrau ar ffurf rhestrau'n ymddangos yn aml. Mae ail-adrodd a gwneud gosodiadau ynghylch ei fwriad, hyd yn oed os ydynt wedi eu cyfyngu i un llythyr byr, hefyd yn strategaeth gyffredin, mewn ymgais i ragweld popeth:

Předevčírem jsem Ti dopsal opožděný dopis 67, který téměř celý padl na výklad, proč píšu nerad sám o sobě a jaké záludy se v takovém psaní skrývají. Připraviv si takto půdu, mohu dnes začít psát už opravdu o sobě. Pokusím se psát o sobě – teď, to znamená o tom, jak se sám sobě jevím nyní, v době svého věznění. Kdybych měl být důkladný, bylo by to téma na dlouhou sérii dopisů; zda k ní ovšem dojde, nevím; kdykoli je totiž možné, že své výklady z těch či oněch důvodů opustím ve prospěch jiných témat nebo že je aspoň na nějaký čas přeruším; ať už se ale stane cokoli, dříve nebo později se k psaní o sobě beztak v nějaké podobě zase vrátím . . . (DO: 68, 152)

(Echdoe mi orffennais lythyr 67, sydd ar ei hôl hi, ac roedd yn canol-bwyntio'n llwyr bron ar egluro pam nad wyf yn hoff o ysgrifennu amdanaf fy hun, a beth yw'r peryglon cudd yn y math hwnnw o ysgrifennu. Wedi paratoi'r tir, gallaf gychwyn go-iawn heddiw. Mi geisiaf ysgrifennu amdanaf fy hun nawr, hynny ydi, fel yr wyf yn ymddangos i mi fy hun ar hyn o bryd, yn ystod y cyfnod hwn yn y carchar. Petawn yn drwyadl, byddwn yn daparu deunydd ar gyfer cyfres hir o lythyrau. Fedra i ddim dweud os digwyddith hyn ai peidio, oherwydd gallwn unrhyw bryd, am ba bynnag reswm, roi'r gorau i'm sylwadau er mwyn trin pynciau eraill, neu efallai eu rhoi ar y naill ochr am dipyn. Beth bynnag ddigwyddith, mi fyddaf yn dod yn ôl yn y pen draw i ysgrifennu amdanaf fy hun ar ryw ffurf . . .).

Mae themâu a ddechreuir bron yn ddiwahân yn cael eu gorffen, hyd yn oed os ydynt yn ymestyn dros gyfres gyfan o lythyrau. Pwnc sy'n derbyn triniaeth o'r fath yw natur hwyliau Havel. Yn driw i'w arfer, mae'n dechrau yn y dechrau, gan ddisgrifio ei amrywiol gyflyrau corfforol sylfaenol, sydd yn dylanwadu ar ei hwyliau (llythyr 68). Fe wneir hyn ar ffurf rhestr, gyda phob cyflwr yn cael ei drin yn fanwl. Â ymlaen i ddweud ei fod, ar sail siart a luniodd, wedi cyfrif pymtheg o wahanol fathau o hwyliau

Pořídil jsem si malý rejstřík, který mi ukázal, že své rozmanité nálady mohu – přirozeně v rámci příslušné schematizace – zhruba vystihnout popisem osmi špatných nálad a sedmi dobrých (ten počet se mi může v průběhu psaní pochopitelně ještě různě proměňovat). Kterými mám začít? Špatnými nebo dobrými? Spíš snad těmi špatnými, aby se můj výčet pozitivně vyvíjel a vyvrcholil happy endem – i když vzhledem k rozsahu vyjdou ty šťastné konce asi až do příštího dopisu nebo dopisů. Aby ale na druhé straně nebyl tenhle dopis zase až nepřiměřeně pochmurný, začnu jednou z docela příjemných špatných nálad . . . (DO: 68, 153–4)

(A dyma droi at fy hwyliau. Mi luniais siart fechan i mi fy hun a oedd yn dangos y gallaf roi cyfrif am fy amrywiol hwyliau – gyda gradd addas o sgemateiddio, wrth gwrs – trwy ddisgrifio wyth math o hwyliau drwg a saith math o hwyliau da (mae'n bosib y gwnaiff y ffigwr newid wrth i mi ysgrifennu). Ddylwn i gychwyn gyda'r hwyliau drwg neu'r hwyliau da? Yr hwyliau drwg, rwy'n meddwl, gan y bydd fy rhestr wedyn yn datblygu i gyfeiriad cadarnhaol gan gloi ar nodyn hapus. Ond ar y llaw arall, er mwyn gofalu na fydd y llythyr hwn yn ddianghenraid o ddiflas, mi gychwynnaf gydag un o'm hwyliau drwg sydd yn ddigon pleserus . . .).

Â ymlaen i drafod gyda'r un manylder ystyr bywyd, ac yna ceir cylch o lythyrau ar theatr, ac yn olaf, hunaniaeth, cyfrifoldeb a'r Arall.[2] Drwyddi draw, ceir ymwybyddiaeth o fethod ac o ffiniau'r pwnc dan sylw, er gwaethaf ymyrraeth anorfod – cael ei symud i'r ysbyty, salwch, yr angen i gyfleu negeseuon brys ynghylch ymweliadau neu beth i'w gynnwys mewn parseli prin a materion ymarferol eraill tu allan i fywyd carchar y mae'n rhaid eu trafod – cyflwr ei dŷ haf yn Hradeček, neu gyfarwyddiadau i Olga ynghylch y car.

Fe geir adlewyrchiad o'r agwedd systematig hon hyd yn oed yn arddull weledol y llythyrau. Mae Havel yn annog ei wraig i lenwi bylchau gweledol drosti ei hun yn llythyr 94, lle nad oedd ganddo feiro addas wrth law i ychwanegu'r llinellau gwyrdd arferol a'r sêr: 'P.S. V dopise 94 doplň zelené linky a hvězdičky. Nesnesu pomyšlení, že jeden dopis se liší od všech ostatních. Neměl jsem fix'. (Ô.N. Yn llythyr 94, wnei di ychwanegu llinellau gwyrdd a sêr? Fedra i ddim dioddef y syniad fod un llythyr yn wahanol i'r lleill. Doedd gen i ddim beiro werdd.)[3]

Y cyferbyniad rhwng yr arddull obsesiynol hon a natur anhydrin y cysyniadau a drafodir sydd yn ddiddorol; mewn geiriau eraill, methiant y naill i ddal gafael neu roi cyfrif am y llall, ac eto, y modd y maent yn pen draw yn angenrheidiol i'w gilydd, fel y cawn weld yn nes ymlaen. Ar un olwg, po fwyaf manwl yw arddull Havel, po fwyaf y mae'r cysyniadau sylfaenol sydd wrth wraidd ei athroniaeth yn symud tu hwnt i'w afael. Ond fe welwn mai'r berthynas arbennig hon yw'r gonglfaen sy'n cynnal cydbwysedd brau ac angenrheidiol yng nghalon agwedd foesegol Havel, yn ei ddealltwriaeth o bwysigrwydd arallrwydd, a'r hyn sydd tu hwnt i brofiad a dealltwriaeth.

Fel yr awgrymais, felly, er bod y themâu yn yr ysgrif-lythyrau hyn yn aml wedi eu hysbrydoli gan sefyllfaoedd penodol, concrid, ac wedi eu catalogio'n fanwl mewn modd anysbrydoledig, maent yn themâu anferth eu sgôp, e.e. cof Bod, ystyr bywyd, hunaniaeth dyn, cyfrifoldeb a'r Arall. Ar ben hynny, fe'u cyflwynir fel arfer fel yr hyn sy'n darparu strwythur hollgynhwysol a sylfaenol bywyd y ddynoliaeth, oll wedi eu cysylltu â'r syniad o'r diderfyn a'r hyn a elwir gan Havel yn 'horizont bytí', sef 'gorwel Bod'. Mae'r cyfeiriadau niferus at 'Bod' yn amlwg yn ddyledus i gysyniad Heidegger o Dasein ('Yr endid yr ydym bob un ohonom ac sy'n cynnwys cwestiynu fel un o bosibiliadau ei Fod, fe gyfeiriwn ato fel "Dasein"'[4]) y byddai Havel fwy na thebyg wedi dod ar ei draws gyntaf yng ngwaith y ffenomenolegydd Tsiec, Jan Patočka, y bu i'w waith fod yn sail athronyddol i Siartr 77, ac a fu, heb os nac oni bai, yn un o'r prif ddylanwadau ar athroniaeth a gwleidyddiaeth Havel, ac yntau wedi ei ddylanwadu gan Husserl a Heidegger tra'n fyfyriwr iddynt.[5] Er enghraifft, yn llythyr 60, wedi darllen fel y mae Olga yn sôn amdano wrth rywun neu'i gilydd bron yn ddyddiol, a'i bresenoldeb ym mywyd ei frawd, Ivan, aiff ati i archwilio natur bodolaeth ddynol o fewn gofod ac amser. Mae'n oedi gyda disgrifiadau megis 'posibiliadau', 'rhywbeth agored', 'bob amser yn weithredol', nid dim ond ffenomen ond 'alternatif byw'. Mae'n mynegi paradocs ei natur resymegol a'i argyhoeddiad fod yr ysbryd dynol yn 'anfarwol':

> Často jsi se podivovala, kde se ve mně – tak racionálním člověku – bere přesvědčení o nesmrtelnosti lidské duše. Časem se Ti pokusím o tom napsat víc a něco podstatnějšího; ale i to, co jsem napsal dnes, můžeš brát, chceš-li, jako malý příspěvek k tomu tématu. (DO: 60, 129–30)

(Rwyt yn aml wedi pendroni sut y deuthum i – person mor resymegol – i fod yn argyhoeddedig fod yr ysbryd dynol yn anfarwol. Gydag amser mi geisiaf ysgrifennu rhywbeth meithach a mwy sylfaenol am hynny; ond os hoffet, gelli gymryd yr hyn a ysgrifennais heddiw fel cyfraniad bychan at y pwnc.)

Mae *pámět bytí* (cof Bod) yn darparu fframwaith sylfaenol y cyfeirir ato'n barhaus. Diffinnir hyn fel cronfa popeth sydd erioed wedi digwydd yn y byd (fel gweithred neu syniad); y 'matrics' sy'n cynnwys y Bod 'dychmygol', 'sy'n bosib' neu sy'n perthyn 'i'r gorffennol'. Yng nghyd-destun y gorwel hwn 'mae popeth a ystyriwn yn real, yn bod go-iawn, yn bresennol, yn ddim ond ynys fechan amwys'. Dim ond yn erbyn y cefndir hwn y gellir profi yr hyn sy'n real, yn gorfforol, yn gyfredol, yn bresennol.[6] Mae hunaniaeth dyn mewn perthynas agos â'r gorwel hwn yn nhermau cyfrifoldeb. Cyfrifoldeb yw canolbwynt disgyrchiant ac echel hunaniaeth. Fel 'cof Bod', fe'i hystyrir fel y sment sy'n clymu hunaniaeth dyn ynghyd.[7] Disgrifir cyfrifoldeb dyn fel perthynas, ac felly'n gofyn am fodolaeth dau begwn: rhywun sy'n gyfrifol a rhywun neu rywbeth y mae'n gyfrifol amdano. Unwaith eto adleisir Patočka yma, a chysyniad Heidegger o *Sorge* (gofal). Yn *Sein und Zeit* (Bod ac Amser), mae Heidegger yn diffinio ystyr dirfodol *Dasein* fel 'gofal', lle mae gan *Dasein* y strwythur sylfaenol o Fod-yn-y-byd, o fod gyda phethau a chydag eraill yn y fath fodd fel bod ei holl fodolaeth yn cael ei strwythuro gan 'ofal'.[8] Ar yr un pryd, mae Havel yn awyddus i bwysleisio esiamplau cyffredin o 'ofal' bob dydd, neu'n fwy diriaethol, nad yw cyfrifoldebau (perthynas dyn ag eraill: â chymdeithas, mewn addysg, yn y drefn gymdeithasol, mewn traddodiadau diwylliannol, yn y reddf hunanamddiffynnol, mewn cariad ac mewn aberth; neu'n syml gydwybod dyn – rhywbeth yn debyg i uwch-ego Freud) yn disgrifio'n llawn hanfod cyfrifoldeb, nid ydynt yn dweud mwy am gyfrifoldeb nag y mae model o atom yn ei gyfleu am hanfod mater, neu dacomedr am hanfod symudiad.[9] Mae'n dadlau bod pob ymdrech i ddiystyru neu ddifrïo 'dirgelwch' cyfrifoldeb trwy ei leoli yn y byd y gellir ei ddisgrifio'n wyddonol, 'neu'n fwy penodol, byd wedi ei adeiladu o'r newydd gan wyddoniaeth', yn mynd yn syth yn erbyn graen y profiad hwnnw. Diystyrir ymdrechion o'r fath a'u disgrifio fel 'sebeobelhání a pohodlnost, jež ostatně nejsou ničím jiným, než jedním z "ideologických" projevů krize lidské identity: člověk rezignuje na své lidství tím, že ho prostě odkládá do kabinetu odborníka' (hunan-dwyll, fel ymdrechion diog, dim mwy nag un enghraifft ideolegol o argyfwng hunaniaeth dyn: dyn yn ildio ei ddynoliaeth trwy fynd ar ofyn arbenigwr).[10]

Dadleuir yn erbyn yr amrywiol ddisgrifiadau positifistig ar y sail eu bod yn lleihau cyfrifoldeb dyn i fod yn ddim mwy na pherthynas rhywbeth cymharol, dros-dro a meidrol i rywbeth arall cymharol, dros-dro a therfynol, e.e. perthynas dinesydd â'r côd cyfreithiol, neu isymwybod â'r uwch-ego. Mae gan Havel lawer mwy o ddiddordeb yn yr ysgrif-lythyrau hyn, nid yn y gyd-berthynas rhwng dau beth perthynol, ond ym mherthynas perthynoldeb ag amherthynoldeb, perthynas meidroldeb ag annherfynoldeb, perthynas bodolaeth unigryw â chyfanrwydd Bod.[11] Er bod cyfrifoldeb yn dueddol o gael ei fynegi 'jako vztah něčeho v nás k něčemu z našeho okolí nebo něčemu jinému v nás' (fel perthynas rhywbeth ynom â rhywbeth o'n cwmpas neu rywbeth arall ynom), yn sylfaenol mae bob amser yn berthynas rhyngom, fel 'perthynoledd', â 'gorwel absoliwt' hollbresennol fel 'yr enghraifft olaf' sy'n bod y tu cefn i bopeth ac uchlaw popeth, 'která všemu jako by dávala rámec, měřítko a pozadí a která vposledku všechno relativní vymezuje a definuje' (sydd [. . .] yn rhoi fframwaith i bopeth, yn rhoi mesur a chefndir, ac sydd yn y pen draw yn goleddfu a diffino popeth perthynol).[12] Mewn geiriau eraill, fe'u cyfleir fel ein hunig antithesis go iawn – yr unig beth sydd yn ein galluogi i brofi ein perthynoldeb fel perthynoldeb. Mae cyfrifoldeb wedi ei ddiffinio yn nhermau'r berthynas hon gyda gorwel absoliwt Bod yn anorfod baradocsaidd – ar y naill law, dim ond yn y modd hwn yr ydym yn diffinio, ac felly, yn rhoi ystyr i'n dibyniaeth ar y byd; ar y llaw arall, dim ond yn y modd hwn yr ydym ar yr un pryd yn ein gwahanu ein hunain yn derfynol oddi wrth y byd fel bod sofran annibynnol; dim ond yn y modd hwn yr ydym fel petai'n sefyll ar ein traed ein hunain. Ceir cyfatebiaeth ym mherthynas gofod a mater:

> Zkrátka a dobře: zdá se mi, že tak jako není hmoty bez prostoru a prostoru bez hmoty, není ani pomíjivé lidské existence bez horizontu nepomíjivosti, před nímž se rozvíjí a k němuž sama sebe – ať už o tom ví nebo neví – trvale vztahuje. (DO: 62, 136)

(Yn fyr, yn yr un modd ag na ellir cael mater heb ofod, a dim gofod heb fater, mae'n fy nharo i nad oes modd cael bodolaeth ddynol dros dro heb y gorwel o barhad y mae'n datblygu yn ei erbyn ac y mae – pa un a wyddom hynny neu beidio – yn cyfeirio ato'n gyson.)

Levinas a Havel
Tra'n cyfeirio ar yr un pryd at Heidegger a'r athronydd Tsiec, Patočka, mae Havel yn cydnabod bod ei gysyniad o hunaniaeth dyn a chyfrifoldeb yn deillio'n uniongyrchol o athroniaeth Emmanuel Levinas (1906–1995).[13] I unrhyw un sydd ag unrhyw fath o adnabyddiaeth o athroniaeth Levinas, mae'r ffaith fod Havel, pan ddigwydd hynny, yn derbyn gwaith Levinas bron yn ei gyfanrwydd yn gryn syndod ar yr olwg gyntaf. I rywun sydd yn poeni cymaint am lymder arddull a chywirdeb manwl, gall Levinas ymddangos fel dewis rhyfedd. Wedi'r cwbl mae ei arddull yn gwbl wahanol i arddull orfanwl Havel. Mae'n llawn anghysondeb orgraff-yddol; er enghraifft, defnyddir prif lythrennau ar gyfer geiriau allweddol ambell dro, ond nid dro arall. Gwneir gosodiad ar ôl gosodiad heb urhyw ymdrech i'w cyfiawnhau'n systematig, os nad trwy apêl at reddf neu weledigaeth ffenomenolegol. Cyflwynir gwahaniaethau diffiniadol ac yna eu gollwng. Ac mae ei waith yn frith o drosiadau cymhleth. Bob hyn a hyn, mae fel petai'n cydnabod bod ei ddefnydd o iaith yn drosiadol. Er enghraifft, fe'i beirniedir am ddefnyddio drosodd a throsodd yr ymadrodd 'fel petai'. Nid yw byth yn archwilio'r cyflwr

hwn. Ac eto, gellid dadlau bod gwahaniaeth tyngedfennol rhwng bod yn gyfrifol am rywbeth a bod 'fel petai' yn gyfrifol am rywbeth. Oherwydd hyn, anwybyddwyd gwaith Levinas ar y cyfan gan athroniaeth ddadansoddol. Mewn llawer ystyr mae'n anodd dadlau yn erbyn y disgrifiad o'i gyfrol bwysicaf, *Totalité et infini. Essai sur l'extériorité* (Cyfanrwydd ac Annherfynoldeb) fel siaced fraith argraffiadol o syniadau yn hytrach na thraethawd athronyddol.[14] Fel y noda Dermot Moran, er gwaethaf ei haeriad iddo geisio cadw ei athroniaeth ar wahân i'w ddiddordebau crefyddol a chyfriniol, mae'r ffaith ei fod hefyd wedi cyhoeddi nifer o astudiaethau o destunau Talmwdaidd (ond gyda chyhoeddwr arall) yn annog ei ddarllenwyr i gysylltu ei arddull dywyll ac amhendant â'r cyfriniol. Hefyd, ar ben hynny, mae ei gyfeiriadaeth lenyddol (Y Beibl, Shakespeare, Proust) yn ymddangos yn fwy niferus na'i gyfeiriadaeth athronyddol.[15]

Hanfod cyfraniad Levinas i athroniaeth yw ei haeriad fod moeseg yn rhagflaenu metaffiseg. Ond mae cysyniad Levinas o foeseg yn wahanol i'r ystyr draddodiadol sydd ar gael yn athroniaeth y Gorllewin – cyfiawnhad moesegol, theori moeseg (iwtilitariaeth, deontoleg) neu archwiliad meta-foesegol o ddisgwrs moesegol. Yn lle hynny, mae'n datblygu athroniaeth sydd yn ceisio cynnig rhywbeth gwahanol i foeseg ac athroniaeth draddodiadol Orllewinol sydd wedi'u gwreiddio mewn egoistiaeth. Mae'n dadlau bod y person arall ac 'arallrwydd' yn gyffredinol yn rhwym o amharu ar ymgais i ddarparu neu gynnig athroniaeth hollgynhwysol. Mewn geiriau eraill, mae'n gwrthwynebu'r hyn y mae'n ei ystyried fel egoistiaeth y ddealltwriaeth athronyddol orllewinol gyffredin o berthynas person â hi neu ef ei hun fel y berthynas gynradd (e.e. fel ag a ddatblygir yn athroniaeth Hobbes a Locke). Mae'n dadlau mai ein cyfrifoldeb tuag at yr Arall (l'Autre) yw'r strwythur sydd yn sylfaenol i bob strwythur cymdeithasol arall.[16] Os hynny, mae'n dilyn mai cwestiwn cyntaf athroniaeth yw 'Sut yr wyf yn fy nghyfiawnhau fy hun?' yn hytrach na'r cwestiwn ontolegol 'Pam fod rhywbeth yn hytrach na dim?'[17]

Yn ôl Levinas, dylai athroniaeth bob amser fod yn ymgais i warchod neu roi blaenoriaeth i'r Arall, ac i wrthsefyll ei grebachu i fyd yr ego, gan ddileu'r gwahaniaeth rhwng bod a meddwl. Mewn geiriau eraill, ni ddylai bod gael ei grebachu i fyd y meddwl. Cyflwynir hyn fel ymwneud gwyddoniaeth â gwybodaeth (*episteme*), sydd, fe ddadleuir, yn gyfysytyr i bob pwrpas â chau popeth oddi mewn i system. Dyma'r hyn y mae'n ei alw yn ontoleg yr unfath. Byd yr unfath yw byd goddrychedd Cartesaidd – byd y Fi sydd yn 'gartrefol' gydag ef ei hun (*chez soi*).[18] Dadlueir bod byd yr unfath yn cyfateb i fyd 'yr hyn a ddywedwyd' (*le Dit*), mewn geiriau eraill, yr hyn a honnir yn ddienw, hynny yw, yn wrthrychol. Mae *le Dire* neu fyd 'Dweud' yn cael ei wrthgyferbynnu â hyn – byd llefaru dilys; fel bod modd deall yr Arall fel popeth sydd yn gwrthsefyll cyfansymio – yr hyn na all gael ei gyfleu yn wrthrychol. Yn yr ystyr hon y cyflwynir y syniad o annherfynoldeb – gwrthgyferbynnir cyfanrwydd ac annherfynoldeb fel yr hyn sydd yn rhwystro trosgynoldeb ac arallrwydd (cysyniadau nad oes modd eu hadfeddu).[19] Ni ellir meddwl am annherfynoldeb yn nhermau cynrychiolaeth, oherwydd ni ellir ei gynrychioli; rhaid i'r berthynas gyda'r diderfyn gael ei chyfleu mewn termau eraill amgen i dermau profiad gwrthrychol.[20] Hynny yw, y ffordd fwyaf cynhyrchiol o ddarllen *Totalité et infinité* yw fel 'a kind of odyssey . . .'[21]

Yn gynyddol tua diwedd ei gyfnod yn y carchar, gyda chymorth ysgrif gan Levinas a gopïwyd iddo gan ei frawd Ivan, mae'r athroniaeth a ddatblygir gan Havel yn deillio bron yn uniongyrchol o waith Levinas, er bod dylanwad Heidegger yn dal i gael ei weld (weithiau trwy ei ddylanwad yntau ar Levinas), gyda chymysgu termau Heideggeraidd (megis Bod) â chysyniadau a gyflwynir gan Levinas. Mae Havel yn pendroni ai y rheswm pam y mae'n uniaethu cymaint â gwaith Levinas yw oherwydd yr ymdeimlad cryf yn ei waith o brofiad rhywun a fu'n y carchar.[22] Cafodd Ffenomenoleg, wrth gwrs, ddylanwad pwysig ar wrthsafiad gwleidyddol yn Tsiecoslofacia a dyma oedd y brif ffrwd yn athroniaeth y wlad o'r 60au ymlaen. Fel y dadleua Aviezer Tucker roedd ffenomenoleg yn arbennig o berthnasol ar gyfer y problemau a wynebai wrthwynebwyr y drefn Gomiwnyddol ac wrth gwrs cafodd Husserl ei eni ym Morafia:

> Since the phenomenological theory of knowledge holds that the scientific worldview has to presuppose preobjective consciousness, phenomenology seems to pull the rug out from under a host of doctrines that were associated with the version of Marxism promulgated by Soviet-dominated Communist regimes: materialism; the Marxist pseudo-scientific worldview; the objectivization of the person; the reduction of the person to a means of production, *homo faber*; the myth of historical progress; and the technological manipulation of "human resource". The phenomenological method of honest self-consciousness without prejudices and presuppositions embodies an individualistic mentality, holding on to one's personal convictions against enforced ideologies . . . the life-world seemed a home lost to totalitarian oppression. Yet, unlike the premodern world or a free social environment, the life-world seemed obtainable through the phenomenological method, without a political revolution, because it is

always there irrespective of external circumstances, pre-given, common to all of us, waiting to be discovered through intuition. Husserl promised that those who followed his method would go through a personal transformation resembling religious conversion . . . This promise of personal transformation, even of philosophic salvation, must have appeared most enticing to a group of people who lived in a totalitarian state in which they had little control over their "external" life.[23]

Y sialens a geir i'r syniad o gyfanrwydd sydd yn rhan annatod o'n profiad o'r Arall yng nghraidd athroniaeth Levinas a ffurfia'r deinamig yn ysgrif-lythyrau Havel sydd yn gyfrifol am yr ehangder sy'n perthyn iddynt – y dimensiwn nad yw'n cyd-fynd yn gyfforddus gyda'i arddull orfanwl, gyda'r sylw a roddir i ddiffinio ac egluro pob cam. Mewn geiriau eraill, mae Havel yn esblygu athroniaeth yr hyn sydd tu hwnt i feddwl, dychymyg neu gynrychiolaeth oddi mewn i system gwybodaeth. I'r graddau ei fod, er gwaethaf ei reddf i ddadansoddi'n fanwl a chysetlyd ac i roi cyfrif am bopeth, yn caniatâu iddo'i hun gyfeirio at gysyniadau haniaethol heb ddadbacio eu hanhryloywder – wedi'r cyfan, dyma hanfod yr Arall, yr hyn nad yw byth yn gallu cael ei gyfleu'n gyfan gwbl gan ddychymyg system o feddwl neu ei gynrychioli o fewn system gwybodaeth. Cyflwynir y maes hwn fel un sydd yn sylfaenol annealladwy:

> na každém kroku naráží na svou „jinakost" v něm a jeho jinakost vzhledem k sobě; tento terén je člověku v podstatě nejasný, nesrozumitelný, je jeho zneklidněním a ohrožením. (DO: 129, 313)

> (Bob cam o'r ffordd, mae'n dod wyneb yn wyneb â'i 'arallrwydd' ei hun yn y byd a'i arallrwydd wyneb yn wyneb ag ef ei hun. Mae'r tir hwn yn un sydd yn sylfaenol annealladwy i ddyn. Mae'n cael ei anesmwytho a'i fygwth ganddo.)

Fel yn achos Levinas, mae'r Arall yn ymestyn i gynnwys yr agweddau hynny ar ddiwylliant nad oes modd eu cyfleu'n wrthrychol, yr agweddau hynny sy'n anodd i'w trin yn y modd yr ydym yn arfer trin gwrthrychau yn y byd. Ond cyflwr cychwynnol dyn yw bod ar wahân:

> Myšlenka, že lidský duch a rozum se konstituují jakoby utržením čehosi ze skrytého ducha a rozumu bytí a že zrod lidské subjektivity je de facto vystoupením z integrity bytí a spontánní participace na ní, se nám vždy znovu v nějaké podobě vrací na mysl a rozhodně přinejmenším zrcadlí 'oddělení' jako určitou základní zkušenost člověka se sebou samým a se

svým pobytem ve světě. Lidstvím vzniká ovšem **něco** bytostně nového **a na nic jiného v posledku nepřevoditelného**, něco co sice je, ale co už není spontánně v 'bytí vůbec'; **něco, co je, ale jaksi 'jinak', proti všemu a proti sobě samému**. . . Vzniká **zázrak subjektu. Tajemství já.** Vědomí sebe sama. Vědomi světa. **Záhada svobody a odpovědnosti**. . . Člověk jako ten, kdo je a zároveň ví, že je, aniž přitom ovšem své bytí plně chápe a aniž ho na druhé straně nemůže nechtít chápat. Subjekt jako ohnisko proměny bytí ve svět, za nějž se mu – a jen jemu – bytí skrývá, aby ho řečí světa zároveň volalo ke svému hledání; subjekt jako ohnisko tohoto hledání. **Clověk jako bytí, vypadlé z bytí, a proto se k němu trvale vzpínající; jako to jediné, čím a čemu se bytí otevřelo jako otázka, jako tajemství a jako smysl**. (DO: 129, 313) (Fy eiddo i yw'r pwyslais.)

(Mae'r syniad fod rheswm ac ysbryd dyn yn cael eu creu trwy wahanu rhywbeth oddi wrth ysbryd a rheswm dirgel Bod yn un sydd yn ymddangos ger ein bron drosodd a throsodd ar ryw ffurf, ac mae'n awgrymu o leiaf fod 'bod ar wahân' neu 'gyflwr o wahaniad' yn rhan sylfaenol o brofiad dyn ohono'i hun a'i fodolaeth yn y byd. Gyda dyfodiad dynoliaeth, serch hynny, ymddangosodd **rhywbeth** hanfodol newydd, **rhywbeth yn y pen draw nad oes modd cyfeirio ato**, rhywbeth sydd yn bod, ond nad yw bellach yn rhan ddigymell o 'Fod fel y cyfryw'; **rhywbeth sydd yn bod, ond sydd rywsut 'fel arall', sy'n sefyll yn erbyn popeth, hyd yn oed yn ei erbyn ei hun**. Rhoddir bod i **wyrth y goddrych. Cyfrinach y 'Fi'**. Ymwybyddiaeth o'r hunan. Ymwybyddiaeth o'r byd. **Dirgelwch rhyddid a chyfrifoldeb**. Dyn fel yr un sydd, tra ar y naill law yn gwybod ei fod yn bod, er nad yw'n deall ei fodolaeth yn gyfan gwbl, ac er ar y llaw arall na all beidio â bod eisiau deall. Y goddrych fel ffocws cyfnewidioldeb Bod yn y byd, lle mae Bod yn unig yn cuddio, fel fod wynebu'r byd ar yr un pryd yn galw arno i chwilio; y goddrych fel canolbwynt yr ymchwil honno. **Dyn fel bod sydd wedi peidio â Bod, ac sydd felly'n ymgyrraedd ato yn barhaus, fel yr unig endid y dadlennwyd Bod iddo fel cwestiwn, fel cyfrinach ac fel ystyr**.)

Gellir olrhain y syniad hwn yn fras i gysyniad Heidegger o fod yn ddigartref yn yr ystyr drosgynnol lle mae gwir athroniaeth yn gyfystyr â dychwelyd adref, ffurf ar feddwl yn ôl o ryw synnwyr o fod allan o le i ddarganfod ein lle a chadw'r hyn a ddarganfyddwyd – ffurf seciwlar o'r syniad crefyddol o Gwymp dyn a'i ddychweliad, lle mae'r rhai sy'n meddwl ac yn creu gyda geiriau yn sylfaenol i'w gynhaliaeth. Yn yr ystyr hon, mae athronyddu a barddoni fel ei gilydd yn ein galluogi i amddiffyn cymeriad sylfaenol ein perthynas fel dynoliaeth â Bod. Ond nid yw Havel yn ysgrifennu'n farddonol yma nac yn ysgrifennu yn arddull athronwyr cyfandirol. Mae'n ceisio dal gafael ar y mannau llwyd, amwys, aneglur, ar yr hyn na ellir ei ddirnad, trwy eu cadw oddi mewn i'w gysyniadau dramatig, amwys, heb adael iddynt orlifo'n rhan o'i arddull adroddol. Noder y defnydd o enwau megis *zázrak* (gwyrth), *záhada* (cyfrinach) a *tajemství* (dirgelwch), hefyd y consesiwn 'rhywsut' – 'něco, co je, ale **jaksi** 'jinak', proti všemu a proti sobě samému' (rhywbeth sydd yn bod, ond sydd **rywsut** fel arall, sy'n sefyll allan yn erbyn popeth, hyd yn oed yn ei erbyn ei hun). Unwaith eto, diffinnir cenhadaeth dynoliaeth yn ddi-oed, ond yn dywyll, gyda chyfeiriadau niferus at enwau sydd yn cyfiawnhau'r anhryloywder hwn. Ystyrir rhyddid yn rhan annatod ac angenrheidiol o'r sialens i fynd ar daith amlystyr rhwng Bod a'r byd – dyma'r hyn sy'n cynnig cyfle i ni sefydlu amlinelliad o'n hunaniaeth. Rhaid gwneud hynny tra'n ymwybodol fod ein nod y tu hwnt i'n golwg – dyma'r union beth a'r unig beth sy'n gallu dadlennu'r daith, ei gwneud yn bosibl a rhoi ystyr iddi yn y pen draw.[24] Rhaid i ni blygu i'n tynged mewn modd meddylgar, mewn modd dilys, mewn modd sy'n ffyddlon i bopeth sydd â daioni gwreiddiol yn perthyn iddo ac felly'n effeithiol, ac i wneud i'n ffordd ni o 'dderbyn y dasg gyfan gwbl dywyll hon yn gyfan gwbl heb amwysedd' yn ffynhonell 'hyfrydwch doeth' ynom ('aby mu zcela ujasněné přijetí jeho zcela nejasného úkolu bylo zdrojem moudré radosti').[25] Mae'r paradocs hwn yn nodweddiadol o agwedd Havel – rhaid derbyn tasg dywyll neu anhryloyw yn ddiamwys.

Yn y cywair hwn, mae'r cylch olaf o lythyrau (129–144) yn arbennig, a ysgrifenwyd yn Plzeň-Bory rhwng Mai a Medi 1982, yn dadlennu athroniaeth neu agwedd at fod neu fywyd sydd yn anorfod dywyll, sy'n rhwym o ailadrodd termau tywyll. Mae'r termau hyn yn ddiwahân yn rhai anferth, tu hwnt i sgôp y llythyrau neu unrhyw destun – ni ellir eu diffinio mewn termau penodol, dim ond cyfeirio atynt. Eu sail yw'r profiad o arallrwydd sydd yn arwain at ein gwahanu oddi wrth Fod, fel ein bod wedi ein tynnu ymlaen yn barhaus, a thu hwnt:

> Tato vnitřní ozvěna navždy ztraceného domova či ztraceného ráje – jako konstitutivní součást našeho já – vymezuje rozsah toho, co nám osudově chybí a k čemu se proto nemůžeme nevzpínat: anebo nevyrůstá snad hlad po smyslu jako odpovědi na otázku, kterou jsme se – stávajíce se sami sebou – stali, z rozpomínky odděleného bytí na stav původního bytí v bytí? Ale z druhé strany i cizí svět, do něhož jsem vrženi, nás volá i svádí . . . (DO: 129, 315)

> (Mae'r adlais mewnol hwn o gartref neu baradwys sydd wedi ei golli am byth – fel rhan gyfansoddol o'n 'Fi' – yn diffinio'r graddau yr ydym wedi ein tynghedu i fod hebddo, ac felly'r hyn yr ydym yn anorfod yn ymestyn tuag ato: oherwydd onid yw blys am ystyr, am ateb i'r cwestiwn

beth – yn y broses o'n datblygu ni ein hunain – a ddaeth ohonom, yn deillio o'r cof sydd gan fod sydd ar wahân am ei gyflwr fel bod cysefin oddi mewn i Fod? O'r ochr arall, mae'r byd dieithr y'n teflir i'w ganol yn ein galw ac yn ein cymell.)

Yr unig ddeinamig posib yw ymestyn allan, bod yn agored i agoriad mewn ystyr yn y byd: 'zároveň se ale znovu a znovu přesvědčujeme, že vzpínat se ke smyslu můžeme jen v dimenzích tohoto světa, jak se před námi rozprostírá, a že jen skrze tento svět se ho můžeme dotýkat; tím, že otevíráme jeho otevírání v něm' (ar yr un pryd fe'n perswadir drosodd a throsodd mai dim ond oddi mewn i ddimensiynau'r byd hwn y mae modd i ni ymgyrraedd at ystyr, tra y gorwedd o'n blaenau, trwy fod yn agored i agoriad ystyr yn y byd.).[26]

Tra'n cael ei egluro fel rhywbeth sydd yn gwrthgyferbynnu'n llwyr ag 'iaith oer, haniaethol cwantwm astronomegol a metaffisegol', ac yn cael ei ddadansoddi trwy'r defnydd o enwau megis *zázrak bytí* (gwyrth Bod) neu ansoddeiriau megis *prvotní* (gwreiddiol), mae Havel hefyd yn awyddus i dynnu cymhariaeth rhwng y *stav ducha* cynhenid hwn (cyflwr yr ysbryd) neu *existenciální dimenze* (dimensiwn dirfodol) a'r hyn a elwir yn gyflwr cyfaredd (*okouzelní*), neu frwdfrydedd yr optimist (*nadšení optimistovo*).[27] Yn yr ystyr hon, gellir ei weld yn ceisio rhwystro y dimensiwn dirfodol hwn o 'orwel Bod' rhag cael ei egluro neu ei ddisgrifio yn nhermau gwrthgyferbyniad syml i reswm neu'r real. Ac eto, mae ar yr un pryd yn benderfynol o beidio â'i grebachu o fewn ystyr benodol. Ar wahân i ddisgrifiadau haniaethol, ni cheir eglurhad, dim ond cyfeiriadau. Yn sylfaenol, fe'i gadewir heb ei fapio gan ystyr benodol, gan dderbyn nad oes modd ei ddiffinio – mae modd ei brofi ond nid oes modd ei adnabod. Felly y digwyddiad neu'r broses o brofi sy'n arwyddocaol.

Mae'r cyswllt hwn rhwng, ar y naill law, yr hyn y gellid ei ddisgrifio mewn llawer ffordd fel agwedd bositifistig at iaith – fel ag y gwelir yn arddull ddisgyrsaidd a systematig yr ysgrif-lythyrau – a'r ffaith fod Havel, ar y llaw arall, yn mynnu nad yw'r cysyniadau haniaethol y mae'n eu cyflwyno ac yn eu hyrwyddo yn gallu cael eu harchwilio yn y modd hwn, yn anorfod yn achosi rhywfaint o anesmwythyd i'r darllenydd. I grynhoi, ni ellir cynrychioli 'gorwel absoliwt Bod' trwy gyfrwng cysyniadau ac mae Havel yn gwrthod ceisio ei drefnu yn strwythur o ystyron, gan ddadlau y byddai hynny'n ddigon i amharu ar ein profiad ohono – mai dim ond trwy ffydd y gellir ei brofi. A ffydd, trwy ddiffiniad, yw cred mewn rhywbeth na ellir ei adnabod yn llwyr. Yn y modd hwn, mae 'gorwel Bod' yn sylfaenol wahanol ac fe'i cyflwynir fel rhywbeth na ellir ei gynnwys o dan drefn cynrychiolaeth, neu ei resymegu yn yr un ffordd â'r trafodaethau eraill yn y llythyrau. Ac eto, ceir ymdrechion, fel yr awgrymir uchod, i berswadio'r darllenydd nad cyferbyniad deuol o'r disgyrsaidd yw hwn o angenrheidrwydd – rhoi'r gorau i resymeg neu rwydd hynt i chwant (yn hytrach na dealltwriaeth) – gan awgrymu na ddylem gymryd yn ganiataol fod y ddau fodd hyn yn dibynnu ar ei gilydd, o leiaf yn yr ystyr mai yr hyn a geir yma yw nid newid ystyr uniongyrchol gan ystyr ail-reng. Mae arddull camwrth-gam Havel sy'n dderbyniol yn gonfensiynol unwaith eto'n atgyfnerthu'r argraff hon. Yn yr ystyr hon, nid yw'n annhebyg i gysyniad Lyotard o'r 'ffigurol', lle mai'r ffigurol – y mae Lyotard hefyd yn cyfeirio ato fel rhethregrwydd – yw'r hyn sy'n codi fel cydfodolaeth gofodau neu foddau anghymesur a heterogenaidd.[28]

Lyotard a Havel
Mae trefn cyfraith disgwrs, fel ag y'i heglurir gan ieithyddiaeth strwythurol Ferdinand de Saussure, yn trefnu gwrthrychau gwybodaeth fel system o gysyniadau neu unedau ystyr. Diffinnir ystyron yn ôl eu safle mewn rhwydwaith disgyrsaidd, ac, yn dyngedfennol, yn ôl eu cyferbyniad gyda'r holl gysyniadau, arwyddion, neu elfennau yn y system. Mae ffiguroldeb neu drosiadaeth, yn ôl Lyotard, yn hanfodol bresennol mewn arwyddo (creu ystyr) tra'n gwbl wahanol iddo – yn hytrach nag addasiad ystyr syml. Mewn geiriau eraill, ni ellir crynhoi mewn ystyr arall y gwahaniaeth y mae'r ffigurol neu rethreg yn ei wneud i arwyddo. Mae *Discours, figure*, lle mae natur y gwahaniaeth rhwng ystyr ddisgyrsaidd a rhethreg (*figure*) yn cael ei archwilio fwyaf ganddo, yn cyfleu cymeriad unigryw gwrthrychau – y teimlad na fedrwn ddweud popeth am wrthrych, ei fod yn gwrthod cael ei leihau neu ei grynhoi yn ddim ond yr hyn sy'n cyfateb i'w ystyr mewn system o arwyddo – na ellir ei ystyried fel gwrthgyferbyniad. Mae'r disgyrsaidd bob amser o reidrwydd wedi ei weu gyda'r ffigurol a'r ffigurol gyda'r disgyrsaidd, er bod gallu'r disgyrsaidd i gynrychioli'n gywir neu i ddarparu dealltwriaeth gyflawn wedi ei seilio ar fygu'r ffigurol. Mae natur unigryw y gwrthrych bob amser yn fwy nag unrhyw ystyr a glustnodwn iddo. Felly mae'r ffigurol yn ymestyn y tu hwnt i'r hoffter rhamantaidd o afreswm neu ddeisyfiad am reswm a dealltwriaeth y byddai gwrthgyferbynnu deuol syml rhwng y rhesymegol a'r afresymegol yn ein cyfeirio ato.

Mae goblygiadau pellgyrhaeddol os gwrthwynebir cyfyngu'r ffigurol a/neu rethreg yn fater o ystyr. Fel y noda Bill Readings, mae hyn yn ymyrryd â sicrwydd theoretig ieithyddiaeth strwythurol, arddulleg a semioteg, neu archwiliad o gynrychiolaeth yn nhermau eu 'hystyron' gwleidyddol.[29]

Fel y dadleuwyd eisoes, mae'r ymdeimlad o anghymesuredd a geir rhwng arddull Havel ar y naill law, ac ar y llaw arall y cysyniadau annelwig megis 'gorwel Bod' a 'cof Bod' a gyflwynir ganddo, yn mynd yn erbyn disgwyliadau'r darllenydd. Ar yr un pryd, mae decorwm cystrawennol a semantig arddull Havel, a'i gysondeb trylwyr, yn creu effaith rethregol. Yn sicr mae'n peri bod gan y darllenydd ffydd ynddo fel adroddwr. Wedi'r cyfan, os gwelir Havel yn dilyn rhesymeg sy'n gonfensiynol dderbyniol yn y rhan helaethaf o'i waith, ar ryw lefel, mae'n anodd i'r darllenydd beidio â derbyn y dewis i ymwrthod â'r un llymder a synnwyr cywirdeb ar adegau eraill fel dewis pwrpasol, rhesymol. Yn yr ystyr hon, gellir gweld craidd athroniaeth Havel fel y'i cyflwynir yn *Dopisy Olze*, o leiaf yn rhannol, yn cael ei chyfreithloni, a chysondeb ei ddadl wedi ei gadw, gan yr arddull fanwl sy'n ysbrydoli ffydd yn Havel yr adroddwr yn gyffredinol.

Yn fwy arwyddocaol, mae natur ffigurol, yn ystyr Lyotard o'r gair, cysyniad Havel o 'orwel Bod' a'r cysyniad perthynol o gyfrifoldeb, yn cynnig antidot i'r modd cysáct y mae Havel yn defnyddio iaith. Mae'r cydbwysedd a grëir rhwng y ddau fodd rhethregol hyn yn gymorth i rwystro'r ddibyniaeth ar ffydd, ac ar y ddadl nad oes modd adnabod 'gorwel Bod', fel arwydd fod Havel yn colli gafael yn ddeallusol. Gellir gweld y ddau fodd yn gweithio gyda'i gilydd, yn porthi ei gilydd, ond heb leihau ei gilydd.

Yn ogystal, er bod y cysyniadau hyn sydd braidd yn wag oherwydd eu bod mor annirnadwy yn anferth o ran eu sgôp, ac felly yn dwyn i gof undod hollgynhwysol, mae'r tyndra sy'n deillio o'r ffaith fod iaith osodiadol, arddodiadol ar ei ffurf fwyaf obsesiynol yn cael ei defnyddio i fynd i'r afael â'r athroniaeth hon, nad yw'r cysyniadau hyn ond yn cael eu henwi, heb eu hegluro, a'u bod wedi eu gadael yn y naratif gosodiadol fel cysyniadau gwag nad oes modd eu hadnabod, yn creu tyndra sydd yn galluogi Havel i osgoi rhydwythiaeth a'r symleiddio a geir gan safbwynt unffurf sy'n deillio o agwedd ymddangosiadol llai gwrthddywediadol. Gallai ymdriniaeth o'r fath yn hawdd arwain at synnwyr o orffenedigrwydd na fyddai'n gynhyrchiol, a throi'n ideoleg. Gellid, wrth gwrs, ddadlau mai dim ond ffurf gyfrwys arall ar ideoleg o blaid gwahaniaeth ac arallrwydd yw hyn. Petai hynny'n wir, byddai ei rydwythiad, yn y cyd-destun hwn, yn ymarferol yn cymhlethu hyd yn oed yr ideoleg honno. Mewn geiriau eraill, petai hyn yn wir, byddem eisoes yng nghysgod rhydwythiaeth ddiderfyn. Ond dyma'r union beth sydd yn gymorth i Havel gadw ei berspectif penodol yn fyw: mae ei gysyniadau anystywallt sydd yn anodd eu hegluro, yn cael eu cadw dan reolaeth gan iaith osodiadol, er eu bod yn gorwedd y tu hwnt iddi. Ar yr un pryd, ac yn fwy arwyddocaol, dyma sydd yn achub yr un defnydd hwn o iaith rhag cael ei gamddefnyddio, trwy ddynodi ei chyfyngiadau, ac felly danseilio y syniad a gymerir yn ganiataol mai'r gosodiadol yw pen draw iaith sydd yn berthnasol yn athronyddol, yn wleidyddol ac yn bersonol. Mewn geiriau eraill, mae'r hyn y gellid ei weld ar y dechrau fel elfennau sydd yn niweidiol i safbwynt athronyddol Havel, yn cael ei fwydo'n ôl i blygion ei athroniaeth fel nodwedd achubol. Yn y modd hwn, gellir gweld *Dopisy Olze* yn ymateb i'r ymwneud rhwng y ddau fodd rhethregol hyn, gan wneud dimensiwn esthetig arddull Havel yn sylfaenol i'w allu i fynegi ei athroniaeth arbennig. Ceir diffyg cydlynedd sydd yn rhwystro'r demtasiwn i apelio i achosion cyntaf neu resymeg osodiadol fel cyfiawnhad gwleidyddol neu athronyddol. Mae'r awydd hwn am undod nad yw byth yn cael y cyfle i'w foddhau ei hun yn fodd effeithiol o gyfleu syniadau Havel heb adael i'r un syniadau hyn gael eu gwyrdroi'n ideoleg. Mae ei syniadau moesegol felly yn dwyn eu rhesymeg weithredol wrth gydnabod egwyddor sylfaenol esthetig diffyg undod ac anghydlynedd mewn ysbryd ysgrifol sydd yn defnyddio'r lefel gysyniadol fel un o'i foddau rhethregol.

Dylid gweld y rhesymeg sydd ar waith yma a'r sensitifrwydd i ideoleg yng nghyd-destun gwleidyddol ehangach *Dopisy Olze*, o dotalitariaeth a'i ymgais i ddiddymu unigolyddiaeth, sef hunaniaeth a chyfrifoldeb personol, oddi mewn i system wleidyddol lle mae'r wladwriaeth yn ceisio ymgyrraedd at gyflwr arch-unigolyn, yr unig wir oddrych. Y gwrthwynebwr gwleidyddol yn y cyd-destun hwn yw amddiffynnydd tyngedfennol unigolyddiaeth, amddiffynnydd gwahaniaethau, sydd hefyd yn ffordd o warchod yn erbyn difaterwch – agwedd a feithrinwyd gan ddau lefelwr symbolaidd y *paneláky*, yr ystadau tai sy'n dyrrau o fflatiau anferth nodweddiadol o Gomiwnyddiaeth, a'r 'peiriant gwych hwnnw', peiriant dihafal y diwylliant prynu, y teledu, sydd yn danfon dyn i 'ryw "ofod nad yw'n ofod" anhysbys', lle 'nad oes ots lle mae'r ystâd; maent oll yr un fath'.[30] Mae gwrthwynebiad gwleidyddol yn nhraddodiad Arlywydd cyntaf Tsiecoslofacia, T. G. Masaryk, Jan Patočka a Havel yn fwy na gweithredu i gyrraedd rhyw nod penodol, ac yn bwysicach na hynny, yn gyfrifoldeb pob unigolyn i fynegi ei hunaniaeth ei hun, i gadw ymwybyddiaeth o'r hyn nad yw'n ffitio'r disgrifiad, ac yn bwysicach na dim, i beidio byth â chymryd yn ganiataol fod y darlun yn gyflawn. Cyfleir hyn gan slogan cylchoedd gwrthwynebwyr Tsiec – 'solidarita otřesených' (solidariaeth y rhai a ddychrynwyd), ar ôl defnydd Patočka o'r term, na wnaiff 'stavět pozitivní programy, nýbrž bude promlouvat, jako Sókratovo *daimonion*, ve varováních a zákazech' (gynnig rhaglenni positif, ond a fynega ei hun, fel *daimonion* Socrates trwy rybuddion a gwaharddiadau) ac a sylfaenir ar deimlad o erledigaeth a diffyg sicrwydd: 'to je její fronta, tichá a postrádající reklamy a senzace i tam, kde se jí tento úsek vládnouci Síly hledí zmocnit. Nebojí se nepopulárnosti, nýbrž vyzývá ji a volá tiše, beze slov' (dyna yw blaen y gad iddo, yn dawel, heb ffanffer na chyffro hyd yn oed yno lle mae'r agwedd hon ar y Pŵer mewn grym yn ceisio cael gafael arno. Nid oes arno ofn bod yn amhoblogaidd ond i'r gwrthwyneb, mae'n deisyfu hynny ac yn galw'n dawel, heb eiriau).[31]

Yn y cyd-destun hwn, lle yr anogir ni i fod yn agored i 'sioc' yr hyn nad yw'n wybyddus i ni, yr annisgwyl, mae amlinelliad gofalus Havel o'i gysyniad o gyfrifoldeb trwy ddefnyddio cysyniadau haniaethol megis *horizont bytí*, sy'n dynodi yr hyn nad oes modd ei adnabod byth, yn magu cymeriad llawer mwy miniog – wrth gwrs fe gynyddir yr effaith honno wrth i ni gofio yr amgylchiadau anodd yr ysgrifennwyd yr ysgrif-lythyrau ynddynt – ac fe bylir unrhyw ragfarn ramantaidd yn eu herbyn. Mae'n ymroddiad i'r ffaith fod 'amcanion yr agwedd hon yn sylfaenol ddiddiwedd' (i 'nepředpojaté pravdy'/'gwirionedd diduedd', sydd hefyd yn sylfaen i amcanion Siarter 77), cymeriad diddiwedd sydd, yn bwysig iawn, yn derbyn nad yw'n gwybod i ble y mae'n mynd.[32] Mae hefyd yn ymrwymiad i beidio â gadael i'r goddrych gwleidyddol a'r gwrthrych gwleidyddol ymdoddi'n un, i gadw gwrthdaro rhwng hunaniaethau gwahanol fel yr unig ffordd i gadw a gwarchod hunaniaeth. Mewn cymdeithas ôl-dotalitaraidd, 'mae'r person sydd wedi ei ddieithrio yn cynnal y system fel ei brosiect diarwybod ei hun. Fel delwedd lwgr o'i lygredigaeth ei hun. Fel dogfen o'i wendid ... Nid yw ar unrhyw gyfrif yn fater o wrthdaro rhwng dwy hunaniaeth', yn wir, 'rhywbeth arall ydyw: *argyfwng ei hunaniaeth ei hun*'.[33] Mewn geiriau eraill, ni ddylai system wleidyddol llywodraeth fyth fod yn unfath â'i hetholaeth; mae ffrithiant a gwrthdaro, fel cyfrifoldeb, yn hanfodol er mwyn annog a datblygu hunaniaeth:

> vyloučiv ze svého světa všechny ostatní s ním srovnatelné jedinečné subjekty, zbavil centrální subject nakonec jedinečnosti i sám sebe; odtud ta podivná beztvářnost, transparentnost, ba až neuchopitelnost moci, odtud

bezvýraznost její řeči, odtud anonymita jejího rozhodování, odtud její neodpovědnost: jak může být vskutku odpovědný subject s tak rozmazanou identitou, který navíc nemá – jsa široko daleko sám – ani komu být odpovědný? Intencí totality je totální zestejnění, jejím plodem je uniformita, stádnost, glajchšaltace.³⁴

> (Wedi cael gwared o bob goddrych unigol tebyg arall o'i fyd, mae'r goddrych canolog (y wladwriaeth) yn ei amddifadu ei hun o'r diwedd o unigolyddiaeth. O hyn y llifa natur ryfedd ddi-siâp, dryloyw, yn wir, natur ansylweddol pŵer, natur ddi-liw ei iaith, natur ddienw ei benderfyniadau, a'i ddiffyg cyfrifoldeb. Sut y gall goddrych â hunaniaeth mor amwys fod yn gyfrifol? Sut y gall pan yw'n gwbl ynysig ac felly heb neb i fod yn gyfrifol iddo? . . . Bwriad totalitariaeth yw homogeneiddio'n gyfangwbl, a'r hyn y mae'n ei greu yw unffurfiaeth, meddylfryd yr haid, tra'n dinistrio gwahaniaethau.)

Fe'n hatgoffir o wrth-iwtopia Kierkegaard a'i ysbryd gwrthwynebus sy'n gallu 'chwalu'r "dorf" a'i gwyrdroi'n unigolion'³⁵ lle na fedr 'chwyldro lluosog o ran maint beri unrhyw newid ansawdd'.³⁶ Mae cau gwleidyddiaeth allan yn y ffordd hon at bwynt lle mae'n ei thanseilio ei hun hefyd yn cael ei adleisio gan Emanuel Rádl a'i feirniadaeth ar ddeallusion Tsiec yn y 1920au, yn ei lyfryn, *Krise inteligence* (Argyfwng y deallusion), wedi'r Rhyfel Byd Cyntaf a ffurfio y Weriniaeth newydd, sydd yn rhagfynegi i raddau sefyllfa Tsiecoslofacia ôl-Gomiwnyddol.³⁷ Mae'n cyhuddo'r deallusion o dynnu'r carped oddi tan eu traed eu hunain trwy adael i'w diddordebau ddod i fod yn gyfystyr â rhai'r wladwriaeth.³⁸ Ac yn un o'i ysgrifau cynharaf, 'O dialektické metafyzice' (Ynghylch metaffiseg ddilechdidol, 1964), mae Havel yn gwneud apêl ddramatig o blaid safbwynt unochrog, a ystyrir ganddo fel yr unig safbwynt a all dorri'r cylch dilechdidol y mae gwleidyddiaeth yn agored iddo, gan gyrraedd pwynt argyfyngus pan ddaw y system ôl-dotalitaraidd a diwylliant y prynwr ynghyd:³⁹

> skrze originální, nový, záměrně jednostranně postavený názor, pracující třeba i – dokonce! – s novým pojmem, pro danou souvislost – jednostranně – zvoleným, skrze takový názor, smělý a pronikavý svěží, původní a provokující, lze se dotknout pravdy – byt' jen z jedné strany – spíš, než skrze názor, který chce postihnout pravdu za všech stran a nepostihuje ji nakonec z žádné.⁴⁰

> (safbwynt gwreiddiol, newydd, unochrog, a hynny i bwrpas, yn gweithio o bosib ar sail – ie, wir yr! – cysyniad newydd, cysyniad – yn unochrog – a

ddewiswyd ar gyfer sefyllfa benodol, gyda safbwynt o'r fath, safbwynt eofn, treiddiol, ffres, gweriddiol a phrofoclyd, mae'n fwy posib cyffwrdd â'r gwirionedd – hyd yn oed ond o un ochr – na chyda safbwynt sydd yn ceisio cofnodi y gwirionedd o bob ochr ac nad yw'n llwyddo i'w gofnodi o unrhyw safbwynt.)

Ni ddylid drysu gwrthwynebiad gwleidyddol, serch hynny, â rhyddfrydiaeth bur. Fel y nodwyd gan Adam Seligman ac eraill, diffiniwyd cymdeithas sifil yn Nwyrain Ewrop mewn gwrthgyferbyniad â'r Wladwriaeth, ac am y rheswm hwnnw, mae'n cyfleu

> a strong communal attribute that, while apart from the State, is also equally distant from the idea of the autonomous and agentic individual upon which the idea of civil society rests in the West . . . as firmly embedded within communal, mostly primordial attributes that define the individual in his or her opposition to the State.[41]

Mae Jerzy Szacki yn beirniadu y syniad o gymdeithas sifil am ei hobsesiwn gydag undod, a'i ddiffyg dealltwriaeth o 'the existing divisions and conflicts if they are not directly linked with the basic we/they distinction',[42] lle mae unigolyddiaeth yn cael ei mygu gan 'ideologies in the service of the idea of community (the national, followed by the people and classes)'.[43] Mewn geiriau eraill, er bod yr unigolyn hunanlywodraethol wedi bod yn fan cychwyn ar gyfer yr hyn a elwir gan Szacki yn 'protoliberalism', 'the goal was to liberate the individual from the power of the state in order to develop his or her *social* virtues'.[44]

Yn gymaint ag y mae cymdeithas sifil yn y cyswllt hwn yn cael ei lleihau'n wrthdaro amrwd gwleidyddiaeth, mae'r hyn sydd wedi cael ei alw'n 'wrth-wleidyddiaeth' neu 'wleidyddiaeth anwleidyddol' Havel a'r wrthblaid ddemocrataidd, nid dim ond yn Tsiecoslofacia ond yn Nwyrain Ewrop yn fwy cyffredinol, hefyd yn agored i gael ei feirniadu fel rhywbeth rhamantaidd, ac i gael ei fychanu oherwydd ei ddiffyg realaeth wleidyddol, fel athroniaeth Havel, pan y'i darllenir yn frysiog, heb roi sylw i'r modd y mae ei destunau ysgrifol ac athronyddol yn gweithio ar lefel esthetig.[45] Mae darllen *Dopisy Olze* fel testunau esthetig ac ysgrifol yn dadlennu cymhlethdod lle mae tensiynau'n cael eu croesawu fel elfennau angenrheidiol a buddiol, gan wyrdroi delfrydiaeth (iwtopiaeth) cymdeithas sifil fel y maes lle mae gwrthdaro yn gallu cael ei ddiddymu'n barhaol. Mewn geiriau eraill, mae math Havel o ryddfrydiaeth yn ceisio amddiffyn yr unigolyn mewn modd concrid a chreadigol, mewn modd sydd yn myfyrio'n gyson, lle mae anghytgord a diffyg cydlynedd yn sylfaenol ar gyfer unrhyw weithredu.⁴⁶

Mae darllen yr ysgrif-lythyrau hyn a anfonwyd o garchar yn effro i'w nodweddion esthetig yn tynnu ein sylw (yn annisgwyl, o gofio iddynt gael eu hysgrifennu mewn cyd-destun anodd) at y ffaith mai dyma lle mae athroniaeth wleidyddol Havel yn cael ei harchwilio a'i datblygu yn y modd mwyaf estynedig a deheuig, fod ei chymeriad esthetig mewn gwirionedd yn sylfaenol i'r modd y mae'r athroniaeth wleidyddol hon yn cael ei mynegi. Ymhell o fod yn wleidyddol geidwadol neu'n wleidyddol ramantaidd, datgelir safbwynt Havel fel un sydd yn gynnil o radical lle mae gwrthwynebiad gwleidyddol yn cael ei ddwyn i ganol materion dyddiol fel ymgais barhaus i fod yn agored i'r annisgwyl, ac i gwestiynu cymhellion. Wrth gwrs, mater arall yw gofyn a fu i'w safle proffesiynol yn y llywodraeth arwain at lywodraeth effeithiol a realistig wedi 1989.⁴⁷ Mae agwedd yn elfen yr un mor sylfaenol â gweithredu. Fel y noda Martin J. Matuštík,

> Dissent, which remains 'outside' of official politics, might be necessary within a totally administered epoch, but it stages only a destructive rebellion on the urban outskirts of complex modern societies. Without domesticating the voices of transgression, we need to invite the movements of resistance into our daily affairs. Critical theory and practice that want to remain sober must discuss motives. Such a theory and action needs to integrate dissent against dishonesty and deception into the very emancipatory praxis.⁴⁸

Yn *Dopisy Olze*, mae'r safbwynt ymrwymedig, ac ansawdd fanwl yr iaith a ddefnyddir i'w fynegi, yn negodi'n barhaus gyda'r *horizont bytí* nad oes modd ei adnabod, ac fe gynigir eu perthynas fel y cyd-destun a fyddai'n galluogi synnwyr o gyfrifoldeb i ddatblygu, ac yn ei dro, synnwyr o hunaniaeth; dyma sydd yn 'diffinio ac yn rhoi ystyr i'r modd y mae [dyn] yn dibynnu ar y byd; ar y llaw arall, serch hynny, dim ond trwy gyfrifoldeb y mae [dyn] yn ei wahanu ei hun yn ddi-os oddi wrth y byd o ran ei sofraniaeth a'i annibyniaeth'.⁴⁹ Mae sioc yr hyn nad yw'n wybyddus i ni ac adnabyddiaeth glòs o'r hyn sy'n lleol ac yn benodol, wedi eu cyplysu â'r cymeriad diymhongar y mae hyn yn gallu ei fagu, yn gwbl sylfaenol. Dyma frawdoliaeth nad oes mo'i rhannu, brawdoliaeth gyd-ddibynnol sydd, fel y gwelwn yn nes ymlaen, wrth galon democratiaeth, ac sydd yn galluogi gwleidyddiaeth i gadw ei natur ddeinamig.⁵⁰ Yn y bennod nesaf, fe welwn ymgais Hrabal i roi lle i'r unigolyn, nid dim ond mewn perthynas â'r Wladwriaeth Tsiec, ond yn ei ymateb i'r gymuned wrthbleidiol yno.

Croniclau llenyddol Bohumil Hrabal o'r Chwyldro Felfed a Dopisy Dubence *(Llythyrau at Dubenka)*

Yr hyn a'm denodd yn wreiddiol i Brno, ail ddinas y Weriniaeth Tsiec, heb fod ymhell o'r ffin gydag Awstria a Slofacia, oedd mai dyma lle y ganwyd ac y magwyd yr awdur Tsiec sydd yn byw ers blynyddoedd bellach yn Ffrainc, Milan Kundera. Adnabyddwyd Brno am flynyddoedd fel 'Rakouský Manchester', sef Manceinion Awstriaidd, oherwydd y diwydiant gwlân yno, a'r elfennau diwylliannol a rennid gydag Awstria. Pan yn byw yno, dechreuais ddarllen llai a llai o waith Milan Kundera a mwy a mwy o waith yr awdur Bohumil Hrabal (1914–97), a oedd hefyd wedi ei eni a'i fagu yn Brno. Mae ei waith, yn ffuglen ac ysgrifau, yn bur wahanol i waith Milan Kundera, ac fe'i coleddir yn llawer mwy brwdfrydig gan y Tsieciaid na Kundera a ystyrir gan lawer yn fradwr oherwydd iddo adael ei wlad a rhoi'r gorau i ysgrifennu mewn Tsiec. Mae gwaith Bohumil Hrabal yn tynnu ar y traddodiad a ddechreuwyd gan Jaroslav Hašek gyda'r clasur *Osudy Dobrého Vojáka Švejka* (Ffawd Švejk, y Milwr Da) ac yn rhannu cryn dipyn o nodweddion o ran arddull gyda gwaith Twm Morys. Hefyd, fel Twm Morys, roedd Hrabal yn meddu ar ryw fath o bersona cyhoeddus sydd yn eithaf amlwg yn y dychymyg Tsiec, ac sydd yn ymgorffori ac yn chwarae ar rai o'r elfennau yn ei waith.

Fe'm hatynnwyd yn arbennig gan ysgrifau diweddar Hrabal, er enghraifft, *Dopisy Dubence* (Llythyrau at Dubenka) y dechreuwyd eu hysgrifennu yn 1989. Fe ystyriai y testunau byr unigol hyn fel ei 'gronicl telynegol', gan roi iddynt ffurf llythyrau wedi eu cyfeirio at Dubenka (April Gifford) – awen ei flynyddoedd hwyr. Mae'r ysgrif-lythyrau hyn yn rhedeg rhwng 1989 a 1992, gyda throbwynt gwleidyddol y Chwyldro Felfed yn gefndir cyson iddynt.

Mae'r casgliad yn llawn datgysylltiadau. Er iddynt gael eu hysgrifennu yng nghyd-destun y datblygiadau gwleidyddol a arweiniodd at y Chwyldro Felfed (17 Dachwedd 1989), ac er ar yr wyneb yn ffurfio casgliad o'i lythyrau at Dubenka, mae'r ffin rhwng y ffeithiol a'r ffuglennol, *reportage* llenyddol a bywgraffiad, yn denau. Haera Hrabal nad ysgrifennwyd y llythyrau gyda'r pwrpas o'u hanfon, ac nad yw Dubenka'n disgwyl derbyn dim ganddo, oherwydd

'vy to nevíte, protože já vám dopisy neposílám, já o nich napřed hovořím s Cassiem Clayem, tím mým černouškem, a potom s přáteli opisuji to, co je určeno i těm druhým, ať' se všichni, kdo čtou, umažou o ty moje listy, o ta moje psaní.'[51] (133–4).

(tydw i ddim yn anfon y llythyrau hyn, dwi ond yn siarad amdanynt, i gychwyn efo Cassius Clay, fy mlac bach del i [cath], yna fy ffrindiau, a dwi'n copïo'r llythyrau hyn sydd wedi eu cyfeirio atat ti, ond at eraill hefyd – dowch bawb sy'n darllen y llythyrau yma, y testunau yma, i ymdrybaeddu yn yr inc . . .)

Er eu bod wedi eu cyflwyno ar yr wyneb fel cyfres o lythyrau, ysgrifau yw'r testunau hyn mewn gwirionedd. Wrth eu darllen, roeddwn yn synnu at y ffordd y maent yn llwyddo i greu math o gronicl llenyddol-wleidyddol sydd yn osgoi cael ei systemateiddio ac sy'n rhoi lle i fynegiant personol, unigol. Fe welir fod y modd y maent yn osgoi dilyniant cystrawennol a semantig a'r defnydd didaro o gyfeiriadaeth athronyddol yn ddyfeisiadau hanfodol.

Hoffwn holi sut ac i ba raddau y gellir gweld Hrabal yn ymateb i'r problemau y mae'n eu hystyried fel rhai hollol sylfaenol i unrhyw fynegiant gwleidyddol, trwy wneud yn fawr o'r union ddyfeisiadau sydd yn gallu tanseilio ei naratif – trosiadau, symbolau, cymysgu amser y naratif; yn yr un modd gellir ystyried yr ymblethu rhwng arddull a chynnwys llythyrau *Dopisy Dubence*, er ar yr wyneb yn ddryslyd, fel ymblethiad cymharol uniongyrchol, yn yr ystyr y gellir gweld y neidiadau yn y naratif, a natur feddwol yr arddull fel petaent yn lliniaru unrhyw safiad arbennig a wneir wrth gofnodi'r digwyddiadau gwleidyddol, a hynny yn ei dro yn dileu unrhyw awgrym o gydymffurfiaeth neu ddogmatiaeth. Mewn geiriau eraill, mae arddull y llythyrau yn pwysleisio'r un diffyg dilyniant â'r hyn a awgrymir gan y drafodaeth y mae'r llythyrau yn dychwelyd ati drachefn a thrachefn: yr unigolyn yn erbyn gwleidyddiaeth.

Mae ysgrifau Bohumil Hrabal, yn debyg iawn i waith Twm Morys ar ryw ystyr, yn rhoi'r argraff o ddatblygu'n ddiymdrech, bron yn ddigymell. Drysir amser o fewn naratif, gan symud, er enghraifft, o ddisgrifio sefyllfa sy'n cael ei dymuno a'i disgrifio yn amser y dyfodol i bresennol yr un olgyfa. Ceir defnydd o lif-yr-ymwybod a pharagraffau o gymalau *non-sequitur*. Er enghraifft, cyn gynted ag y dechreuir rhoi cofnod o'r Chwyldro Felfed i ni, mae Hrabal yn sgipio'n ôl at stori arall am ei gathod, a disgrifiadau o'i dripiau i America, fel petai'r holl gyfrol wedi ei hysgrifennu yn yr ysbryd 'Ach, Dubenko, ještě jsem si vzpomenul, kdybych to neřekl, tak bych to určitě zapomenul . . .' (61). (A, Dubenka, dwi newydd gofio, ac mae'n rhaid i mi gael dweud wrthot ti rŵan hyn cyn i mi anghofio . . .). Nid yw'r math hwn o ysgrifennu digymell yn fater yn unig o amrywio arddull ychwaith; fe sonnir amdano fel nodwedd i'w hedmygu yng ngwaith eraill hefyd, er enghraifft, yn *Osudy Dobrého Vojáka Švejka*, gan Jaroslav Hašek:

> jsem si na jeden zátah přečetl Haškova *Švejka*, je to geniálnější, než jsem kdy myslel, je to geniální proto, že teprve když Hašek všechno z války téměř zapomenul, teprve pak v tom přehodnocení, v tom pábení napsal knihu, která je čistá, její styl je průhledný, je to zasklená literatura, průzračná jak empírový nábytek, je to psáno jakoby levačkou, jako po překonané kocovině, je to radost z psaní, je to pravé Fruitio Dei, teprve na sklonku svých žívotních sil byl schopen napsat to, co napsal, kdy mohl říci, jsem ten který jsem, to je to, o čem snil a říkal básník Březina Otokar, že opilci a mystici mají k sobě tak blízko ... (58)

(Mi ddarllenais *Švejk* Hašek unwaith eto ar un eisteddiad, ac mae'r nofel hyd yn oed yn fwy athrylithgar nag yr oeddwn i'n ei feddwl, oherwydd dim ond wedi i Hašek fod fwy neu lai wedi anghofio am y rhyfel, dim ond bryd hynny, yn y broses o ailasesu ac mewn darnau byrfyfyr rhapsodig a chwaraeus, y gwnaeth ysgrifennu llyfr sy'n bur, gyda'r arddull yn dryloyw, yn llathredig, yn dryloyw fel dodrefn cyfnod yr Ymerodraeth, mae wedi ei ysgrifennu fel petai wedi ei sgriblo'n gyflym, ar ôl pen mawr neu ben clwc, mae'n fath o ysgrifennu sy'n bleser pur, y gwir *Fruitio Dei*, a dim ond yn niwedd ei ddyddiau yr oedd o'n gallu ysgrifennu fel y gwnaeth, pan oedd yn gallu dweud, y fi ydi'r hyn ydw i – dyna freuddwydiodd Otokar Březina amdano, a'i fynegi, fod pobl feddw a chyfrinwyr efo cryn dipyn yn gyffredin ...)

Enghraifft eithafol o arddull ddigymell Hrabal yw'r *novella*, *Taneční hodiny pro starší a pokročilé* (Gwersi Dawns i Fyfyrwyr Hŷn a Phrofiadol), sydd yn un frawddeg o'i dechrau i'w diwedd (1964). Yn wir, ers ei weithiau cynharaf, gwnaeth Hrabal ei farc fel awdur poblogaidd ar ryw ystyr, a oedd yn cynnig amodau newydd ar gyfer llenyddiaeth Tsiec, lle'r oedd pethau bywyd bob dydd yn cael sylw. O'r herwydd, fe welwyd ei waith gan rai beirniaid fel dechrau ar fath newydd o ysgrifennu anwleidyddol.

Er mai digwyddiadau'r Chwyldro Felfed yn 1989 yw'r cefndir i'r ysgrifau yn y gyfrol *Dopisy Dubence*, prin yw'r ffeithiau sy'n dod i'r wyneb. Yn wir maent yn haeru gwrthwynebu gwleidyddiaeth:

> 'dokonce o sobě říkám a opakuji to znovu, jsem spíše zapisovatel, jsem spíše literární reportér a taky miluji mystifikaci a to je moje pábení[52], to je moje obrana proti politicie, to je vlastně moje politika, můj způsob psaní ...' (47)

(yn yr ystyr honno, dw i bob amser yn dweud wrthyf fy hun fy mod yn fwy o gofnodwr, yn fwy o ohebydd llenyddol – yn ogystal â rhywun sydd wedi mopio ei ben â chastiau ac wrth ei fodd yn creu penbleth – ac am fy nghabalatsian i, dyna f'amddiffyniad i yn erbyn gwleidyddiaeth, yn wir fy mholisi, fy null o ysgrifennu . . .)

Er gwaethaf yr haeriadau hyn, mae'n troi'n ôl at ddigwyddiadau gwleidyddol yn barhaus, ac at y cwestiwn o *engagement* gwleidyddol, hyd yn oed os yw hynny'n digwydd blith-draphlith, ac yn llechwraidd rywsut.

Mae'r 'obrana proti politice' (amddiffyniad yn erbyn gwleidyddiaeth) hwn, hynny yw, castiau a dryswch gyda gogwydd cyfriniol, yn gyfeirbwynt parhaus, ac mae'r cysylltiad a dynnir rhwng arddull 'bur' ysgrifennu Hašek, cyfrinwyr ac Otakar Brežina (bardd Tsiec ac ysgrifwr athronyddol (1868–1929) wedi ei ddylanwadu gan gyfrinwyr canoloesol ac athroniaeth India) yn y darnau uchod yn arwyddocaol. Drwy gydol *Dopisy Dubence*, mae greddf a'r cyfriniol yn cael digonedd o le. Ac er bod y presenoldeb gwleidyddol yn cael ei fynegi fel rhywbeth i fod yn wyliadwrus ohono, mewn gwirionedd, mae iddo nerth achubol, trwy fod wedi ei blethu â nodweddion sydd yn arfer cael eu cysylltu â'r esthetig, er enghraifft, dychymyg a chreadigrwydd. Er enghraifft, mae'r sesiynau holi gan y Weinyddiaeth Gartref yn cael eu dyneiddio gan gyffes barod Hrabal mai yn wir holi misol 'athronydd' y Gweinidog Cartref wnaeth ei argyhoeddi 'že naše literatura musí jít s lidem, tak nakonec mne naučil psát rychle, a la prima, tak jsem vlastně napsal i těch devět set stran, které jsem nazval *Svatby v domě* . . .' (304–5) (. . . fod ein llenyddiaeth yn gorfod mynd efo'r bobl, fel ei fod wedi fy nysgu yn y pen draw i ysgrifennu'n gyflym, mewn un ymosodiad, *alla prima*, ac felly y gwnes i ysgrifennu'r naw cant tudalen yna o'r enw *Priodasau yn y Tŷ*). Yn yr un modd, ymateb Hrabal yr adroddwr i ofynion aelodau Pwyllgor Streic y Brifysgol i ddod ac ymuno yn eu trafodaethau gwleidyddol yw copïau o'i ddau lythyr diweddaraf at Dubenka – llenyddiaeth, yn hytrach na gweithred:

> Tak hele, tady máte moje poslední dva dopisy Dubence, tady máte Bílého koníčka a Greyhound story . . . podívej se, ty Marseillaiso! Tam jsem napsal všechno to, co se stalo, a jsou tam nejen události Prahy, které jste prožili, ale i love story . . .(136)

> (Dowch mlaen, dyma ddau ddarn o fy *Llythyrau at Dubenka*, 'Y Ceffyl Gwyn' a 'Stori'r Milgi' . . . drychwch, y chdi hogan y Marseillaise! Mae o i gyd am yr hyn sydd wedi bod yn digwydd, nid dim ond yr hyn dach chi wedi bod yn byw trwyddo fo ym Mhrâg ond stori garu hefyd . . .)

Yn 'Mešuge stunde', mae gwleidyddiaeth yn cael ei chysylltu gyda greddf, ac ymyriad dwyfol – roedd y Chwyldro Felfed wedi ei wneud o 'Miliony Ježíšků, převlečených za studenty a herce, za klauny a mladé lidi, kteří proti přísnému vědění dávají přednost směru srdce . . .' (205) (Miliynau o Iesuau bychain, wedi eu gwisgo fel myfyrwyr, actorion, clowniau a phobl ifanc, a roddodd sylw i reddf y galon dros wybodaeth gaeth . . .).

Yn y modd hwn, mae'r gwleidyddol yn cael ei bersonoli a'i ddyneiddio dro ar ôl tro. Mae'r llythyr 'Několik vět' (Ychydig Frawddegau), gyda'i adlais gwleidyddol o 'Dva tisíce slov' (Dwy fil o eiriau) Ludvík Vaculík, ac wrth gwrs, ei arwyddocâd ar gyfer cynulleidfa gyfoes o'r ddogfen-betisiwn o'r un enw ('Několik vět') a oedd yn ddilyniant a ddaeth gryn dipyn yn ddiweddarach nag un Vaculík, yn dechrau gyda delwedd o linyn Ariadna, yn ymddatod dros filoedd o gilomedrau, rhwng Dubenka yn yr Unol Daliaethau, a Hrabal fel adroddwr a 'medvěd, který má v nose řetízek, který drží medvědář . . .' (54) (arth gyda tsiaen yn ei thrwyn yn cael ei dal gan ei meistr . . .). Mae gweddill y naratif yn pendilio o gwmpas yr edefyn hwn, sydd, yn ei dro'n esgus dros stori wedi ei gweu o gwmpas rhaff, tsiaen ci, llinyn bogail, ei ddarlithoedd i'w fyfyrwyr Americanaidd, 'cwrs wedi ei farcio hyd y llinell derfyn' ('pojedu naznačenou trasou až do cíle, kde se uvidíme', 67), nes yn y diwedd fod y crwydradau yn dod i orffwys ar yr edefyn sydd bellach wedi ei draws-newid yn 'několik vět' (ychydig frawddegau) – cyfarchiadau 'o'r math a anfonir gan blant sy'n hedfan barcud, yn dal yn dynn ar yr edau':

> Mílá Dubenko, posílám vám pozdravení, těch několik vět, kladu si dva prsty na horní svůj ret a pohybem vzhůru, jako po diagonále obálky dopisu, vám posílám pozdravení, takové, jak děti, když pouštějí draka a drží pevně nitě . . . (68)

> (Annwyl Dubenka, rwyf yn anfon fy nghofion atat, yr ychydig frawddegau hyn, rwyf yn rhoi fy nau fys ar fy ngwefus uchaf a chan eu symud i fyny, fel petai ar hyd llinell ddiagonal amlen, rwyf yn anfon fy nghyfarchion, fel y rhai hynny y mae plant sy'n hedfan barcud yn eu hanfon, gan ddal y llinyn yn dynn . . .)

Mae'r ysgrif hon yn gohirio datguddio ei gwrthrych tan y diwedd un, lle mae crwydriadau gorawenus y brawddegau blaenorol yn cael eu gwyro trwy'r cyfeiriad at y ddogfen-betisiwn a'r ffaith i Hrabal wrthod ei llofnodi:

těch několik vět ale se stalo prubířským kamenem těch, kdo jsou pro strnulý dogmatismus a kdo jsou pro tvořivý dogmatismus, kdo si tedy přeje změny v tom našem politickém, a tedy i kulturním životě ... podpis na Několika větách nevyměním za osmdesát tisíc Hlučných samot, které vyjdou ted' v listopadu, já těch Několik vět nevyměním za osmdesát tisíc doslovů Milana Jankoviče ... Vždyt' Dubenko, já jsem vlastně na světě jen proto, abych napsal *Příliš hlučnou samotu* ... Tak jsem nepodepsal, zrovna tak jsem nepodepsal Dva tisíce slov ... (70)

(ac fe ddatblygodd yr ychydig frawddegau hynny'n brawf asid ar gyfer y rhai hynny o blaid dogma galetsyth, dwi'n sôn am y rhai hynny sy'n dymuno gweld newid yn ein bywyd gwleidyddol, ac felly wrth reswm, ein bywyd diwylliannol ... fyddwn i ddim yn cyfnewid y llofnod hwnnw ar 'Ychydig Frawddegau' am wyth mil copi o fy *Unigedd Rhy Swnllyd*, sydd i fod allan ym mis Tachwedd, wna i ddim cyfnewid 'Ychydig Frawddegau' am bedwarugain mil o epilogau gan Milan Jankovič ... ti'n gweld, Dubenka, yr unig bwrpas i'm bywyd i oedd ysgrifennu'r *Unigedd Rhy Swnllyd* yma ... felly wnes i ddim llofnodi, yn yr un modd na wnes i lofnodi chwaith 'Dwy Fil o Eiriau' ...)

Mae Hrabal, felly, yn dewis y boddhad a gaiff mewn darn o ysgrifennu creadigol, a'i nodweddion penagored, a'i hirhoedledd, yn lle ymrwymiad gwleidyddol penodol, ac mae'r digwyddiad gwleidyddol a dyfodd o'r ddogfen, 'Několik vět' (Ychydig Frawddegau) yn dod yn esgus ar gyfer ei fforiadau creadigol: 'tak jsem napsal Hru o pravdu ... a ten esej nakonec nahradil ten můj podpis, zrovna tak, jako moje Kouzelná flétna nahradila můj podpis na Několika větách ... Hihihihi'. (71) (Felly mi ysgrifennais fy 'Nrama dros Wirionedd' ... ac yn y diwedd mi gymrodd yr ysgrif honno le fy llofnod, yn yr un modd ag y cymerodd fy [ysgrif] 'Ffliwt Hud' le fy llofnod ar 'Ychydig Frawddegau' ... Hahahaha.) Mae'n troi'n ôl drosodd a throsodd at y rhyngwyneb hwn rhwng gwleidyddiaeth a llenyddiaeth, fel petai'r ffrithiant rhwng y ddau yn angenrheidiol er mwyn ysgogi ei impetws creadigol. Mae'r gwleidyddol nid yn unig yn esgus dros lenyddiaeth, mae hefyd yn chwarae rhan fel elfen angenrheidiol yn yr hyn sy'n gwneud y llenyddiaeth honno'n bosibl. Ond pam fod y llenyddiaeth hon yn angenrheidiol?

Un posibilrwydd y mae'r testun yn ei awgrymu yw fod llenyddiaeth yn angenrheidiol yma fel yr unig ffordd sydd yn caniatáu i Hrabal fynegi ei safbwynt penodol. Petaem am weld un deinamig neu thema wleidyddol yn *Dopisy Dubence*, yna rhyddid personol yn erbyn cydymffurfiad gwleidyddol fyddai hynny. Ac os felly, mae'r arddull greadigol a hynod o bersonol a gawn yma, gyda'r modd y mae'n rhoi lle i batrymau *non-sequitur* o fewn y naratif yn asio'n berffaith gyda phwnc honedig y llythyr-ysgrifau. Mae rhyddid personol, wrth gwrs, yn awgrymu'r penodol, y concrid, ac felly, y dynol – antithesis, fe dybiwn, i'r llymder biwrocrataidd neu haniaethol sydd yn dieithrio disgwrs gwleidyddol ar adegau. Yn yr un modd, fe dybir ar y cyfan fod celfyddyd yn faes lle mae gan bawb yr awdurdod i fynegi barn, yn wahanol i wleidyddiaeth, lle mae awdurdod yn cael ei ddirprwyo i'r arbenigwr: y gwleidydd. Beth, felly, allai fod yn fwy democrataidd na darn o lenyddiaeth sydd yn ymddangos yn betrusgar o ran cysondeb a chydlyniad?

Wrth gwrs, ceir mwy i'r stori hon: gellid gweld y ffordd y mae Hrabal yn dwyn ynghyd yr esthetig a'r gwleidyddol yn y modd hwn hefyd fel rhywbeth sydd yn ffenomenaleiddio'r gwleidyddol, yn ei droi'n rhywbeth organig neu naturiol, yn rhywbeth nad oes modd wedyn dadlau yn ei erbyn neu ei wadu gan ei fod yn cael ei gyfreithloni'n uniongyrchol fel profiad concrid unigolyn – Hrabal yr adroddwr – ac felly, mae'n rhaid ei fod yn wir. Mae arddull ansystematig yr ysgrif-lythyrau hefyd yn cyfrannu at yr effaith ddigymell, sydd unwaith eto, yn ei dro, yn atgoffa rhywun o'r hyn sy'n naturiol ac yn wir. Y ddelwedd sy'n nodweddiadol o'r holl gasgliad yw'r un o Hrabal, yn ysbryd 'pojízdna zpovědnice' (cyffesdaith), yn eistedd ar ei fws rhwng ei gartref yn Kersko a'i deithiau cyson i Brâg gyfagos, wedi ei gymell i gario delweddau sy'n dod iddo, ac y mae pobl yn eu hadrodd wrtho, i'w pen rhesymegol – delweddau, felly, yr honnir nad yw'n chwilio amdanynt. Fe'u cyflwynir fel petaent yn ei ddarganfod, fel petaent wedi eu rhag-dynghedu iddo, nid trwy unrhyw ymdrech ar ei ran yntau: 'Tak sedím v té mé pojízdné zpovědnici a musím domyslet obrazy, které mne navštěvují, které jsem slyšel vyprávět . . .', (11–12) (Ac wedyn rwyf yn eistedd yma yn fy nghyffesdaith, ac rwyf yn cael fy ngorfodi i orffen dychmygu y delweddau hyn sy'n dod ar fy nhraws, y clywais bobl yn eu hadrodd . . .) neu '. . . já mám takové myšlení, že to samo tam přiskočí, to co jsem slyšel, to všecko mi je málo, já musím to domyslet, protože to patří k tomu mému zaměstnání, které jsem si nezvolil, ale které mi bylo vnuceno, z kterého jsem se kdysi těšil, dokud jsem byl silný . . .', (12) (. . . dyna'r ffordd y mae fy meddwl yn gweithio, mae'n neidio i mewn, ac mae'r hyn dwi'n ei glywed yn annigonol, tydi o ddim digon da, mae'n rhaid i mi ddychmygu'r gweddill, achos mae hynny'n rhan o'm gwaith, rhywbeth na wnes i mo'i ddewis, ond a orfodwyd arnaf, rhywbeth yr oeddwn unwaith yn ymfoddhau ynddo, tra'r oeddwn yn gryf . . .)

Mae'r pwyslais gwaelodol ar ragdynghediaeth, ynghyd â chyfeiriadau cyson at ffawd, yn cael eu cynnal gan angorfeydd y mae'r naratif yn dychwelyd atynt, mewn arddull a phwnc. Dyma'r cyfeiriadau ymwybodol athronyddol, fel cytgan yn y naratif, at athroniaeth Fwdaidd, y cyfriniol, ac at athronwyr (cyfandirol) penodol. Gall y cyfeiriadau hyn daro rhywun fel rhai ffuantus, yn aml oherwydd fod Hrabal yn gwneud cyfeiriadau heb eu datblygu, gan droi'r cyfeiriad yn ddiben ynddo ei hun – yn hytrach nag fel modd i gyrraedd at rywbeth arall. Mae'n arfer ganddo, er enghraifft, bersonoli ei gyfeiriadaeth mewn ffordd ddidaro: 'A ten úředník, který mi dal výjezdní doložku a pas do Thessaloniké, ten každý měsíc za mnou jezdil do Kerska, byl nadšený a že studoval filozofii, bavil se mnou **o mém Kantovi a Schopenhauerovi** . . .' (293) (Ac mi arferai'r swyddog yna wnaeth roi i mi fy nhrwydded a'm pasbort ar gyfer Thessaloniki ddod i'm gweld bob mis yn Kersko; roedd o wrth ei fodd, a chan ei fod o'n fyfyriwr athroniaeth, roedd yn hoff o drafod fy Nghant a'm Schopenhauer efo fi.)

Neu adfer syniadau sy'n dod i gof wrth glywed enwau tebyg i Kierkegaard a Nietzsche gyda phresenoldeb corff byw, synhwyrus: '. . . tak jako Kierkegaard, tak jako Nietzsche, já, který mám plné oči slz a jsem zmáčený, tak jako ti, kteří vlastníma očima ochutnali slzný plyn, vlastním tělem náraz proudu vodního děla . . . (14) (. . . yn union fel fy Nghierkegaard i, yn union fel fy Nietzsche i, y fi, sydd hefo llygaid yn llawn dagrau ac wedi fy ngwlychu at fy nghroen, yn union fel y rheini wnaeth flasu'r nwy-ddagrau gyda'u llygaid eu hunain, a theimlo taro ffrydiau'r canon dŵr gyda'u cyrff eu hunain . . .) Mae yna dueddiad i ailadrodd darnau trofaus o'r fath trwy gydol yr ysgrifau. I gymryd un enghraifft ar hap, yn yr ysgrif 'Kouzelná flétna' (Y Ffliwt Hud) – sy'n ffurfio ysgrif ar wahân yn y gyfrol *Dopisy Dubence* nad yw wedi ei chyfeirio at Dubenka – mae'n sôn am Lao Tzu, Franz Kafka (4), Malte Laurids Brigge (2), Rainer Maria Rilke, y bardd Tsiec Konstantin Biebl, y peintiwr Štyrský, Schopenhauer, Seneca, y bardd Tsiec Nezval, Salvador Dali, y bardd Rwsiaidd Yesenin, Ercwlff (3), Promethiws (3), Kierkegaard (2), Nietzsche (2), y myfyriwr Tsiec Jan Palach, Oedipws Frenin, Heidegger, Van Gogh, Wlysses, Jan Hus, Einstein, Rudolf Steiner, Max Brod, T. S. Eliot a'r Bwda. Er y cyfeirir at nifer o'r ffigurau hyn fwy nag unwaith, ar y cyfan, nid yw eu hailymddangosiad yn y testun yn adeiladu ar yr un blaenorol. I'r gwrthwyneb, maent yn tueddu i fod yn ailadrodd unfath: diaros, gwibiol, ond hefyd unffurf, ac maent yn dod i'r wyneb yn y naratif fel cytgan, heb ddatblygiad, ac yn aml wedi eu cydgysylltu gyda chymal cymharol megis, 'yn union fel x' neu 'ac x hefyd . . . ' Mae'r darn sy'n dilyn (o 'Kouzelná flétna') yn nodweddiadol:

> . . . kolikrát jsem chtěl skočit z pátého patra, z toho mého bytu, kde mne bolí každá cimra, ale vždycky anděl mi v poslední chvíli zachrání, stáhne mi tak, jak chtěl z pátého patra skočit **můj** doktor Franz Kafka, tam z Maison Oppelt, kam se vchází ze Staromáku, ale pan doktor by dopadl za roh do Pařížské, taky ho asi bolel svět a bolel jej jeho život, tak jak chtěl taky z pátého patra skočit Malt Laurids Brigge, taky jej bolel v Paříži svět. Taky Brigga bolel celý svět, Rainera Maria Rilkeho taky.
> Uvítězil jsem se, dosáhl jsem vrcholu prázdnoty. Teďka to mám, co jsem si nadrobil, je tady. Konstantin Biebl skočil z okna, napřed ale si, a to bylo dávno předtím, nechal namalovat od Štýrského obraz, muže padajícího pozpátku z okna, jako když obrátíš stránku. Tak. A tatínek Arthura Schopenhauera skončil sebevraždou taky. A Seneca v Salamance taky. (10–11)

> (. . . faint o weithiau rwyf wedi teimlo fel neidio o'r pumed llawr, o'm fflat lle mae pob stafell yn brifo, ond yn ddiwahân ar y funud olaf mae fy angel gwarcheidiol yn f'achub, yn fy nhynnu'n ôl, yn union fel **fy** Herr Doktor Franz Kafka, oedd isio neidio o'r pumed llawr, o'r Maison Oppelt, gyda'i fynedfa ar Staroměstské náměsti, ond mi fyddai'r Herr Doktor wedi disgyn i ganol Pařížská, i Rodfa Paris, roedd yntau wedi ei frifo gan y byd, mae'n debyg, wedi ei frifo gan ei fywyd, fel Malte Laurids Brigge, oedd hefyd am neidio o'r pumed llawr, roedd yntau wedi ei frifo gan y byd ym Mharis. Roedd Brigge wedi ei frifo gan yr holl fyd hefyd, fel Rainer Maria Rilke.
> Rwyf wedi cael goruchafiaeth arnaf fy hun, rwyf wedi cyrraedd uchafbwynt gwacter. Nawr fod gen i yr hyn a greais i mi fy hun, mae o yma. Mi wnaeth y bardd Konstantin Biebl neidio o'r ffenest, ond yn gyntaf, ac mi roedd hyn gryn dipyn o amser cyn hynny, mi gafodd Štýrský i beintio darlun iddo fo, o ddyn yn disgyn am yn ôl allan o ffenest, yn union fel troi dalen llyfr. Ac mi wnaeth tad Arthur Schopenhauer hefyd ei ladd ei hun. A Seneca yn Salamanca hefyd.)

Yn ogystal ag ailadrodd strwythurau cystrawennol a chymalau cymharol, fel ag yn y dyfyniad hwn, mae defnydd Hrabal o ferfau yn y dilyniannau hyn sy'n ymddangos dro ar ôl tro, hefyd yn dueddol i aros heb newid. Yn y darn uchod, er enghraifft, mae'n defnyddio'r ferf 'bolí' (brifo) bron drwy gydol y darn tra'n ailadrodd thema'r hunanladdiad pumed llawr. Mae'r motiff hwn yn dod i'r wyneb nifer o weithiau, gan ddilyn fwy neu lai yr un cyfuniadau cystrawennol, ac yn aml mae pethau'n cael eu datgan fel petaent yn cael eu mynegi am y tro cyntaf, gyda dim ond newid bychan yn y modd y'u mynegir:

ale když jsem se dočetl, že Kafka chtěl skočit z pátého patra tam, kde bydlel, Maison Oppelt, velkoobchod s vínem, který skladoval pod Staromákem na sedum set tisíc lahví vzácných vín, když jsem se dočetl, že Malt Laurids Brigge taky bydlel v Paříži v pátém patře, když jsem se o těch pátých patrech dozvěděl, odložil jsem ten svůj skok z okna . . . (14)

(pan ddarllenais fod Kafka wedi bod isio neidio o bumed llawr y tŷ lle roedd yn byw, y Maison Oppelt, tŷ cyfanwerthwr gwin gyda hyd at saith can mil o boteli gwerthfawr o win wedi eu storio o dan sgwâr yr hen dref, pan ddarllenais fod Malte Laurids Brigge hefyd yn byw ym Mharis ar y pumed llawr, pan ddeallais am y gwahanol loriau pumed llawr yma, mi wnes i ohirio fy naid o'r ffenest . . .)

ac eto:

a tak jsem šel a Pařížká třída už byla tichá, projel esenbácký vůz, tichounce zastavil, vystoupil příslušník a za stírače aut tichounce kladl předvolání těm, kteří stáli tam, kde je stání zakázáno, pak tichounce reflektory zahnuly k Maison Oppelt, odkud z pátého patra chtěl jednou skočit Franz Kafka . . . (17)

(mi es i ffwrdd ac roedd Pařížká yn dawel rŵan, mi aeth fan yr heddlu heibio, mi stopiodd yn dawel, mi ddaeth y swyddog allan a gosod gwŷs yn dawel o dan bendiliau glaw y ceir oedd wedi eu parcio lle na ddylsent fod, ac yna mi symudodd golau'r car ymlaen yn dawel i gyfeiriad y Maison Oppelt, lle roedd Franz Kafka unwaith isio neidio o'r pumed llawr . . .)

Er bod y gyfeiriadaeth yn eang ac eclectig, yn eironig, mae'n dueddol i gael ei datgan heb fawr o gyd-destun, os o gwbl. Rwyf yn dweud eironig gan fod y diffyg cyd-destun hwn yn deuddol o gael yr effaith o gyflwyno'r cyfeiriadau fel pe na bai modd negodi â hwy, fel petaent yn croes-ddweud y naratif sydd fel arall yn hyblyg. Maent yn dod wedi eu pacio'n barod, er gwaetha'r modd y'u hamgylchynir gan naratif sydd yn rhoi'r argraff o lifo, o fod yn hyblyg. Wrth gwrs, gellir cyfiawnhau hyn gan y ffaith fod yr ysgrifau yn eu cyflwyno eu hunain fel naratif personol i ryw raddau, yn hytrach na naratif cyhoeddus – wedi'r cyfan mae hyd yn oed yr ysgrifau sydd ddim yn eu cyflwyno eu hunain fel llythyrau at Dubenka wedi eu dosbarthu efo'i gilydd o dan yr un teitl, yn yr un gyfrol – *Dopisy Dubence* (Llythyrau at Dubenka). Serch hynny, canlyniad hyn yn ddiwahân yw eu bod yn sefyll yn y naratif fel tyrau symbolaidd fel petaent yn ddigymal, wedi eu cerfio o un darn, gan amddifadu'r darllenydd o unrhyw bwynt mynediad i'r naratif, ac felly o unrhyw ymwneud disgyrsaidd â hwy. Atgyfnerthir yr effaith hon gan y modd y'u cyhoeddir ar ffurf cytgan yn y naratif. Mae'r ychydig gynnwys cysyniadol sydd iddynt ar y cychwyn (a pheidier ag anghofio fod y cyfeiriadau fwy na heb at ddeallusion neu feddylwyr o ryw fath neu'i gilydd) yn cael ei golli yn effaith tebyg i drans y strwythur ailadroddllyd sy'n gyd-destun iddynt. Yn yr un modd, mae'r athronwyr a ddygir yn chwim i mewn ac allan o'r naratif, yno, nid oherwydd eu gallu i greu systemau rhesymegol, ond fel cyfanweithiau esthetig, er mwyn iddynt gynrychioli trwy gyfrwng eu synwyrusrwydd.

Mewn geiriau eraill, hyd yma, ac yn ôl y darlleniad hwn, mae fersiwn Hrabal o'r rhyddfrydiaeth y mae *Dopisy Dubence* i'w weld yn dadlau o'i phlaid, ymhell o fod yn ddemocrataidd, ac yn sicr ddim yn ryddfrydiaeth sydd yn cydnabod cysyniadau a thrafodaeth. Hyd yma, mae'n wrthddeallusol, emosiynol ac yn nes at ideoleg na gwleidyddiaeth: cyfuniad addas iawn petaem yn tanysgrifio i'r diléit beirniadol cyfredol i ddal yr esthetig ac ideoleg *en flagrant délit*.

Yr esthetig ac ideoleg
Petaem yn gweithio'n ffordd drwy'r testun yn ôl darlleniad Marcsaidd Eagletonaidd, mi fyddem, yn wir, yn darllen y cyffyrddiadau hyn rhwng yr esthetig (wedi ei dynnu i'r wyneb yma gan arddull gydgysylltiol a *non-sequitur* yr ysgrifau, ac yn y rôl weithredol a roddir i lenyddiaeth yn y naratif) a gwleidyddiaeth yng ngwaith Hrabal fel cadarnhad o gymeriad llechwraidd yr esthetig, a'i agosatrwydd strwythurol at ideoleg. Yn ei ddadansoddiad o ddelweddaeth Gantaidd yn *The Ideology of the Aesthetic*, dyma'r hyn sydd gan Eagleton i'w ddweud am yr esthetig mewn perthynas ag ideoleg:

> To judge aesthetically is implicitly to declare that a wholy subjective response is of the kind that every individual must necessarily experience, one that must elicit spontaneous agreement from them all ... The aesthetic, one might argue, is in this sense the very paradigm of the ideological. For the peculiarity of ideological propositions might be summarized by claiming, with some exaggeration, that there is in fact no such thing as an ideological proposition. Like aesthetic judgements for Kant, ideological utterances conceal an essentially emotive content within a referential form, characterizing the lived relation of a speaker to the world in the act of appearing to characterize the world.'[53]

Mewn geiriau eraill, mae'r esthetig yn ddyfeisgar, nid yn ddidwyll. Yn yr un modd, gellid dadlau bod modd crynhoi method ysgrifau Hrabal – nid o angenrheidrwydd, wrth gwrs, yn fethod ymwybodol – fel strategaethau esthetig sydd wedi eu mobileiddio i gyfiawnhau ac ymorol am help y darllenydd yng ngwleidyddiaeth benodol *laissez-faire* yr ysgrifau, trwy gyfrwng eisin rhyddid personol. Er nad yw arddull *non-sequitur*, neidiadau yn y naratif, a'r diffyg parch at gydbwysedd strwythurol neu eglurdeb, yn gorwedd yn esmwyth gyda'r esthetig Kantaidd lle mae'r cyneddfau'n chwarae'n rhydd ac yn gynganeddol, heb ddiddordebau, mewn un ystyr, mae'r ymosodiad ffrantig ac emosiynol ar y synhwyrau y mae ei ysgrifennu'n ei gynhyrchu yn ein hatgoffa ni o'r hyn a ddisgrifir gan Isobel Armstrong fel 'scene of seduction' ideoleg – 'hegemony bringing on the dancing girls'.[54] Mewn geiriau eraill, mae'r digymhellrwydd hwn a'i effeithiau yn cario (gwrth-)wleidyddiaeth Hrabal, heb gyfrwng cysyniadol, i galon ei ddarllenydd. Yn y modd hwn, maent yn debygol iawn o gael eu treulio heb fygythiad pellter beirniadol sy'n cael ei gynhyrchu gan gysyniadau diffiniedig.

Ar un olwg mae'r argraff hon o destun digymell yn rhan o gynllun Hrabal i ysgrifennu yn erbyn yr artistig, lle mae cyfeiriadaeth heb ei hegluro, yn ysbryd celfyddyd 'barod' Duchamp, yn rhan o'i atyniad at yr hyn sy'n *banal*, yn naïf. Yr enghraifft fwyaf adnabyddus o hyn yw ei nofel fer, *Příliš Hlučná Samota*, 1976 (Unigrwydd Rhy Swnllyd), sydd mewn gwirionedd yn darllen fel ysgrif:

> jsem proti své vůli vzdělán, a tak vlastně ani nevím, které myšlenky jsou moje a ze mne a které jsem vyčetl, a tak za těch třicet pět let jsem propojil se sám se sebou a světem okolo mne, protože já když čtu vlastně nečtu, já si naberu do zobáčku krásnou větu a cucám ji jako bonbon, jako bych popíjel skleničku likéru tak dlouho, až ta myšlénka se ve mně rozplývá tak jako alcohol, tak dlou se do mne vstřebává, až je nejen v mým mozku a srdci, ale hrká mými žlami až do kořínků cév.[55]

> (mi gefais fy addysg mewn modd digymell i'r graddau na fedraf ddweud pa feddyliau sy'n perthyn i mi a pha rai sy'n perthyn i'm llyfrau, ond dyna sut rwyf wedi aros yn agored i mi fy hunan ac i'r byd o'm cwmpas dros y pymtheng mlynedd ar hugain diwethaf. Oherwydd pan rwy'n darllen, tydw i ddim mewn gwirionedd yn darllen; rwy'n rhoi brawddeg brydferth yn fy ngheg ac yn ei sugno fel da-da, neu rwy'n ei sugno fel *apéritif* nes bod y syniad yn toddi ynof fel alcohol, yn trochi f'ymennydd am calon ac yn cwrsio'i ffordd trwy fy ngwythiennau i wraidd pob un o'm rhydweliau gwaed.)

Mae darganfyddiadau'n dod i'r wyneb wrth ysgrifennu lle mae bywyd wrthi'n digwydd yn barhaus, ddim yn annhebyg i ffuglen hunanfywgraffyddol neu ysgrifennu awtomatig. Mae goruchafiaeth nodweddiadol Hrabal o'r ystrydebol a'r swreal hefyd, wrth gwrs, yn tanseilio'r ymgais i ddarganfod unrhyw ystyr wleidyddol o bwys yn ei destunau.

Er y gallai hyn swnio yn syml fel ymdrech athroniaeth i drafod rhethreg, mae darlleniad o'r fath yn atyniadol, os rhyfaint yn eironig, o gofio cyd-destun hanesyddol a gwleidyddol yr ysgrifau. Mae hoffter Hrabal o ymlwybro, a hynny mewn modd proffidiol, rhwng y personol neu'r penodol ar y naill law, a'r cyffredinol ar y llaw arall, gyda'i ailadrodd parhaus o amneidiadau anfeirniadol a mesmeredig megis cytganau hunangyfiawn o'r math a ddisgrifir uchod, nad ydynt yn cael eu datblygu na'u hegluro, yn disgyn yn rhwydd i ddwylo *critique* Marcsaidd o estheteg Kantaidd. Ysgrifenna Eagleton eto:

> Some of the pleasure of the aesthetic . . . arises from a quick sense of the world's delightful conformity to our capacities: instead of pressing ahead to subsume to some concept the sensuous manifold we confront, we just reap enjoyment from the general formal possibility of doing so. The imagination creates a purposive synthesis, but without feeling the need for a theoretical detour.[56]

Yn ôl y dehongoliad hwn o'r model Kantaidd, nid yw dyfarniadau esthetig yn ymwneud â chysyniadau diffiniedig, ac o ganlyniad fe'n suir i ffwrdd oddi wrth ymwneud gweithredol ein cyneddfau beirniadol gan ryw synnwyr o gonsensws strwythurol neu ffurfiol sy'n mesmereiddio ac sydd o flaen ei amser, sy'n rhydd o gynnwys concrid neu ymarferol. Yn yr ystyr honno, byddai Eagleton yn dadlau, mae'r esthetig (neu i fod yn fanwl 'the modern notion of the aesthetic artefact') yn llawiach ag ideoleg, ac felly'n antithesis i wleidyddiaeth radical.[57]

Mae dehongliad o'r fath yn dod yn gymharol rwydd o fewn traddodiad sydd, er gwaethaf (neu efallai fel adwaith yn erbyn) natur chwareus dadadeiladaeth, yn ystyried drygioni testunol gydag amheuaeth. Efallai fy mod yn meddwl yn arbennig yma am geidwadaeth a methiant llawer o feirniadaeth lenyddol Tsiec (a hefyd, Cymraeg) i ymwneud neu hyd yn oed ddeall trawsffurfiad y ddisgyblaeth gan strwythuraeth. Wrth gwrs, wrth ymwneud â'r ysgrifol, mae Hrabal yn tynnu sylw at yr union natur ddrygionus yma a'r angerdd at ysgrifennu *alla prima*, yn ddigymell ac yn ymddangosiadol heb adolygu; yr angerdd at gadwyni o gystrawennau paratactig lle mae'r cysylltiadau rhwng cymalau yn cael eu gadael heb amhariad. Mae hyn oherwydd fod y llais naratif yn yr ysgrif a ffurfiau perthynol, er enghraifft llythyrau, gan amlaf yn uniongyrchol ac yn cael ei gyflwyno fel un yr awdur, nid trwy gyfrwng cymeriadau, fel petai'r adroddwr yn gymeriad ei hun; nid yw'r testun yn cael ei gyflwyno fel llenyddiaeth bur lle mae'r prif ffocws yn cael ei roi ar ddiddanu, ac felly, nid yw sylw beirniadol y darllenydd yn barod 'oddi mewn' i lenyddiaeth, ond yn ymateb i'r elfennau arddull chwareus o gyd-destun ysgrifennu disgyrsaidd mwy uniongyrchol. Canlyniad hyn yw fod yna dueddiad i ddarllen arddull chwareus yn syml fel crwydrad – nodwedd lenyddol – heb geisio mynd ymhellach a datgymalu yr un arddull. Mewn geiriau eraill, wrth adnabod yr arddull fel un lenyddol, mae'r darllenydd eisoes yn gwneud un cam analytig neu feirniadol, a chan fod darllenwyr yn dueddol i fod yn ddiog, fwy na heb rydym eisoes wedi ein boddhau gyda cham o'r fath, ac felly'n anfodlon i symud tu hwnt i'r adnabyddiad 'A! mae o'n bod yn llenyddol nawr.'

Hoffwn nawr droi i edrych yn fanylach ar yr union chwareuster hwn a cheisio penderfynu beth sydd yn mynd ymlaen yn semantaidd ac yn gystrawennol yn ysgrifau Hrabal, i geisio penderfynu a yw trafodaeth fanwl fel hyn yn dod â ni at rywbeth amgenach na'r darlun Eagleton-aidd Farcsaidd o'r esthetig fel rhywbeth sydd yn toddi'r ffin rhwng categorïau; i weld beth mae'n gallu'i ddweud wrthym am y ffordd y mae'r esthetig a'r gwleidyddol yn ymwneud â'i gilydd. Ai *stasis* meddwl a gyrhaeddir, neu a yw hoffter Hrabal o garnifalau testunol mewn gwirionedd yn rhoi cyfle delfrydol i'r esthetig ddangos ei botensial fel categori sy'n atgyfnerthu, sy'n gallu creu eiliadau cynhyrchiol o ffrithiant a gwrthiant – sydd yn radical, yn y pen draw? Mae'r darlleniad uchod, sy'n canolbwyntio ar gadw *continuum* yn y naratif, a chyda'i law anorfod lân yn adnabod a thrychu patrymau gwrthgyferbyniol, yn ym-ddangos yn rhy daclus i awgrymu mai dyma'r darlleniad mwyaf cynhyrchiol o ysgrifau Hrabal – yn siomedig o uniongrychol a rhwydd ar ôl hwyl chwareus ei ysgrifennu.

Fel yr wyf eisoes wedi amlinellu, ar yr wyneb, wrth ddarllen ysgrifau Hrabal, ceir argraff o naratif rhy ffrenetaidd, o naratif sy'n cael ei sylw wedi ei dynnu yn rhy rwydd i fod yn un sydd â'r hunanfeddiant angen-rheidiol i ymwneud ag unhryw weithred ddifrifol o berswâd gwleidyddol, dim ots pa mor gyfrwys. Pan nad yw yng nghanol gwewyr y felan, mae Hrabal fel petai'n meddwi ar eiriau, yn mwynhau hyblygrwydd iaith i'r eithaf, gan ei physgota orau y gall. Mae'r effaith synhwyrus hon o fod yn ddigyfeiriad yn rhannol yn ganlyniad i'w gystrawen (brawddegau anghyflawn, cymalau paratactig), ac yn rhannol yn ganlyniad i'w hoffter o ddefnyddio – heb eu dadbacio – raddfeydd cyfain o gyfeiriadau athronyddol fel cerrig llam, a'i hoffter o symud o adrodd digwyddiadau yn eu hamser yn y gorffennol i'w hamser yn y presennol. Mae'r rhain yn cyfuno i greu argraff o allu ysbrydoledig (neu, gan ddibynnu ar hwyliau rhywun, ddarlleniad anghyfforddus), yn rhy fyrbwyll i awgrymu agenda gwleidyddol cydwybodol, hyd yn oed mewn ystyr lac. Oni bai, wrth gwrs, ein bod yn mynd am y darlleniad Eagletonaidd Farcsaidd sy'n datblygu o'r hypothesis fod posibilrwydd i ideoleg a'r esthetig rannu'r un strwythur, a'u bod, mewn rhai achosion, yn gyfnewidiol. Fel y gwelsom, mi gynhyrchodd hyn ddarlleniad sy'n gweithio fel dadorchuddiad; yn yr ystyr honno, mae'n ddarlleniad negyddol, gyda'r bwriad o ddadwisgo'r rhith. Does dim yn dadrithio mwy, yn croesddweud ein syniad o'r hyn sydd yn unigryw i lenyddiaeth, sef ei gymeriad fel locws gwrthsafiadau yn erbyn penderfyniadaeth ideolegol, a'r gobaith y byddwn yn cael ein cymell, trwy gymhariaeth, i ystyried statws dros-dro rhithiau cyffredin eraill sy'n eu gosod eu hunain fel gwirioneddau.

Mewn geiriau eraill, dyma sydd yn fy mherswadio i ddyfalbarhau, i geisio symud y tu hwnt i ddehongliad o'r fath, ynghyd â'r sylweddoliad pwysig fod darlleniad felly yn methu â rhoi cyfrif am hoenusrwydd a rhwyllwaith cywrain ysgrifennu Hrabal.

* * *

Hoffwn yn awr awgrymu y gallai fod yna rôl arall, fwy cynhyrchiol i dyrau symbolaidd caeedig Hrabal, a bod yr ymdriniaeth hon o'i destun yn cael ei hawgrymu gan ei wyriant at yr amser presennol, yn yr awydd a fynegir drosodd a throsodd i ddramateiddio digwyddiadau fel petaent yn y broses o ddigwydd; yn yr argraff ddigymell a geir o'i ysgrifennu. Nid yw'r awydd hwn, serch hynny, yn cael ei wireddu bob amser (mewn naratif go-iawn yn yr amser presennol) ond fe'i amlinellir mewn ystumiau sy'n awgrymu naratifau y mae Hrabal fel adroddwr yn rhan weithredol ohonynt, hyd yn oed os nad o fewn yr ysgrifau hyn, a basiwyd iddo, gan, ymysg eraill, 'opilci' sydd yn rhoi iddo 'útržky svých vět, jako by žili pro mne, jako by to, co mi řekli, strádali jen pro mne, aby mne potěšili, nebo zranili . . .' (meddwon [sydd] yn rhoi i mi eu darnau o frawddegau, fel petaent ond yn byw er mwyn arbed y tameidiau hyn yn arbennig i'm plesio, neu i'm brifo . . .). Mae'n aml yn siarad amdano ei hun fel petai'n cael ei gymell i orffen naratifau neu ddelweddau anorffenedig a adewir iddo, fel y gwelsom yn y testun a ddyfynnwyd yn gynharach: 'Tak sedím v té mé pojízdné zpovědnici a musím domyslet obrazy, které mne navštěvují, které jsem slyšel vyprávět, a najednou, aby mi ještě víc bolela ta moje místnost, kde spím, aby bolel mne celý svět . . . ('Kouzelná flétna' yn Listopadový uragán, 11–12) (Ac wedyn rwyf yn eistedd fan hyn yn fy nghyffesdaith, yn cael fy ngorfodi i orffen dychmygu y delweddau yma sydd yn taro arnaf, delweddau rwyf yn clywed pobl yn eu hadrodd, a nawr, yn sydyn, mae'n gwneud i'r lle yna sydd gen i, lle rwy'n cysgu, frifo hyd yn oed fwy, mae'n gwneud i'r holl fyd frifo . . .) Mae'r gorffennol neu ddigwyddiadau y mae eu naratif ar ben ac yn berffaith yn yr ystyr ramadegol hefyd yn cael eu cyflwyno fel pethau sydd â photensial i gael eu hailgynnau. Mae'r egwyddor hon yn sylfaenol i'r ysgrif, 'Veřejná sebevražda' (Hunanladdiad Cyhoeddus), unwaith eto o 'Listopadový uragán' (Corwynt Tachwedd) lle ceir delwedd o gromen y rotwnda yn Budeč ac esgyrn cannoedd o genedlaethau o golomennod – colomennod sydd, pan yn synhwyro bod eu hamser wedi dod, 'tak sletí si umřít do té kupole, za několik století jich tam je, vespod už jen humus, guano, a tam v té okrouhlé kupoli to plusquamperfektum holubích generací se vrství přes imperfektum až po holubí peří a kosti loňského roku . . .' (31) (yn hedfan i'r gromen i farw. Ceir sawl llond canrif ohonynt yno, yn ddwfn o dan ddim ond hwmws, *guano*, haen ar ben haen o genedlaethau o golomennod yn y gromen gron yna, yn codi o'r amser gorberffaith trwy'r amser amherffaith i blu ac esgyrn colomennod y flwyddyn a aeth heibio . . .)

Yn y cyfamser, mae Hrabal yr adroddwr yn cael ei gyflwyno fel un cyfochrog â'r ddelwedd hon, ac yn cael ei liniaru ganddi ar yr un pryd, lle mae ei allu i ailgynnau ei blentyndod yn cael ei newid gan ddeinamig blaen-symudol (yn hytrach na'r dynamig ôl-symudol mwy arferol y weithred o gofio) yr amserau perffaith yn codi trwy hwmws y colomennod: 'Tak jsem ted' já, který jsem natolik zestárl, že žiji a sytím se vzpomínkami na svoje dětství, tak nějak ty moje vrstvy jsou v obrácených vrstvách té holubičí tumby v Budči, stačí, že zavřu oči, a vracím se až tam nazpátek, až do Židenic . . .' (31) (A fi ydi hwnnw, yr un sydd wedi heneiddio cymaint fel fy mod yn byw ac yn bwydo ar atgofion plentyndod. Mae'r haenau hyn sy'n perthyn i mi yn bodoli rywsut yn haenau diflanedig bedd y colomennod yn Budeč . . .)

Mae'r awydd cyfansawdd hwn i symud i mewn i amser presennol naratif digwyddiadau yn rhwystro'r naratif rhag oedi'n ddigon hir i gael ei leihau mewn ystyr – fel petai Hrabal yn benderfynol o wrthod gadael i'r hyn sy'n digwydd 'gael ei leihau yn hyn a ddigwyddodd'. Fe adleisir hyn, wrth gwrs, fel y gwelsom, yn hoffter yr ysgrifau o gyfeiriadaeth ddiwylliannol fawr a beiddgar, a adewir i sefyll yn y naratif heb unrhyw ymhelaethu. Mewn geiriau eraill, yn y cyswllt hwn, gellid gweld y cyfeiriadau hyn fel symbolau gwag a adewir i sefyll yn y naratif, ac unrhyw ddigwydd arall yn gorfod dod o hyd i'w ffordd o'u cwmpas; symbolau ydynt sydd yn gwrthod cael eu dadbacio a'u cyfaddawdu gan y cymhelliad sy'n nofio o'u hamgylch i adeiladu straeon cryno ac ystyrlon.

Mae'r hoffter yma o fynd dan groen digwyddiadau, i ddod, neu o leiaf, i fod â'r potensial i ddod, yn rhan annatod o'u gwireddiad, ac felly, mewn rhyw ystyr, eu clymu wrth foment eu digwydd, i ffwrdd oddi wrth gymeriad diffiniadwy, mwy cyfyngedig a rhwymedig yr amser gorffennol, yn cyd-fynd â'r modd yr ymdrinnir â gwleidyddiaeth. Fel y gwelsom eisoes, yn aml cymerir lle gweithredu gwleidyddol (a fyddai, o reidrwydd, yn fath penodol o weithredu) gan gynnig Hrabal i gynhyrchu llenyddiaeth, ac fe'i cyflwynir ymhellach, ar ffurf esgus ar gyfer ysgrifennu creadigol Hrabal (Listopadový uragán, Několik vět). Gellid gweld hyn fel un ffordd arall o droi digwyddiadau i'w hamser naratif presennol, ac fel ffordd ar gyfer Hrabal i'w osod ei hun ynddynt fel rhan annatod weithredol yn y broses o'u gwireddu. Ceir elfen debyg yng ngwaith Twm Morys, yn yr agweddau y gellid eu disgrifio fel rhai meta-farddonol yn ei waith, er enghraifft yn y cywydd 'Mam am y Bwrdd â Mi' a nifer o'i gywyddion byrion, lle mae'n canolbwyntio ar eiliad y 'genesis' llenyddol.[58] Yn 'Několik vět' (Ychydig Frawddegau), mae'n goleddfu'r arwyddion hyn gyda'r sylw mai'r testunau sydd agosaf at ei galon yw'r rhai hynny nad ydynt yn rhan o'r broses o'u trawsnewid i'r amser gorffennol, yn destunau 'a ddigwyddodd', y byddai hyd yn oed bod yn rhan ond o'u hamser presennol wrth iddynt gael eu gwireddu yn ormod, fel petai'n ddigon i'w lleihau i'w hamser naratif gorffennol, ac felly, yn naratif sydd wedi ei sefydlogi, yn agored o'r herwydd i driniaeth semantaidd:

> jak mne to učil Rainer Maria Rilke, v Maltovi . . . je lépe jisté texty uložit raději za roh, zavést k nim zápalnou šňůru a pak, jistou chvíli, je lepší zapálit tu šňůru a raději utéci od obsahů jistých textů, protože pro mne je nejmilejší ten text, který jsem napsal tak, že mne leká, že se jej bojím . . . (62)[59]

(mae hyd yn oed yn wir, fel y dysgais gan *Malte Laurids Brigge* Rainer Maria Rilke, ei bod weithiau'n well cadw rhai testunau wedi eu cuddio rownd y gornel, o'r golwg, mae'n well mynd â ffiws atynt, ac yna, cynnau'r papur a rhedeg i ffwrdd oddi wrth y cynnwys – oherwydd y testunau hynny sydd fwyaf annwyl gen i yw'r rhai hynny a ysgrifennais yn y fath ffordd fel eu bod yn fy nychryn, yn codi ofn arnaf . . .)

Ar y cyd, mae'r tueddiadau hyn yn atgyfnerthu'r argraff a geir o ddiffyg parodrwydd i ymwneud â disgwrs neu weithredoedd penodedig oherwydd eu bod ar ben, ac felly'n agored i driniaeth deg. Ond maent hefyd yn goleddfu'r argraff hon. Yn hytrach na chael ein gadael gyda'r argraff o Hrabal yr adroddwr fel rhywun sy'n rhy ddiog a gwan i gymryd rhan yn y wleidyddiaeth feiddgar sydd yn ei amgylchynu ar ffurf digwyddiadau 1989 a'u canlyniadau, mae'r adegau hyn a geir o bwysleisio'r anghyflawn, o ailffocysu ar adegau sydd ar fin digwydd, ar adegau sydd yn y broses o ddigwydd, yn rhoi'r pwyslais ar y toredig, y penodol, yr anorffenedig, ar ddiffyg parodrwydd i fod yn rhan o unrhyw beth a allai awgrymu naratif mawr, dim ots pa mor fyr-dymor. Mewn geiriau eraill, mae'n bosib y gallent gyflwyno gwleidyddiaeth *laissez-faire* Hrabal a'i ryddfrydiaeth gyfforddus mewn golau gwahanol: Hrabal, nid fel rhywun llwfr yn ceisio dod o hyd i ffordd o gyfiawnhau ei ddiffyg gwrthsafiad gwleidyddol, ond fel rhywun sydd efallai'n cael ei atynnu gan y concrid yn hytrach na'r cyffredinol, y penodol ar draul yr holl-gyffredinol, ac felly – efallai mai dyma'r elfen fwyaf cynhyrchiol, ac yn benodol trwy beidio â chyflwyno'r darllenydd gyda naratif gorffenedig, synthetig – yn cymell rhywun i fynd yn ôl i edrych ar bethau drosom ein hunain. Mae ein deisyfiad naturiol am gydlyniad a chysondeb yn ein cymell i weithio drwy'r ysgyrion naratif hyn drosom ein hunain. Fel darllenwyr Hrabal, ymhell o gael ein dofi gan destun emosiynol a gwrth-ddeallusol, rydym yn ein cael ein hunain yn gorfod negodi rhwng, ar y naill law, y cysur anfoddhaol o gael ein suo gan ymarferiad ideolegol ar lun yr esthetig, ac ar y llaw arall, y posibilrwydd blinderus ond ffafriol y gallem fod yn cael ein cymell i feddwl yn weithredol, drosom ein hunain, gan y ffocws di-baid hwn ar naratif anorffenedig.

* * *

Hyd yma, felly, mae'n ymddangos y byddai'r ysgrifau hyn yn disgyn yn rhwydd i ddwylo categoreiddio ôl-fodern, neu efallai'n fwy penodol, ôl-strwythurol. Ceir chwarae testunol sy'n creu arddull idiosyncrataidd: mae hoffter Hrabal o ôl-nodiadau sydd yn tanseilio yn enghraifft glasurol, fel ar ddiwedd 'Veřejná sebevražda' (Hunanladdiad cyhoeddus): 'Inteligentní čtenář jistě pochopil, že jméno Viklef je třeba nahradit jménem Kalvím (a to ještě s rezervou) (53) (Fel y gall y darllenydd deallus fod wedi sylwi, dylid cyfnewid Wycliffe yn y testun gyda Calvin (a hynny hefyd gyda phinsiaid o halen)). Daw 'Mešuge Stunde' gyda 'Tisková oprava' – *corrigendum*: mae Hrabal yn ymddiheuro am ddrysu enw'r actores yn *One Hundred Men and a Girl* ond â ymlaen wedyn i ddweud: 'Ovšem! Ta moje fikce je mi milejší, protože je nepravděpodobnější, a tedy krásnější.' (210) (Wrth gwrs! Mae'r ffuglen hon yn llawer nes at fy nghalon o fod yn llai gwir, ac felly'n fwy prydferth). Fel ag yn yr ysgrifau 'Codi Sgwarnogod' a 'Bob Dalen ar Benillion', nid yw cywirdeb ddim mor bwysig â gwneud i bethau ffitio efo'i gilydd mewn ffordd artistig. Ceir hefyd ymddihatriad dro ar ôl tro oddi wrth y posibilrwydd o gynnal gwleidyddiaeth gyson, a gogwydd at y goddrychol, a gwrthwynebiad i ddisgwrs trosfwaol sy'n ensynio siarad y gwir. Fel y gwelsom yn fyr, fe awgrymir hyn yn aml gan bwyslais Hrabal yn yr ysgrifau ar y personol, a'i dueddiad i ddad-wneud unrhyw awgrym o synthesis gwleidyddol trwy ei ymgais i dynnu'r naratif yn ôl i'w brofiadau concrid ei hun, neu bersonoli cyfeiriadaeth, a fyddai, fel arall, yn anferth ei sgôp. Dylid gweld y brwydro hwn yn erbyn cydymffurfiaeth wleidyddol yng nghyd-destun yr hyn y cyfeirir ato gan Jerzy Szacki fel 'collectivist individualism', y gydymffurfiaeth gymdeithasol a ddatblygodd o'r cyfosodiad deuol rhwng y Wladwriaeth a'r rhai a wrthwynebai'r Wladwriaeth yn Tsiecoslofacia yn y cyfnod Comiwnyddol, lle 'virtue was not so much to be different from what the state wanted as to be like others who refused to submit to its dictate', lle mae 'anti-state individualism' yn 'prosocial expression' *'par excellence'*.[60]

* * *

Mae tueddiad Hrabal i osgoi naratifau gorffenedig – a awgrymir gan ei ymgais i'w osod ei hun oddi mewn iddynt ac felly eu tynnu'n ôl i'r amser presennol; gan arddull naratif wasgaredig, a natur ysgubol o ddigymell ei ysgrifennu – yn dwyn i gof gysyniad y Ffrancwr Jean-François Lyotard o *petits récits* (naratifau bychain) a'r dyrchafedig.

Yr ysgogiad wrth wraidd athroniaeth Lyotard yw *critique* o'r athronydd gwleidyddol Jürgen Habermas a meta-naratifau:

> Ce que demande Habermas aux arts et à l'expérience qu'ils procurent, c'est en somme de jeter un pont au-dessus de l'abîme qui sépare le discourse de la connaissance, celui de l'éthique et celui de la politique, et de frayer ainsi un passage à une unité de l'expérience.[61]

(Mae Habermas yn disgwyl i'r celfyddydau a'r profiadau y maent yn eu cynnig bontio'r gwagle rhwng disgyrsiau gwybyddol, moesol a gwleidyddol, ac felly agor y ffordd at undod profiad.)

Mae ei drafodaeth ar gyflwr epistemolegol yr ôl-fodern yn *La Condition postmoderne* – astudiaeth o amodau gwybodaeth yn y cymdeithasau hynny sydd fwyaf datblygedig ('la condition du savoir dans les sociétés les plus développées', 7) yn diffinio'r ôl-fodern fel 'l'incredulité a l'égard des métarécits' (anghrediniaeth ynglŷn â metanaratifau).[62] Mae'n dadlau bod troi at fetanaratifau fel modd i gyfiawnhau a chyfreithloni (er enghraifft trwy apêl at ddaioni mwy, a ystyrir fwy na heb fel cyfoeth uwch) yn mynd yn fwy ac yn fwy di-ddal:

> La fonction narrative perd ses foncteurs, le grand héros, les grands périls, les grands périples et le grand but. Elle se disperse en nuages d'éléments langagiers narratifs, mais aussi dénotatifs, prescriptifs, desriptifs, etc., chacun véhiculant avec soi des valences pragmatiques *sui generis*. Chacun de nous vit aux carrefours de beaucoup de celles-ci. Nous ne formons pas des combinaisons langagières stables nécessairement, et les propriétés de celles que nous formons ne sont pas nécessairement communicables.
>
> Ainsi la société qui vient relève moins d'une anthropologie newtonienne (comme le structuralisme ou la théorie des systèmes) et davantage d'une pragmatique des particules langagières. Il y a beaucoup de jeux de langage différents, c'est l'hétérogénéité des éléments. Ils ne donnent lieu à institution que par plaques, c'est le déterminisme local.[63]

(Mae ffwythiant neu weithrediad naratif yn colli ei weithredyddion, ei arwr mawr, ei beryglon mawr, ei deithiau mawr, ei nod mawr. Mae'n cael ei wasgaru mewn cymylau o elfennau iaith naratif, ond hefyd, dangosiadol, rhagysgrifiadol, disgrifiadol, ac ati. Fe fynegir ym mhob cwmwl falensïau pragmataidd penodol. Mae pob un ohonom yn byw ar groesffordd llawer o'r rhain. Serch hynny, nid ydym o angenrheidrwydd yn sefydlu cyfuniadau iaith sefydlog, ac nid yw nodweddion y rhai yr ydym yn eu sefydlu o angenrheidrwydd yn gallu cael eu mynegi, neu'n drosglwyddadwy.

Yn y modd hwn mae cymdeithas y dyfodol yn disgyn yn libart pragmatiaeth geirynnau iaith yn fwy nag yn libart anthropoleg Newtonaidd (megis strwythuraeth neu theori systemau). Ceir nifer o wahanol gemau iaith – heterogeneaeth elfennau. Dim ond mewn patsys y maent yn rhoi bod i sefydliadau, sef penderfyniaeth leol.)

Fel yr awgrymir efallai gan y modd y mae'r naratif wedi ei dorri'n ddarnau llai yn y darn uchod, mae Lyotard yn hyrwyddo ailffocysu ar anghytgord (yn hytrach na chonsensws trwy ddeialog Habermas) fel modd i hybu dyfeisgarwch: 'Le savoir postmoderne n'est pas seulement l'instrument des pouvoirs. Il raffine notre sensibilité aux différences et renforce notre capacité de supporter l'incommensurable. Lui-même ne trouve pas sa raison dans l'homologie des experts, mais dans la paralogie des inventeurs.'[64] (Nid yw gwybodaeth ôl-fodern yn ddim ond twlsyn yr awdurdodau; mae'n dod â chymhlethdod i'n sensitifrwydd i wahaniaethau ac yn atgyfnerthu ein gallu i ddioddef yr hyn sydd tu hwnt i fesur. Ei egwyddor yw nid homologi'r arbenigwr, ond paralogi'r dyfeisiwr.)

Fe ddatblygir hyn ymhellach yng nghysyniad Lyotard o *petits récits* lle mae'n ceisio rhyddhau naratif o'i gyflwr fel cyfrwng. Fe grewyd y cysyniad o *petits récits* a'u gwerthfawrogi am eu gallu i roi lle ac i aflonyddu ar y posibilrwydd o naratif ar yr un pryd. Mae'r syniad o gyfosodiad mewn cyfres yn sylfaenol yma: fod y *petits récits* yma yn dilyn ei gilydd yn syntagmataidd, gan gymryd lle naratifau sy'n eu rhagflaenu, ond heb y bwriad o ddarganfod naratif paradigmataidd i amsugno ac felly leihau'r naratifau eraill, ac felly haeru gwella'r perfformiad naratif cyffredinol. Yn *La Condition postmoderne* mae Lyotard yn datblygu'r cysyniad hwn yng nghyd-destun ymchwil wyddonol gan ddadlau bod ymchwil sy'n cymryd lle dan nawdd patrwm/model yn dueddol i sefydlogi: 'Le consensus est un horizon, il n'est jamais acquis. Les recherches qui se font sous l'égide d'un paradigme tendent à les stabiliser . . .' (99) (Mae conswsws yn orwel nad yw byth yn cael ei gyrraedd. Mae ymchwil sy'n digwydd dan nawdd patrwm/model yn dueddol i sefydlogi . . .). Mewn geiriau eraill, dylai ymchwil gynhyrchiol gymell mwy o naratifau, nid synthesis myglyd a chamarweiniol.

Ceir adleisiau yma hefyd o gysyniad Lyotard (wedi ei ysbrydoli gan Kant) o'r aruchel fel yr hyn sy'n sbarduno mwy o syniadau a meddwl trwy gynhyrchu cymaint o boen ag o bleser: 'le plaisir de ce que la raison excède toute presentation, la douleur de ce que l'imagination ou la sensibilité ne soient pas à la mesure du concept' (y pleser a geir oherwydd fod rheswm y tu hwnt i bob cyflwyniad ohono, y boen a brofir oherwydd nad yw hydeimledd ddim yn gyfartal â'r cysyniad).[65] Dyma'r hyn sy'n digwydd 'quand au contraire l'imagination échoue à presenter un objet qui vienne, ne serait-ce qu'en principe, s'accorder avec un concept' (pan, i'r gwrthwyneb, mae'r dychymyg yn methu â chyflwyno gwrthrych a allai, petai hynny ond mewn egwyddor, fod yn gyfartal â chysyniad).[66] Trwy gyfrwng yr aruchel, mae fel petai Lyotard yn rhoi rôl ganolog i'r esthetig fel yr enghraifft aruchelaf o *petit récit*.[67] Mae hyn yn awgrymu esthetig sydd yn unigryw o radical, fel y gwrthiant gorau i fetaieithoedd a metanaratifau. Y ffordd fwyaf effeithiol o edrych ar hyn yw trwy gyfrwng dealltwriaeth Lyotard o'r esthetig ôl-fodern, sydd yn cael ei nodweddu gan gamresymiad (yr hyn sy'n llwyddo i symud y rheolau trwy wneud symudiad anrhagweladwy):

Un artiste, un écrivain postmoderne est dans la situation d'un philosophe: le texte qu'il écrit, l'oeuvre qu'il accomplit ne sont pas en principe gouvernés par des règles déjà établies, et ils ne peuvent pas être jugés au moyen d'un jugement determinant, par application à ce texte, à cette oeuvre de catégories connues. Ces règles et ces catégories sont ce que l'oeuvre ou le texte recherche. L'artiste et l'écrivain travaillent donc sans règles, et pour établir les règles de ce qui *aura été fait*. De là que l'oeuvre et le texte aient les propriétés de l'événement, de là aussi qu'ils arrivent toujours trop tard pour leur auteur, ou, ce qui revient au même, qu leur mise en oeuvre commence toujours trop tôt. *Postmoderne* serait à comprendre selon le paradoxe du future (*post*) antérieur (*modo*).[68]

(Mae'r artist neu'r awdur ôl-fodern yn sefyllfa athronydd: nid yw'r testun y mae'n ei ysgrifennu, y gwaith y mae'n ei gynhyrchu, mewn egwyddor yn cael ei reoli gan reolau sy'n bodoli'n barod, ac ni ellir ei feirniadu yn ôl barn ragosodedig, trwy weithredu categorïau cyfarwydd i'r testun neu'r gwaith. Y rheolau a'r categorïau hynny yw'r hyn y mae'r darn o gelfyddyd ei hun yn chwilio amdano. Mae'r artist a'r awdur, felly, yn gweithio heb reolau er mwyn ffurfio rheolau'r hyn *fydd wedi ei gyflawni*. Dyna pam fod gwaith a thestun yn meddu ar gymeriad digwyddiad; dyna pam, yn ogystal, eu bod bob amser yn dod yn rhy hwyr ar gyfer eu hawdur, neu, yr hyn sy'n cyfateb i'r un peth, maent yn cael eu rhoi ar waith, yn cael eu gwireddu (*mise en ouvre*) bob amser yn rhy fuan. Byddai angen deall *ôl-fodern* yn nhermau paradocs y dyfodol (*ôl*) blaenorol (*modo*))

Yn y ffordd hon, mae Lyotard yn symud consýrn celfyddyd oddi wrth wirionedd at ddyfeisio. Fel y mae Bill Readings yn crynhoi yn ddefnyddiol iawn yn ei gyflwyniad beirniadol i Lyotard, 'Artisitic invention does not produce anything that would not itself be subject to further displacement by aesthetic innovation. To put it another way, art is a *series* of little narratives: these narratives are not aiming at the condition of metalanguage, nor do they promise to reveal a new truth.'[69] Yn arwyddocaol, mae *genre* yr ysgrif, yn nhraddodiad Montaigne, yn cael ei ddyfynnu fel *genre* sy'n cynrychioli'r diffiniad breintiedig hwn o'r ôl-fodern ('Il me semble que l'essai [Montaigne] est postmoderne, et le fragment [L'Athaeneum] moderne'; 'Mae'n ymddangos i mi fod yr ysgrif [Montaigne] yn ôl-fodern, tra bo'r *fragment* [*The Athaeneum*] yn fodern'.)[70] Ymddengys fod yr ysgrif felly'n cael ei chymryd fel y math o ysgrifennu sydd fwyaf tebygol o ysgogi aruchel deinamig Kant: anghymesuredd un pŵer o feddwl gydag un arall, lle 'l'absolue n'est jamais là, jamais donné dans une présentation, mais il est toujours "présent" comme appel à penser au-delà du "là". Insaisissable, mais inoubliable. Jamais restitué, jamais abandonné' (nid yw'r absoliwt byth yno, byth yn cael ei gyflwyno, ond mae bob amser yn 'bresennol' ar ffurf galwad i feddwl tu hwnt i'r 'yno'. Nid oes modd cael gafael arno, mae hefyd yn amhosib ei anghofio. Nid yw byth yn cael ei adfer, nid yw byth yn cael ei adael.)[71]

I droi'n ôl at ysgrifau Hrabal, fel y ceisiais ddangos, mae eu himpetws, eu momentwn yn cael ei ddal gan y dryswch a grëir, nid yn unig gan yr arddull ymddangosiadol ffwrdd-â-hi o adrodd, ond hefyd, yn fwy arwyddocaol, yn y tensiwn a grëir rhwng y tynnu at rydwythiad trosfwaol, at hanfodaeth ar y naill law, ac effaith doredig y naratif ar y llaw arall. Fel y gwelsom, gellid crynhoi'r ddau begwn hyn yn fras fel a ganlyn: ar y naill law, ceir atyniad systematig yr hyn y gellid ei alw bron yn waith ideolegol rhethreg Hrabal yn perswadio'r darllenydd i gydymdeimlo a deall ei resymau dros beidio â gwrthsefyll manipiwleiddio'r gyfundrefn Gomiwnyddol. Mae hyn yn arbennig o amlwg yn 'Totální Strachy' (Ofnau Eithaf) lle yr haerir drosodd a throsodd mai ei hanes genetaidd sydd yn gyfrifol fod arno ofn gwrthsefyll ('toho mého strachu, který jsem získal už v genech . . . ' (305) (yr ofn yna sydd gen i, a etifeddais yn fy ngenynnau) – ofn sydd yn cael ei ddisgrifio fel 'afiechyd' (byla to moje choroba, 303). Mae hwn yn ddarlleniad taclus (os negyddol), ac felly, ar ryw lefel, yn atyniadol. Ond mae'r darlleniad hwn, ar yr un pryd, yn gorfod gweithio yn erbyn, neu ddod o hyd i ffordd o reoli, y darnau toredig o naratif sydd, fel ag y gwelsom yn ceisio rhwystro'r 'hyn sy'n digwydd' rhag cael ei leihau'n 'hyn a ddigwyddodd'; i rwystro'r naratif rhag setlo yn ystyr trwy geisio ei gadw o fewn presennol y naratif; ac yn y modd hwn, yn rhwystro'r llinyn ideolegol rhag magu nerth (er gwaetha'r ailadrodd cytganaidd). Er bod y ddau ddarlleniad ar fin tanseilio ei gilydd, maent hefyd, ar ryw lefel, wedi eu cysylltu'n ddiwahân: mae'r 'strachy' neu'r ofnau'n dod i'r wyneb yn barhaus fel amod angenrheidiol ar gyfer ysgrifennu Hrabal ('já se rád bojím a pak se mi píše líp', 296) (Dwi'n hoffi bod ag ofn, mae'n gwneud i mi sgwennu'n well); neu 'Nakonec ministerstvo vnitra, které převzalo úlohu Československého spisovatele jako poradce, nakonec mi donutilo, abych strach zužitkoval, bál se dál, ale i psal dál, protože jediná obrana proti strachu nakonec byla ta moje literatura, ten můj psací stroj . . .' (305) (Yn y diwedd, mi wnaeth y Gweinidog Cartref, wedi cymryd arno rôl ymgynghorol awdur Tsiecoslofac, fy ngorfodi yn y pen draw i ddefnyddio f'ofn, i barhau i fod ag ofn, ond hefyd i gario ymlaen i sgwennu, achos yr unig amddiffynfa yn erbyn ofn yn y diwedd oedd y llenyddiaeth hon, y teipiadur yma sydd gen i . . .)

Mae'r tro bach yma o gwmpas gwaith Lyotard yn ddefnyddiol oherwydd mae'n awgrymu gwerth peidio â diystyru y darlleniad negyddol a gafwyd wrth fynd ar ôl y berthynas rhwng ideoleg a'r esthetig nawr bod gennym ddarlleniad mwy cywrain, ar lefel arall. Yn un peth, gellid dadlau bod y tensiwn hwn rhwng amlinellu llinell naratif fwaol ac yna ei dad-wneud trwy'r toriadau yn y naratif yn symptomatig, neu efallai'n fwy cywir, yn adleisio'n strwythurol y modd y mae llwyddiant i gadw perthynas i fynd gyda darlun naratif mwy tra'n cymryd gofal o'r lleol a'r penodol yn rhywbeth y mae persbectif lleiafriol yn arbennig o sensitif iddo, ac yn yr un modd, ddiwylliannau bychain. Yn wir, gellid gweld y crogi neu'r daliant yma o'r ddau ddarlleniad mewn perthynas â'i gilydd yn cynnig nifer o bethau ar gyfer agwedd neu bersbectif o'r fath: mae'n adlewyrchu'n strwythurol werthusiad o'r penodol neu'r neilltuol nad yw'n cael ei amsugno'n ddiwahân gan undod ffug; tra ar yr un pryd, gellid ei weld yn adlewyrchu yr ymwneud parhaus gyda strwythurau naratif mwy, nid yn unig yn yr ymgais i daflunio'i synnwyr ef ei hun tu hwnt i'w ffiniau rhifyddol neu diriogaethol, ond hefyd yn yr ymwybyddiaeth barhaus o bersbectif mwy, cryfach y mae'n dueddol i'w ddiffinio ei hun, yn anorfod, yn ei erbyn. Yn yr ystyr hon, gellid gweld persbectif lleiafrifol neu ddiwylliant llai yn arbennig o sensitif i'r ffordd y mae rhesymeg wrthddywediadol o'r math hwn yn gweithio, yn yr un modd ag y cyfaddefaf fy mod innau'n fwy tebygol o gynhyrchu darlleniad o'r fath, a minnau'n gynnyrch cyd-destun diwylliant lleiafrifol.

Gellid dadlau nad yw hyn yn ddim byd newydd mewn ysgrifennu a thrafodaethau ôl-fodern, beth bynnag am benodoldeb diwylliannol. Ar ben hynny, mi gyhoeddodd Lyotard *La Condition postmoderne* dros ugain mlynedd yn ôl. Gellid hefyd, ar y llaw arall, wneud pwynt pellach: y diwylliannau hynny sydd â'r potensial i fod fwyaf ar eu hennill o'r ddealltwriaeth ôl-fodern o amodau gwybodaeth, sydd hefyd yn aml fwyaf cyndyn i ymwneud â hwynt. Mae'n wir, o leiaf yng nghyd-destun diwylliant Tsiec a Chymreig (diwylliant Cymraeg a Saesneg Cymru), fod ymwybyddiaeth a dealltwriaeth o ôl-foderniaeth wedi dod yn gymharol hwyr.[72] Am y rheswm hwn, mae astudiaethau o ôl-foderniaeth mewn perthynas â'u llenyddiaeth ar ei hôl hi. Tydi hyn ddim yn syndod: ar adegau, diwylliannau bychain, a'r rhai hynny sydd â hanes trefedigaethol cymharol ddiweddar, yw'r olaf i afael yn amodau gwybodaeth newydd.[73]

Af ymlaen yn awr i archwilio sut y mae'r paradocs neu'r tensiwn hwn rhwng dau strwythur naratif anghymesur yn ysgrifau Harbal a'i fodd o rwystro'r darllenydd rhag cael ei suo i drwmgwsg boddhad, yn creu estheteg gynhyrchiol dipyn yn wahanol i'r estheteg gysurlon, farus a adawodd Kant ar ei ôl, a'i gynhysgaeth yng ngwaith Derrida ac

Eagleton; estheteg sy'n symptomatig o 'olygfa o'r ochr' – 'sefyllfa foesegol' Isobel Armstrong a'i ennyd 'esthetig radical'.

Nodiadau

1. Fel y crybwyllwyd yn y bennod gyntaf, rwyf yn defnyddio'r gair gwleid-yddiaeth yma yn ei ystyr ehangach o werthoedd ac agweddau gwleidyddol gan fynd gam ymhellach na gwleidyddiaeth ffurfiol systemau gwleidyddol.
2. Mae diddordeb Havel mewn hunaniaeth yn ei osod mewn traddodiad Tsiec a oedd yn ymddiddori'n arbennig mewn athroniaeth hunaniaeth – consýrn a oedd yn cael ei drafod yn arbennig yn llenyddiaeth y 1970au.
3. *Dopisy Olze*: llythyr rhif 98, 229.
4. Martin Heidegger, *Being and Time*, cyf. John Macquarrie a E. Robinson (Blackwell, 1962), 27. Cyhoeddwyd am y tro cyntaf dan y teitl *Sein und Zeit* (M. Niemeyer, 1927).
5. Gweler Aviezer Tucker, 'The Philosophy of the Dissident Havel' yn *The philosophy and politics of Czech dissidence from Patočka to Havel* (University of Pittsburgh Press, 2000) a Jan Patočka (1907–77), *Kačířské eseje o filozofii dějin*, (K. Jadrný, 1980), a gylchredwyd mewn fersiwn *samizdat* o 1975 ymlaen. Fe'i ceir mewn cyfieithiad Saesneg yn dwyn y teitl *Heretical essays* (Open Court, 1996). Hefyd ar gael yn Saesneg mae *Jan Patočka: philosophical and selected writings*, gol. a cyf. Erazim Kohák (University of Chicago Press, 1989). Ceir cyflwyniad defnyddiol gan Robert B. Pynsent i'r mannau cyffredin rhwng athroniaeth Patočka a Havel yn ei bennod ar Havel yn ei gyfrol *Questions of Identity: Czech and Slovak Ideas of Nationality and Personality* (Central European University Press, 1994).
6. *Dopisy Olze*: llythyr rhif 60, 129–30. ('Nic, co se jednou stalo, se už nemůže odestát; všechno, co kdy a jakkoli bylo, je tedy vlastně pořád – navždy uloženo v 'paměti bytí'. Ac ymhellach ymlaen yn yr un llythyr: 'A všechno, co považujeme za skutečné, reálné, přítomné, je jen malým a velmi nejasně vymezeným ostrůvkem v oceánu 'pomyslného' či 'možného' či 'minulého' bytí; jedině z tohoto svého matečného prostředí to čerpá svůj obsah a smysl; jedině na tomto pozadí to můžeme zakoušet tak, jak to zakoušíme. Spolu se vším, co se jednou jakkoli stalo (či mohlo stát či mělo stát) a co se už nemůže odestát, trvá přirozeně jednou provždy v 'paměti bytí', i lidská osobnost, lidská existence . . .')
7. Ibid. Llythyr rhif 62, 145. ('V mých úvahách přitom, vzrostl význam pojmu lidské odpovědnosti, která se mi stále zřetelněji začla jevit jako onen základní pevný bod, z čehož jakákoli identita vyrůstá a s nímž stojí a padá . . . jako jakýsi tmel, který ji udržuje a s jehož vysycháním se i ona začíná nezadržitelně drolit a rozpadat.')
8. Martin Heidegger, *Being and Time*, cyf. John Macquarrie a E. Robinson (Blackwell, 1962), 41.
9. *Dopisy Olze*: llythyr rhif 62, 134 ('Řkají o ní asi tolik jako model atomu o podstatě hmoty nebo tachometr o podstatě pohybu.')

10 Ibid. 135.
11 Ibid.
12 Ibid.
13 *Dopisy Olze*: llythyr rhif 128, 303: 'Měl jsem plodný týden: Levinasů text, který mi Ivan opsal, mi nebývale rozvířil myšlenky, které se však po dvou až třech dnech začly pozvolna seřazovat a propojovat, až z toho vznikl poměrně přesný obraz dalšího cyklu úvahových dopisů a velká chuť s ním začít. Různé věci, které jsem měl všelijak popletené a o nichž jsem psal pokaždé něco jiného, se mi v hlavě poněkud ujasnily . . .' (Mi gefais wythnos ffrwythlon: mi wnaeth testun Levinas, a gopïwyd i mi gan Ivan, yrru fy meddyliau i droi, ond ar ôl tua deuddydd neu dri fe ddisgynasant yn raddol bach i'w lle nes y tyfodd patrwm cymharol fanwl ar gyfer cylch arall o lythyrau myfyriol, ynghyd ag awydd cryf i ddechrau ar y gwaith. Mae nifer o bethau oedd yn gymysg mewn pob math o ffyrdd yn fy meddwl, ac y byddwn yn ysgrifennu rhywbeth gwahanol amdanynt bob tro, wedi dod yn gymharol glir . . .) Gweler, yn arbennig, lythyrau 127 ymlaen. Hefyd, ar dudalen 304: 'A ještě něco: nejen, že leccos z toho, co budu psát, bude viditelně ovlivněno tím úryvkem z Levinase (občas to bude něco jako laický komentář k němu), ale vůbec to celé, jakkoli to bude do sebe zapadat, nebude asi nikterak originální.' (A rhywbeth arall: nid yn unig bydd llawer o'r hyn rwy'n ei ysgrifennu yn cael ei ddylanwadu gan y darn yna o waith Levinas (o dro i dro bydd yn debyg i sylwadau lleyg arno), ond dim ots pa mor dda mae'n dal at ei gilydd, dwi'n amau a fydd yn wreiddiol mewn unrhyw ffordd.)
14 Emmanuel Levinas, *Totalité et infini. Essai sur l'extériorité* (Nijhoff, 1961); CS: *Totality and Infinity*, cyf. A. Lingis (Duquesne University Press, 1969). Gweler Dermot Moran, *Introduction to Phenomenology* (Routledge, 2000), 342: '*Totality and Infinity* is a difficult book, with no clear structure, highly repetitive style, replete with turgid prose, idiosyncratic use of philosophical terms, and contradictory assertions – more of an impressionistic collage of ideas than a philosophical treatise.'
15 Gweler Dermot Moran, 'Emmanuel Levinas: The phenomenology of alterity' yn *Introduction to Phenomenology* (Routledge, 2000), 320–353.
16 Emmanuel Levinas, *Totalité et infini. Essai sur l'extériorité* (Nijhoff, 1961), 51.
17 Emmanuel Levinas, *Éthique et infini, Dialogues avec Philippe Nemo* (Fayard, 1982), 95. CS: *Ethics and infinity, Conversations with Philippe Nemo*, cyf. Richard A. Cohen (Duquesne University Press, 1985).
18 Emmanuel Levinas, *Totalité et infini. Essai sur l'extériorité*, 7.
19 Ibid., xiii.
20 Ibid.
21 Dermot Moran, *Introduction to Phenomenology* (Routledge, 2000), 344.
22 *Dopisy Olze*, llythyr rhif 127, 302: 'V Levinasovi necítím uloženu jen duchovní tradici a tisíciletou zkušenost židovského národa, ale i zkušenost člověka, který byl ve vězení. Poznávám ji tam v každém řádku a možná i proto mne to tak oslovuje.' (Yng ngwaith Levinas, rwy'n synhwyro storfa nid yn unig o draddodiadau ysbrydol a phrofiadau milflwyddol yr Iddewon, ond hefyd profiad dyn a fu yn y carchar. Mae yno ym mhob brawddeg, ac efallai fod hyn yn rheswm arall pam fy mod yn uniaethu mor

gryf â'r gwaith.) Y testun dan sylw oedd *Humanisme de l'autre homme* Levinas (Fata Morgana, 1972).
[23] Aviezer Tucker, 9.
[24] *Dopisy Olze*, llythyr rhif 129, 314.
[25] Ibid., 315.
[26] Ibid., 314.
[27] *Dopisy Olze*: llythyr 64, 140.
[28] Jean-François Lyotard, *Discours, figure* (Klincksieck, 1971).
[29] Gweler Bill Readings, *Introducing Lyotard: Art and Politics* (Routledge, 1991), 30. Er bod adlais yma o athroniaeth dadadeiladaeth, mae Lyotard yn beirniadu'r agwedd Dderrideaidd ddadadeiladol oherwydd ei bod yn dibynnu gormod ar destunoldeb – os ydym yn derbyn y safbwynt fod popeth yng ngafael rhethregrwydd (oherwydd ei fod yn destun) mae'n golygu anwybyddu rôl ffigurol yr annhestunol. Mae *Discours, figure* yn gosod cyferbyniad rhwng gofod cynrychiolaeth destunol a ffigurol, rhwng darllen a gweld, ac yn ei dro yn dadadeiladu'r gofod hwn er mwyn cyfleu ffiguroldeb sydd ar waith mewn cynrychiolaeth. Mae Bill Readings hefyd yn gwneud y pwynt fod y cyferbyniad yn y pen draw rhwng y gweledol wedi ei gyflwyno yn fwy ffigurol a'r testunol wedi ei gyflwyno yn fwy disgyrsaidd yn cael ei ddadadeiladu gan Lyotard nes darganfod y disgyrsaidd yn y ffigurol ('Digure') a'r ffigurol yn y disgyrsaidd ('Fiscourse'). Dadleuir yn erbyn yr haeriad fod popeth yn fater o gynrychiolaeth – ceir bob amser arall ffigurol i destunoldeb ar waith o fewn ac yn erbyn y testun. Mewn geiriau eraill, nid rhwydd hynt gwrthgyferbyniadau rhwng arwyddion mewn materion sy'n ymwneud ag arwyddo a awgrymir yn fwyaf nodweddiadol gan Derrida yn 'La structure, le signe et le jeu dans le discours des sciences humaines' yn *L'écriture et la différence* (Éditions du Seuil, 1967). CS: 'Structure, Sign, and Play in the Discourse of the Human Sciences' yn *Writing and Difference*, cyf. Alan Bass (Routledge & Kegan Paul, 1978). Yn yr ystyr hon, mae cysyniad Lyotard o'r ffigurol i'w weld yn gwrthod *impasse* epistemig strwythuraeth y mae ôl-strwythuraeth wedi dygymod ag ef.
[30] 'Místo Doslovu, Krize Identity' yn *O lidskou identitu: úvahy, fejetony, protesty, polemiky, prohlášení a rozhovory z let 1969–1979* (Rozmluvy, 1984), 350: 'A opravdu: stádnost konzumního života, jejímž skvělým výrazem jsou moderní sídliště a skvělým nástrojem televize – bydlíme-li například na sídlišti, nezáleží přece na tom, kde to sídliště je: všude jous sídliště stejná /,ocitá se v jakémsi anonymním "ne-prostoru".'
[31] Gweler Robert B. Pynsent, *Questions of Identity: Czech and Slovak Ideas of Nationality and Personality* (Central European University Press, 1994), 14; Jan Patočka, 'Války 20. století a dvacáté století jako válka' yn *Kacířské eseje o filozofii dějin* (K. Jadrný, 1980; ar gael ar ffurf *samizdat* yn 1975), 133. CS: 'Wars of the Twentieth Century and the Twentieth Century as War' yn *Heretical Essays in the Philosophy of History*, cyf. Erazim Kohák, gol. James Dodd, gyda Preface to the French Edition gan Paul Ricoeur (Open Court, 1996), 135.
[32] Havel, *Do různých stran. Eseje a články z let 1983–1989* (I amrywiol gyfeiriadau. Ysgrifau ac erthyglau, 1983–1989) (Scheinfeld-Schwarzenberg, 1989), 100: 'Je-li Charta přesto rozhodnuta jít veskrze nepraktickou a netaktickou cestou

hledání nepředpojaté pravdy, pak to je opět jen projev její mravní orientace a bytostné nekonečnosti cílů z této orientace vyplývajících.' (Os yw Siarter 88 yn benderfynol o ddilyn y llwybr cwbl anymarferol ac anhactegol o fynd ar ôl gwirionedd diragfarn, dim ond mynegiant o'i gymeriad moesol yw hyn a natur angenrheidiol ddiddiwedd yr amcanion sy'n deillio o'r llwybr hwnnw.)

33 Václav Havel, *O lidskou identitu: úvahy, fejetony, protesty polemiky, prohlásení a rozhovory z let 1969–1979* (Rozmluvy, 1984), 71: 'Nejen tedy, že system odcizuje člověka, ale odcizený člověk zároveň podpírá tento system jako svůj bezdečný project. Jako poklesý obraz své vlastní poklesosti. Jako document svého selhání. Dávno tu tedy nejde o konflikt dvou identit. Jde o cosi horšího: o krizi identity samé.' Noder, fel y'n hatgoffir gan Robert B. Pynsent, fod defnydd Havel o'r term 'ôl-dotalitaraidd' yn wahanol i'w ddefnydd yn Gymraeg a Saesneg: 'In English it means "postsocialist" or "postcommunist"; Havel's is analogous to Marcuse's use of the term "postindustrial": it means a socialist society in which ideology has assumed an entirely ritual function, where the ritual no longer has any relationship to any set of beliefs,' *Questions of Identity*, 213, nodyn 35.

34 Havel, *Do různých stran. Eseje a články z let 1983–1989* (I wahanol gyfeiriadau. Ysgrifau ac erthyglau, 1983–1989), (Scheinfeld-Schwarzenberg, 1989), 119.

35 Søren Kierkegaard, *Journals and Papers*, cyf. Howard V. Hong ac Edna H. Hong, gyda chymorth Gregor Malantschuk (Indiana University Press, 1967–1978), 1848 – 1849: 6256/P X6, B40.

36 Martin J. Matuštík, Pennod 10.2: 'Kierkegaard's critical theory of the present age' yn *Postnational Identity: Critical Theory and Existential Philosophy in Habermas, Kierkegaard, and Havel* (The Guildford Press, 1993). Dyma un o'r astudiaethau mwyaf defnyddiol y deuthum o hyd iddi ar Havel, a thrwy ddwyn ynghyd waith Habermas, Kierkegaard a Havel, mae'n ceisio ateb, mewn cyd-destun gwahanol, gwestiwn sy'n berthnasol i'm prif gonsýrn innau yn y gyfrol hon: sut y gall hunaniaeth ddirfodol fagu ffyrdd o fyw sydd yn agored, nad ydynt yn awdurdodaidd ac sydd yn ffyrdd o fyw cyfrifol.

37 Emanuel Rádl, *Krise inteligence* (Akademická YMCA, 1928).

38 Ibid., 33. Gweler hefyd Robert B. Pynsent, *Questions of Identity: Czech and Slovak Ideas of Nationality and Personality* (Central European University Press, 1994), 13: 'In general terms, the position of the Czech intelligentsia in the first years of the new Republic was, then, certainly comparable with the position of the intelligentsia after November 1989.' Datblygir safbwynt ychydig yn wahanol gan yr ysgrifwr a'r athronydd Tsiec Václav Bělohradský (1944-) a welai fethiant y wladwriaeth dotalitaraidd yn y ffaith ei fod yn gwrthod ymwneud gyda'r goddrychol neu'r personol, gan weld gwerth yn unig yn y gwrthrychol. Gweler er enghraifft *Krize eschatalogie neosobnosti* (London: Edice Rozmluvy, 1982).

39 Havel, 'Moc bezmocných' (Pŵer y Di-bŵer) yn *O lidskou identitu: úvahy, fejetony, protesty, polemiky, prohlásení a rozhovory z let 1969–1979* (Rozmluvy, 1984), 71: 'Velmi zjednodušeně by se dalo říci, že post-totalitní systém vyrostl na půdě *historického setkání diktatury s konzumní společností*.' (O'i roi'n syml iawn, gellid dweud i'r system ôl-dotalitaraidd aeddfedu ar dir *cyfarfod*

hanesyddol rhwng cymdeithas unbenaethol a chymdeithas brynwriaethol). Mae'r bryd a roir ar y penodol hefyd yn cael ei fynegi'n dwt yn y modd y mae Havel yn dychanu ystrydebau yn ei ddramâu, lle datgelir fel arfer ddiffyg hunaniaeth yn ei gymeriadau, yn hytrach na'u heffaith fwy confensiynol fel yr hyn sy'n cuddio hunaniaeth. Gweler Pynsent eto, 'Language and Identity' yn *Questions of Identity*, 33–38.

40 Havel, 'O Dialektické Metafyzice' yn *Protokoly* (Mladá fronta, 1966), 75–6.
41 Adam Seligman, *The Idea of Civil Society* (New York: Free Press, 1992), 202–3, fel a ddyfynnir yn Jerzy Szacki, *Liberalism after Communism*, cyf. Chester A. Kisiel (Central European University Press, 1996), 98.
42 Jerzy Szacki, 'Limitations of the idea of civil society' yn *Liberalism after Communism*, 104.
43 Jerzy Szacki, 'Is this really protoliberalism?' yn *Liberalism after Communism*, 110.
44 Ibid., 110–11.
45 Gweler Knud Erik Jörgensen, 'The End of Anti-Politics in Central Europe' yn *Democracy and Civil Society in Eastern Europe*, gol. Paul G. Lewis (St. Martin's Press, 1992); György Konrad, *Antipolitics: An Essay* (Harcourt Brace Jovanovich, 1984); Jerzy Szacki, 'Protoliberalism: Autonomy of the Individual and Civil Society' yn *Liberalism after Communism*.
46 Mae Martin J. Matuštík yn dadlau bod Havel yn symud democratiaeth gydgynghorol Habermas gam ymlaen, trwy ailganolbwyntio ar yr unigolyn, ar yr arall diriaethol, a thrwy broblemateiddio mannau cychwyn Habermas trwy ofyn sut mae cymryd rhan mewn disgwrs: 'How can the moral appeal to the symmetrical conditions of discourse and its force of the better argument be sustained against an etanglement of even the rational democratic will formation in the disabling forms of power?', *Postnational Identity*, 192.
47 Ceir dadansoddiad gwerthfawr o'r drafodaeth hon yn *The Philosophy and Politics of Czech Dissidence from Patočka to Havel*, Aviezer Tucker (University of Pittsburgh Press, 2000). Gweler yn arbennig Pennod 8, 'The Velvet Corruption: Czech Politics, 1993–1998'.
48 Martin J. Matuštík, *Postnational Identity: Critical Theory and Existential Philosophy in Habermas, Kierkegaard, and Havel* (New York: The Guilford Press, 1993), 258.
49 *Dopisy Olze*: llythyr rhif 62, 135: 'na jedné straně teprve tím ohraničuje a osmyslňuje svou závislost na světě, na druhé straně však – právě tím – sebe teprve definitivně ze světa vyděluje ve své suverenitě a nezávislosti'.
50 Ceir cyfochredd annisgwyl i Havel mewn mwy nag un ystyr yn Arlywydd cyntaf y Weriniaeth Tsiec, T. G. Masaryk (1850–1937), a ysgrifennodd yn helaeth ar faterion sydd yn ganolog i bryderon Havel. Mae'r ddau ohonynt yn dargyfeirio eu gwleidyddiaeth â synnwyr cryf o 'gariad' – rhywbeth a welsant ar goll yn athroniaeth a gwleidyddiaeth Marx. Maent yn ystyried cariad yn ganolog i ddemocratiaeth, ac nid yw'r un o'r ddau gysyniad yn ddieithr i'r traddodiad dyneiddiol Tsiec, sy'n ymestyn yn ôl at athronwyr y Brodyr Bohemaidd megis Petr Chelčický (*c*.1390–*c*.1460) a Comenius (1592–1670), y mae Havel a Masaryk yn eu crybwyll ac yn uniaethu â hwy. Gweler Pynsent, *Questions of Identity*, 4–6 (mae Pynsent hefyd yn crybwyll dylanwad posib Bernard Bolzano, yr athronydd o Awstria a oedd yn byw

ym Mhrâg, a oedd yn cael ei ddarllen ac yn cael ei grybwyll yng ngwaith Masaryk a Patočka). Gweler hefyd T. G. Masaryk, '132. Moderní láska – láska demokratická' yn *Otázka sociální. Základy marxismu filosofické a sociologické* [1898], 5ed arg. Tsiec (Čin, 1948) cyfrol II, 231–4. CS: *Masaryk on Marx: the social question: philosophical and sociological foundations of Marxism*, gol. a cyf. Erazim V. Kohák (Bucknell University Press, 1972), 325–8.

51 Bohumil Hrabal, *Dopisy Dubence* (Pražská Imaginace, Praha 1995), 133–4.

52 Mae 'pábení' sy'n cael ei gyfieithu yma fel cabalatsian, yn air a fabwysiadwyd gan Bohumil Hrabal i nodweddu ei athroniaeth, ac yn golygu rhywbeth yn debyg i'r syniad o 'ysgrifennu awtomatig' ond o natur lafar. Mae František Hrubín yn olhrain ei etymoleg mewn erthygl yn y papur dyddiol *Lidové noviny* yn 1964 (rhifyn 11, 14.3) ac mae'n dadlau i'r term gael ei ddefnyddio gyntaf gan Vrchlický, ac yna ei fabwysiadu gan grŵp o ffrindiau. Mae'n gysyniad sy'n rhedeg trwy waith Hrabal: 'Pábitel je naplněn obdivem k viditelnému světu, takže ten oceán krásných vidin mu nedává spát. Je tak posedlý vyprávěním, že to vypadá, jako by jazyk si vybral pábitele, aby jeho ústy spatřil sebe sama a dokázal si, co dovede.' *Kdo Jsem / Sebrané spisy Bohumila Hrabala*, cyfrol 12 (Pražská imaginace, 1995), 293–5. (Mae'r *Pábitel* yn llawn cywreinrwydd ac edmygedd wrth wynebu'r byd o'i gwmpas, i'r graddau fod y môr o brydferthwch sy'n ei amgylchynu yn ei gadw yn effro. Mae adrodd straeon yn gymaint o obsesiwn ganddo mae fel petai'r tafod wedi ei ddewis, fel ei fod yn ei ddychmygu ei hun trwy gyfrwng ei geg, fel ei fod yn profi'r hyn y mae'n alluog i'w wneud. Gweler hefyd *Rukověť' pábitelského učně* (Pražská imaginace, 1993; 1978). Mae nifer o'r straeon ar gael wedi eu cyfieithu i'r Saesneg yn y gyfrol *The Death of Mr Baltisberger*, cyf. Michael Henry Heim (Abacus, 1990).

53 Terry Eagleton, *The Ideology of the Aesthetic* (Blackwell, Oxford 1990), 93–4. Dylid ystyried y sylwadau hyn yng nghyd-destun thesis Eagleton yn *The Ideology of the Aesthetic* fod pwysigrwydd categori'r esthetig yn yr Ewrop fodern neu'r Ewrop ôl-oleuedigaethol ynghlwm â brwydr y dosbarth canol am bŵer gwleidyddol.

54 Disgrifiadau Isobel Armstrong yw'r rhain yn ei beirniadaeth ar ddehongliad Terry Eagleton o estheteg Kant, pennod 1, *The Radical Aesthetic* (Blackwell, Oxford 2000), 31.

55 Bohumil Hrabal, *Příliš hlučná samota* (Pražská imaginace, 1994; cyhoeddwyd am y tro cyntaf yn 1976), 9. CS: *Too Loud a Solitude*, cyf. Michael Henry Heim (Abacus, 1993; cyhoeddwyd am y tro cyntaf yn y D.U. yn 1991 gan André Deutsch Ltd.), 1–2.

56 Terry Eagleton, *The Ideology of the Aesthetic*, 85.

57 Ibid., 3.

58 Diolch i Jerry Hunter am yr awgrym hwn.

59 Mae motiff cynnau y papur a rhedeg i ffwrdd oddi wrth ei gynnwys fel ffordd o ddarllen testunau yn adleisio ysgrifennu awtomatig Swrealaeth, lle yr ystyrir yr annisgwyl, yr anrhagweladwy fel y gwir fesur.

60 Jerzy Szacki, 'Collective individualism' yn *Liberalism after Communism*, cyf. Chester A. Kisiel (Central European University Press, 1996), 85.

61 Jean-François Lyotard, 'Réponse à la question: qu'est-ce que le postmoderne?' yn *Critique*, cyfrol 419, Ebrill 1982, 358; CS: 'What is

62 Postmodernism?' yn *The Postmodern Condition: A Report on Knowledge* (Manchester University Press, 1986), 72.
62 Jean-François Lyotard, *La Condition postmoderne* (Les Editions du Minuit: Paris, 1979). Fel mae'n digwydd, mae'n werth nodi bod Lyotard yn ystyried y diffiniad hwn fel un sydd wedi ei orsymleiddio.
63 Ibid., 8.
64 Ibid., 8–9.
65 Jean-François Lyotard, 'Réponse à la question: qu'est-ce que le postmoderne?' yn *Critique*, cyfrol 419, Ebrill 1982, 366. CS: 'What is Postmodernism?' yn *The Postmodern Condition: A Report on Knowledge*, cyf. Geoffrey Bennington a Brian Massumi (Manchester University Press, 1986), 81.
66 Ibid., 363. CS: 78.
67 Gweler, er enghraifft, Jean-François Lyotard, *Dérive à partie de Marx et Freud* (Editions 10/18, 1973)
68 'Réponse à la question: qu'est-ce que le postmoderne?', 366–7. CS: 'What is Postmodernism?', 81.
69 Bill Readings, *Introducing Lyotard: Art and Politics* (Routledge: London, 1991), 73.
70 'Réponse à la question: qu'est-ce que le postmoderne', 367. CS: 'What is Postmodernism', 81.
71 Jean-François Lyotard, 'La résistance', 'Quelques signes de l'hétérogénéité' yn *Leçons sur l'analytique du sublime: Kant, Critique de la faculté de juger 23–29* (Editions Galilée, 1991), 185. CS: 'Resistance', 'A Few Signs of Heterogeneity' yn *Lessons on the Analytic of the Sublime: Kant's Critique of Judgment 23–29*, cyf. Elizabeth Rottenberg (Stanford University Press, 1994), 150.
72 Hyd y gwn, yr astudiaeth gyntaf yn y Gymraeg, sydd yn gasgliad o ysgrifau gan amrywiol awduron, yw *Sglefrio ar Eiriau: erthyglau ar lenyddiaeth a beirniadaeth*, gol. John Rowlands (Gwasg Gomer, 1992). Yn Tsiec, rhuthrwyd i ysgrifennu a chyfieithu gweithiau ôl-strwythurol ac ôl-fodern wedi'r Chwyldro Felfed yn Nhachwedd 1989. Cyn hynny, oni bai am ambell eithriad, megis Roland Barthes, *Le degré zero de l'écriture*, a gyfieithwyd i'r Tsiec yn 1967, prin iawn oedd y cyfieithiadau o weithiau theori lenyddol gorllewinol, yn arbennig yn y saithdegau a'r wythdegau. Nid yw hyn, wrth gwrs, yn golygu nad oedd gweithiau o'r fath yn cael eu darllen yn y gwreiddiol, ar gael er enghraifft yn yr *Institut Français de Prague*. Fel yr awgrymwyd gan Jerry Hunter mewn trafodaeth bersonol ag ef, diddorol fyddai archwilio hyn ymhellach trwy edrych ar yr adwaith i'r ôl-fodern gan ffigurau neo-geidwadol megis Bobi Jones ac Alan Llwyd neu feirniadaeth ochr chwith Richard Wyn Jones a Jerry Hunter ei hun, ynghyd â safiad yr 'artistiaid yn erbyn ôl-foderniaeth' Ifor ap Glyn, Twm Morys a Robin Llywelyn et al.
73 Heb geisio gorliwio'r darlun, a chan gydnabod bod achos y Weriniaeth Tsiec a Chymru yn bur wahanol, ceir nifer o resymau posib dros hyn: prin yw gallu diwylliannau sydd yn lleiafrifoedd ar eu tir eu hunain, yn arbennig, i benderfynu a rheoli lle mae cyllid yn cael ei fuddsoddi ac o ganlyniad nid ydynt yn gallu arwain eu ffawd eu hunain i'r un graddau. Wrth reswm tydi hynny ddim yn golygu y byddai hunanlywodraeth wedi creu sefyllfa

wahanol yng Nghymru o angenrheidrwydd. Yn wir, mae arferion pleidleisio a gwario y Cynulliad yn awgrymu y byddai materion ymarferol megis iechyd ac addysg gynradd ac uwchradd wedi cael mwy o flaenoriaeth na materion mwy haniaethol, mwy anodd rhoi cyfrif amdanynt megis ymchwil wyddonol bur a'r celfyddydau, petai â phŵerau cryfach megis pŵerau cyfreithiol a phŵerau i godi trethi. Yn achos Y Weriniaeth Tsiec, ceir hanes cwbl wahanol o fod wedi'i meddiannu a'i rheoli dan drefn dotalitaraidd, wrth gwrs, hyd Chwyldro Felfed 1989. Yn wir, fe ddaeth Moderniaeth Tsiec yn gynnar, ac roedd gwaith Karel Teige a'r mudiadau *avant-garde* Devětsil a Phoetistiaeth rhwng y ddau ryfel, yn torri tir newydd, ac ymhell o fod yn fenthyciad ail-law o foderniaeth Gorllewin Ewrop.

4
Adfeddiannu'r penodol: yr esthetig fel cyfryngwr

Cawsom gip hyd yma ar y modd y mae ysgrifau Twm Morys, Václav Havel a Bohumil Hrabal yn awgrymu agoriad yn yr esthetig, er gwaethaf – neu efallai oherwydd – eu hymgais i ddefnyddio'r esthetig er eu budd eu hunain, er mwyn mynegi eu gwleidyddiaeth arbennig. Gwelwyd y modd y mae'r agoriad hwn yn awgrymu ffrithiant, sydd yn ei dro'n awgrymu bywiogrwydd yn hytrach na stasis. Yn ysgrifau Twm Morys, gwelwyd y modd y mae posibiliadau cameleonaidd yr ysgrif yn cael eu gweithio a'u hecsbloetio ar hyd y ffawtlin rhwng y ffuglennol a'r disgyrsaidd; y modd y mae trosiad estynedig (sgwarnogrwydd) yn ganolog i strwythur ei wleidyddiaeth. Mae *Dopisy Olze* Havel yn datblygu athroniaeth foesegol sydd yn dibynnu ar y cysyniad o 'orwel absoliwt Bod' ac a leolir ganddo, trwy ddiffiniad, y tu hwnt i feddyliau, cysyniadau neu gynrychiolaeth o fewn system gwybodaeth. Mae hyn, ysywaeth, yn cael ei wneud mewn arddull sydd yn ddisgyrsaidd systematig. Ar ben hynny, nid yw'r ddwy lefel o arwyddo (ar y naill law, yr hyn sydd y tu hwnt i ddiffiniad, ac ar y llaw arall, arddull y ddadl) yn cael eu cyflwyno fel gwrthgyferbyniadau deuol. Gwelsom sut y mae'r ddwy lefel hon yn ymblethu i'w gilydd ac eto yn anghyfesur, gan greu ffrithiant sydd yn ein hatgoffa o gysyniad Lyotard o'r ffigurol. Yn ysgrifau Hrabal, gwelwyd dau ddarlleniad a dau fath o esthetig yn cydblethu: ar y naill law, rhydwythiad neu ddefnydd o hanfodaeth i gyfiawnhau gwleidyddiaeth *laissez-faire* Hrabal, ac effaith doredig *petits récits* Lyotard ar y llaw arall. Ceisiais ddangos y modd y mae'r ddau ddarlleniad ymddangosiadol groesebol hyn yn creu ffrithiant a all brofi'n ddefnyddiol.

Mae hyn eisoes yn rhoi achlust inni o esthetig reit wahanol i'r un a olrheinir gan Terry Eagleton yn *The Ideology of the Aesthetic*, yn yr un modd ag y mae, o gyffredinoli, yn wahanol i'r esthetig fel ag y'i disgrifir gan yr ôl-strwythurwyr, yn arbennig yng ngwaith Jacques Derrida, er enghraifft yn *La Verité en peinture*.[1] Mae'r esthetig a ddisgrifir yno, ac a wrthodir ar yr un telerau, yn un o undod diymollwng. Y ddadl a geir yw fod yr esthetig yn dwlsyn cysyniadol atchweliadol, yn gyrru unrhyw feddwl call i gysgu trwy wrthod unrhyw beth sydd yn amharu ar drefn ei dermau. Wrth gwrs, mae'r dadleuon neu'r *theses* hyn yn cymryd termau estheteg Kant fel eu man cychwyn, y diffiniad Kantaidd o brydferthwch fel yr hyn sydd 'ar wahân i gysyniad, yn plesio ar draws y bwrdd'.[2] Mewn geiriau eraill, nid oes modd i ddyfarniadau ynghylch beth sydd yn brydferth, yr esthetig felly, dderbyn cysyniadau, ac yn ail, mae'n rhaid i'r dyfarniad gyd-fynd â barn pawb, mewn egwyddor.

Nid yw'n syndod mai egwyddorion *Critique of Judgment* Kant y mae Eagleton a Derrida wedi eu defnyddio fel y prif gefndir i'w dealltwriaeth a'u beirniadaeth hwythau o'r esthetig gan fod *Critique of Aesthetic Judgment* Kant, sydd yn ffurfio'r rhan gyntaf o'i *Critique of Judgment,* yn cael ei ystyried fel yr ymgais gyntaf i sefydlu'r esthetig fel pwnc trafod, er gwaetha'r ymdrechion bratiog a gafwyd gan athroniaeth glasurol Groeg, er enghraifft yn ngwaith Platon, Aristoteles a Phlotinws.[3]

Mae daliadau sylfaenol Kant fel y'u dyfynnwyd uchod yn amlwg yn broblematig ar gyfer athroniaeth ôl-strwythurol gwahiriad neu *différance*, gan eu bod yn awgrymu rhoi blaenoriaeth i undod a hyrwyddo'r hyn sy'n debyg ac yn ffitio gyda'i gilydd ar draul gwahaniaethau: rhy agos i wleidyddiaeth ôl-drefedigaethol i fod yn atyniadol i debyg Morys, Havel a Hrabal. Ac o fod yn gwrthod cysyniadau, mae'n debyg y byddai estheteg o'r fath yn gwrthod y gosodiadau hefyd, sydd yn gyfystyr â gwrthod gweithrediad, neu'r syniad o wrthrych mewn perthynas weithredol â rhywbeth allanol. O droi'n ôl at astudiaeth fwy diweddar o'r esthetig, serch hynny, sef *The Radical Aesthetic* gan Isobel Armstrong (2000), gwelwn wrth-estheteg Derrida yn cael ei gosod yn ei chyd-destun hanesyddol a gwleidyddol, fel cydberthynas negyddol i gyfalafiaeth hwyr a Thatcheriaeth. Yn y cyd-destun hwn, mae hi rywfaint yn haws deall y modd y pwysleisir y diffiniad hwn o'r esthetig, fel 'the last bastion of the private self hubristically conceived as omnipotent creator'; yn haws deall fod modd gweld yr esthetig fel rhywbeth sydd wedi ei lesteirio gan fodur economaidd unigolyddiaeth trwy gyfrwng cyfalafiaeth, ac mae'n egluro i ryw raddau ddadleniad Derrida o estheteg Kant fel ego barus yn amsugno gwahaniaethau ar lun eironig 'purdeb' y dyfarniad o'r hyn sy'n brydferth, pur a dilychwin, oherwydd 'Prydferthwch yw ffurf orffenedig mewn gwrthrych, i'r graddau y gwelir hynny ynddo ar wahân i'r gynrychiolaeth a geir i bwrpas.'[4]

Mewn geiriau eraill, tra bo gwrthrych esthetig Kant yn cael ei gadw allan o unrhyw gyfathrach, o'r gosodiadol, tra ei fod yn 'bur' neu heb ei lurgunnio gan yr ymarferol, yr economaidd, y cyfryngol, wrth edrych o'r safbwynt hwn, mae hefyd yn agored i gael ei gysylltu â 'mawrhad y goddrych trosgynnol fel meistr ei fyd' – 'hanfod "pur" unigolyddiaeth economaidd'.[5]

Rwyf yn nodi hyn gan fy mod yn credu bod deall safbwynt gwrthesthetig Derrida ac Eagleton a'u dilynwyr yn y modd hwn, hynny yw, yn hanesyddol, yn gymorth i awgrymu mathau eraill o esthetig sydd yn codi o gyd-destun gwahanol, dros ddegawd a mwy yn hwyrach, mewn amgylchiadau cyfoes gwleidyddol a diwylliannol gwahanol.

Dylai fod yn eglur erbyn hyn, beth bynnag, fod yr esthetig yr wyf yn ceisio ei ddadlennu yng ngwaith Twm Morys, Václav Havel a Bohumil Hrabal yn fwy cymhleth, a hyd yn oed yn groesddywediadol, o gymharu â'r esthetig cymathol Kantaidd a ddisgrifir gan Eagleton a Derrida a'u tebyg – esthetig lle mae'r gwahanol ddarnau'n ffitio i greu synnwyr pleserus o ryddid oddi wrth ddiddordebau penodol, goddrychol; mewn geiriau eraill, esthetig sydd yn cae allan gonsyrnau penodol a choncrid. O safbwynt Eagleton yn arbennig, byddai hyn yn gyfystyr ag amddifadu unigolyn o'r awydd i newid a gwella ei gyflwr. Ond, fel y gwelsom eisoes, mae'r modur esthetig yn yr enghreifftiau a gynhyrchir gan Morys, Havel a Hrabal, ymhell o fod yn gwrthod elfennau sydd yn ddieithr, yn anghyseiniol, yn groes i'w gilydd, yn dibynnu ar y ffrithiant sy'n cael ei greu gan y dynamigau anghymharus hyn. Mae'r ffrithiant yma – rhwng moddau rhethregol, strwythurau naratif – yn hytrach na chael eu hadfer, yn cael eu dangos fel elfennau cwbl sylfaenol i wleidyddiaeth yr ysgrifau, nid dim ond fel rhyw niwsans y mae'n rhaid mynd gydag ef er mwyn creu trydydd term, ond yn benodol fel tensiwn sydd yn cael ei werthuso yn ei rinwedd ei hun. Mae hyn yn dwyn i gof ddealltwriaeth Paul Ricoeur o drosiadau fel tyndra sydd yn bwysig yn ei rinwedd ei hun.[6] Gellid, serch hynny, dadlau bod yr esthetig yr wyf wedi ceisio ei amlygu – esthetig y cyfryngol, gyda'r darn anodd o drawsnewid sy'n ansefydlogi, yn cael ei amlygu fel yr hyn sydd yn ei yrru – yn ddim mwy na ffordd arall fwy cylchol o lunio esthetig fel deialog ddilechdidol rhwng termau, moddau neu naratifau, yn arbennig pan gyfeirir at Hegel. Ond mae yna wahaniaeth sylfaenol, sy'n cael ei bwysleisio a'i amlygu gan destunau Morys, Havel a Hrabal: y gwahaniaeth sylfaenol yw'r gwrthiant yma rhwng termau, moddau a naratifau neu fframiau, nid dim ond fel tramwyfa tuag at adferiad, ond fel nodwedd yn ei rhinwedd ei hun. O'r safbwynt hwnnw, mae anghytgord ac ymraniad yn hytrach na chonsensws, nid yn unig yn fethod dros dro er budd rhyw ddiben, ond yn gymhelliad diffiniol. Mae gan hyn y fantais o ddangos i ni esthetig sydd yn gynhyrchiol ac yn weithredol, yn hytrach na chysurlon a chynganeddol, gan dynnu ein sylw oddi wrth y diffyg boddhad a geir fel amod angenrheidiol ar gyfer creu cyd-destun cynhyrchiol; ar ben hynny, mae'n dangos i ni esthetig a allai fod yn sylfaenol i ymgais i ddangos gwleidyddiaeth ddemocrataidd wrth ei gwaith, yn sylfaenol i ymgais i roi cyfrif am safbwyntiau, sydd, am wahanol resymau, yn ei chael yn anodd i ddod o hyd i'w lle fel rhan o iaith gyffredin. Mewn geiriau eraill, trwy wneud yr anhawster yma a grëir gan ffeibrau testunol neu fecanweithiau sydd yn gwrthod ymuno â'i gilydd yn sylfaen i'r testunau, mae unrhyw ddarlleniad sy'n cael ei greu bob amser yn mynd i ddangos tystiolaeth o'r gwneuthuriad yma ar ei lawes nid annhebyg i 'gelfyddyd byw' Mukařovský sydd bob amser yn 'pendilio rhwng statws norm esthetig yn y gorffennol a statws norm esthetig yn y dyfodol' a lle mae'r 'presennol, y cyd-destun ar gyfer ystyried y darn o gelfyddyd, yn cael ei deimlo fel tyndra rhwng norm blaenorol a'i ddinistria, ac mae'n fwriad i'r dinistriad fod yn rhan o norm yn y dyfodol'.[7] Mae darlleniad Armstrong o gerdd gan Veronica Forrest-Thomson, 'Ducks & Rabbits' (1971) a ddyfynir ar ddechrau'r gyfrol hon (t. xxi) efallai'n gwneud y pwynt yn gliriach.[8] Mae hi'n darllen yr hwyaid-gwningod yn y gerdd fel y darlun hwyaden-gwningen adnabyddus hwnnw a ddefnyddir mewn profion seicolegol, lle na ellir gweld y ddau anifail ar yr un pryd â'i gilydd. Ond yma, mae'r un ffigwr hybrid yma yn cael ei ddarllen fel petai wedi'i dorri ymaith 'from the empirical experience of seeing one species or the other', ac yn dangos sut, yn drosiadol, mae'r un ffigwr rhanedig yma ('the hybrid monstrous births') yn nofio 'rhwng categorïau', fel ag y gwna rhwng ymwybod a byd gwrthrychau:

> Generated out of the literal impossibility (Rose would say their diremption) they are at once 'pure concept, phantasmic beings, thought out of thought, and creatures which return to experience as a mediation on hybridity and perception and ultimately on the epistemology of metaphor. The difficult, the impossibility/possibility, of this return generates the rest of the poem, though at the same time, 'The expression of a change of aspect is the expression of a new perception', a footnote comments. Something is *altered* as a result of the invention of the duck-rabbit.[9]

Mewn geiriau eraill, mae hyn yn enghraifft o'r cyfryngol fel yr hyn sy'n cynhyrchu rhywbeth gwahanol, nid trwy drawsnewid y darnau yn undod neu gyfanwaith, ond trwy wneud nodwedd o anghydweddiad y darnau, fel bod yr hyn sy'n cael ei gynhyrchu, nid yn newydd yn llythrennol yn yr ystyr fod trydydd term yn cael ei gynhyrchu (er enghraifft, trwy synthesis), ond yn cael ei ailgyflunio trwy gael eu gorfodi i wynebu ei gilydd. Yn hytrach na chael eu colli yn ei gilydd, fe'u problemateiddir, ddim yn annhebyg i gyfresymiad.

Fel y darllenaf ddadl Armstrong, sy'n dal i ddilyn i raddau yn ôl traed Hegel, byddai hyn yn gwneud testunau ysgrifol Morys, Havel a Hrabal yn enghreifftiau gwych o wrthrychau esthetig. Mewn geiriau eraill, yn ôl darlleniad Armstrong, mae Hegel yn gweld rhesymeg 'meddwl' fel cyfryngiad ond mae'n darllen yr un cyfryngiad hwn fel rhywbeth sydd yn rhan sylfaenol o bob math o brofiad, gan gynnwys profiadau bob dydd. Yr hyn sy'n unigryw am yr esthetig o safbwynt Armstrong yw'r ffaith ei fod yn galluogi'r elfen gyfryngol hon mewn profiad i ddod i'r wyneb ac yn ei hamlygu. Felly, trwy fod yn ymwybodol o'r cysylltiadau a wnawn, rydym yn cael ein rhwystro rhag cael ein dal mewn ailadrodd diffrwyth sydd yn beryg o gymryd bod gwybodaeth bob amser yn rhywbeth uniongyrchol. Mae hyn unwaith eto'n arbennig o berthnasol yn wleidyddol, oherwydd trwy roi rhwydd hynt i ni gymryd yn ganiataol fod gwybodaeth yn rhywbeth uniongyrchol, dim ond cam bach sydd wedyn i gyflwyno'r un wybodaeth honno fel rhywbeth sydd yn anorfod wir, ac yn ei dro, defnyddio hynny i awdurdodi pethau. Mae'n debyg y gallai'r math hwn o waith esthetig fod hefyd yn cynnig atebion posib i'r cwestiwn sut y gellir osgoi neu oddiweddyd ideoleg (ideoleg fel camsyniad o brofiad uniongyrchol, naturiol, yn eironig heb fod yn annhebyg i estheteg Kant a'r estheteg y mae Derrida ac Eagleton yn dewis ei disgrifio); a syniadau hefyd ar gyfer sut i rwystro'r 'indifference of reiterated universals so inimical to that which doesn't fit its terms' trwy ganolbwyntio ein sylw ar y broses – y cyfryngau – sydd yn rhan o'n hymgais (anymwybodol ar y cyfan) i ddeall ac ymateb i brofiad. Fel bod y cyfryngdod hwn sy'n cael ei annog gan yr esthetig, trwy ein gwneud yn fwy ymwybodol o'r modd y mae cynrychiolaeth a gwybodaeth yn cael eu ffurfio, hefyd yn gallu cynnig atebion amgenach. Mae hyn unwaith eto'n adleisio i ryw raddau y modd y mae Lyotard yn gosod metanaratifau wyneb yn wyneb â'i gysyniad o *petits récits* fel ag y gwelsom yn y drydedd bennod. Osgoir y llythrennol a'r goblygiadau sydd i'r syniad y gellir cael darlun gwir o bethau, y gellir eu disgrifio fel ag y maent – y digyfrwng y mae Hegel ac Armstrong yn cyfeirio ato – trwy'r modd y mae'n gwthio'r ffigurol i mewn i naratif, a thrwy hynny (er bod hynny'n digwydd ar draul y cysyniadol), o fod yn ddibynnol ar naratif, gwleidyddiaeth: 'la politique témoigne du néant qui s'ouvre à chaque phrase occurrente et à l'occasion duquel le différend naît entre les genres de discours' (nid yw gwleidyddiaeth yn *genre* o gwbl, mae'n dyst i'r diddymdra sydd yn agor gyda phob brawddeg yn ei thro, a dyma pryd y mae'r *différend* yn cael ei greu, rhwng gwahanol ddisgyrsiau).[10] Serch hynny, nid yw'r goleddfu dros dro yma o'r cysyniadol gan y ffigurol yn dynodi bod Lyotard yn diystyru'r cysyniadol. Yn hytrach, dylid deall hyn fel ei wrthsafiad yn erbyn y modd y mae'r cysyniadol yn cael ei ddyrchafu oherwydd ei enw fel rhywbeth sydd yn cynnig tocyn i fetanaratif.

Mae Lyotard yn gofalu nad yw metanaratifau ddim yn bosib trwy haeru nad oes unrhyw fodd i gyfreithloni naratifau nad ydynt wedi cael eu dylanwadu gan ffigwr naratif.[11] Yn ei dro – a dyma'r prif bwynt lle ceir tir cyffredin gyda'm dadl innau – mae hyn yn awgrymu gwleidyddiaeth (ôl-fodern) a fyddai gyda digon o hunan-ymwybyddiaeth i fod yn abl i wrthwynebu lliflinio ei naratif ar draul naratifau eraill dargyfeiriol, er enghraifft, rhai lleiafrifol, gan ymwrthod â dreif gwleidyddiaeth fel 'nothing more than a search for an adequate expression of the general will'.[12]

Mae astudiaeth Armstrong hefyd yn cael ei gyrru gan ymgais i ailsefydlu perthynas uniongyrchol rhwng emosiwn a rheswm trwy gyfrwng yr esthetig, fel 'thinking affect'; mewn geiriau eraill, i ddangos potensial gwybyddol emosiwn trwy gyfrwng yr esthetig. Er y byddai tu hwnt i sgôp y gyfrol hon, dyma faes arall y byddai'n werth ei archwilio mewn perthynas â thestunau Morys, Havel a Hrabal, ac eraill. Er enghraifft, yn ngwaith Morys a Hrabal, fel rhan o gyfosodiad synnwyr (fel iaith ddisgyrsaidd) a diffyg synnwyr (fel emosiwn, iaith *non-sequitur* yn creu'r effaith o fod yn reddfol), a'r modd y mae'r dilys yn cael ei gyfleu yn y testunau; yng ngwaith Havel, yn nhermau cydberthyniad yr affeithiol â'i archwiliad o gysyniad Levinas o'r Arall. Ceir llinynnau eraill tebyg y gellid eu holrhain a awgrymir gan astudiaethau diweddar ar ddychymyg a rheswm, er enghraifft, astudiaeth John Llywelyn, *The HypoCritical Imagination: Between Kant and Levinas* (2000), sydd, o gael ei orsymleiddio, yn ceisio dangos beth y gellid ei ennill o wrthod deall y dychymyg fel yr hyn sydd yn groes i reswm.[13] Fel rhan o'r ymgais hon, mae *The HypoCritical Imagination* hefyd yn trafod yn uniongyrchol y gwleidyddol a'r esthetig. Trwy ddarlleniad beirniadol o ddarlleniad Hannah Arendt o *critiques* Kant, er enghraifft, yn *Lectures on Kant's Political Philosophy*,[14] mae John Llywelyn yn amlinellu termau – termau sydd yn wahanol, ysywaeth, i'm termau i yn y gyfrol hon – sydd yn ein galluogi i ystyried y gwleidyddol fel rhywbeth sy'n ddibynnol ar strwythurau esthetig:

> Like aesthetic judgement according to Kant, political judgement according to Arendt's reading of Kant is neither a matter of action and will nor of cognitive science. Political judgement is a matter of opinion. So it is not a matter of philosophy. It is not a matter of metaphysics, even of the Critical metaphysics of experience that set limits to what we can know. It is rather a matter of history both in the sense already mentioned of being about the past, and in the etymological sense of the Greek term *historeô*, to tell a story about what one has learnt, to narrate.[15]

Dangosir fel y mae'r *schema* yma yn gysylltiedig ym meirniadaeth Arendt â'r cysyniad o'r dychymyg fel 'the power of unifying construction, yr hyn sydd wedi'i fynegi 'in narration, talent for *historia*, the art of telling stories'.[16] Rwy'n nodi hyn fel enghraifft o ffordd arall, bur wahanol, o ddod â'r esthetig a'r gwleidyddol i ymrwbio yn ei gilydd. Mae'n werthfawr, hyd yn oed os ydym yn anghytuno gyda'r pwynt cyswllt penodol a amlinellir rhwng y ddau gategori, oherwydd mae ystyried y gwleidyddol o ongl esthetig o leiaf yn gymorth i'n symud allan o'r arfer o ddiffinio'r esthetig fel petai'n symud i gyfeiriad croes i'r un gwleidyddol. Yma, i aros gydag amlinelliad John Llywelyn o ddadl Arendt (heb fynd ymlaen i archwilio ei feirniadaeth a'i ddatblygiad o'i ddarlleniad), yn hytrach na chael eu diystyrru, mae termau esthetig Kant yn y *Critique of Judgment* yn cael eu hymestyn i fyd y gwleidyddol, yn benodol oherwydd y'u hystyrir yn berthnasol. Mewn geiriau eraill, nid ymgais a gawn yma i ailweithio amlinelliad strwythurol Kant o farnu esthetig fel pethau sydd hanner y ffordd rhwng rhesymeg ymarferol yn ymwneud â'r ewyllys neu awydd ar y naill law a deallwriaeth theoretig ar y llaw arall. I'r gwrthwyneb, ar sail yr hyn nad yw, rwy'n cydnabod, yn ddim ond darn byr o waith Arendt, mae'n ymddangos fel petai y strwythur hwn yn cael ei fabwysiadu a'i ymestyn. Mae Llywelyn hefyd yn nodi bod defnydd Arendt o *Critique of Judgment* Kant yng nghategori'r gwleidyddol yn debyg i ddefnydd Schelling o'r un *critique* ym maes athroniaeth yn ei *System of Transcendental Idealism* lle dadleuir mai myth yw'r strwythur sydd yn caniatáu inni ymestyn yn ôl am gip ar wyddoniaeth nad yw wedi ei gwahanu oddi wrth farddoniaeth, ac i ymestyn ymlaen tuag at reddf ddeallusol yr athronydd sydd yn awgrymu goddrychedd ar ffurf wrthrychol yng ngreddf esthetig y bardd.[17] Mae'r rhesymeg hon (yr hyn a gyfeiriais ato hyd yn hyn fel strwythur) a godir o *critiques* Kant, sy'n cwmpasu agwedd gyffredinol y penodol ac agwedd benodol y cyffredinol, wrth gwrs yn cael ei mynegi'n finiog yn arbennig yn amlinelliad Kant o farnu esthetig yn ei drydydd *Critique of Judgement*, ac argyhoeddiad Hannah Arendt y gellid ei ymestyn i faes barnu gwleidyddol. Mae'n rhesymeg sydd yn awgrymu y dylai archwiliad manwl o hyd a lled potensial yr esthetig radical gynnwys ailddarlleniad agos o farnu Kant ar chwaeth, a hefyd ymgais i beidio â chael ein dargyfeirio gan rethreg Eagleton a Derrida o'r ego barus pur yn benderfynol o sefydlu undod; hyn er gwaetha'r ffaith fod natur orffenedig y model Kantaidd yn eithriadol o afaelgar. Fe'n hatgoffir o haeriad Adorno yn ei drafodaeth ar yr ysgrif:

> Its concepts [h.y. cysyniadau'r ysgrif] receive the light from a *terminus ad quem* hidden in the essay itself, and not from an obvious *terminus a quo* . . . All its concepts are presentable in such a way that they support one another, that each one articulates itself according to the configuration that it forms with the others.[18]

Nid dyma hollgynhwysedd disbyddol a didrugaredd y rhesymeg Gartesaidd, ond parch at y penodol sydd, dylid cydnabod, â'i gynsail ym marn Kant am chwaeth, yn 'a shrinking back from an overarching concept' lle mae 'self-relativisation is immanent in its form' – ffurf yr ysgrifol.[19] Serch hynny, beth yw'r cysylltiad ag esthetig radical? Gellid dadlau, mewn dull sydd ymhell o fod yn radical, nad yw amlinellu cymariaethau fel hyn rhwng ffyrdd estheteg a gwleidyddiaeth o weithio yn ddim ond ffurf arall ar y modd y mae Eagleton a Derrida yn diddymu'r esthetig o dan gysgod yr ideolegol, mewn geiriau eraill, fod y gwleidyddol fel y'i deellir gan Arendt (trwy gyfrwng darlleniad Llywelyn) fel safbwynt yn hytrach nag athroniaeth, naratif yn hytrach na gwyddoniaeth wybyddol ('Political judgement is a matter of opinion'[20]) i bob bwrpas yn perthyn i'r un ideoleg. Gan gydnabod bod tir cyffredin clir yma, a chan gydnabod fy mod yn torri'r darn hwn yn nhrafodaeth Arendt a Llywelyn o'i gyd-destun llawer ehangach, mae'r cipolwg yma ar eu darlleniadau yn bwysig oherwydd mae hefyd yn amlinellu rhywbeth arall, sef esthetig mwy cymhleth nag ego totalitaraidd pur a barus, yn benodol oherwydd – unwaith eto, gan risgio creu *faux-amis* – nad yw'r llenyddol a'r barddonol ar y naill law, a'r gwybyddol, yr athronyddol a'r gwleidyddol ar y llaw arall, ddim yn cael eu deall mewn modd sy'n cau'r naill a'r llall allan. Fel y mae sylwebaeth Llywelyn yn nodi ymhellach ymlaen, ac yn adleisio Adorno, y pwynt cyffwrdd yma rhwng y gwleidyddol a'r esthetig yw'r penodol:

The mythological narrative anticipated by Schelling may be a grand narrative, but it is not concerned with universal intelligibility or cognition. This holds, in Arendt's reading of Kant, all the more evidently for the smaller-scale narratives authored by the politico-poietic judgement of individuals rather than of the collective unconscious of a race or generation, a *Geschlecht*.[21]

Tra rwyf yn darllen y pwyslais yma ar y penodol fel cyngor i beidio â chymryd yn ganiataol fod y ffiniau rhwng y gwleidyddol a'r esthetig wedi eu dymchwel yma, mae'r dargyfeiriad hwn, trwy ddod â'r esthetig a'r gwleidyddol ynghyd, neu fardd ac athronydd Schelling, hefyd yn ein hatgoffa y byddem yn ddoeth i ystyried y gwahanol sfferau hyn o feddwl nid yn union fel sfferau sydd yn elyniaethus i'w gilydd, ond fel meysydd ymchwil, sydd, o'u tynnu ynghyd yn ddigon agos, yn abl, trwy osod colyn, i greu ffrithiant arbennig o bwrpasol a defnyddiol. Dyma'r union ffrithiant, fel y gwelsom, a wneir yn fawr ohono gan yr ysgrifol a'i ddefnyddio fel carreg naid. Dyma hefyd y ffrithiant y mae Morys, Havel a Hrabal yn ei ddefnyddio, trwy gyfrwng is-setiau amrywiol ac analogaidd, o'r esthetig a'r gwleidyddol, i gynhyrchu eu gwleidyddiaeth a'u hathroniaeth o gyd-destun yr hyn a elwais eisoes yn esthetig radical. Rwyf am symud ymlaen nawr i archwilio'n fanylach pam mai'r ysgrifol yw'r garreg naid ddelfrydol ar gyfer prosiectau Morys, Havel a Hrabal. Gobeithiaf hefyd y bydd hyn yn gymorth i ddatod clymau'r termau – gwleidyddol, cysyniadol, ac ar adegau, gwybyddol – sydd wedi cyfeirio'm dadl hyd yma.

Yr ysgrifol fel esthetig radical?

Os deellir cyfryngiad neu'r cyfryngol fel yr hyn sydd yn rhoi sylw arbennig i anghymharusrwydd elfennau, gan arwain at eu hailgyflunio trwy broblemateiddio'r termau (yn hytrach nag arwain mewn symudiad synthetig at drydydd term), ac os mai dyma'r hyn y mae'r esthetig yn arbennig o abl i'w wneud, byddai'n ymddangos yn deg dadlau bod yna orgyffwrdd yma, os nad gorgyffwrdd rhwng termau, o leiaf gorgyffwrdd rhwng diddordebau yr esthetig hwn a delfryd yr ysgrif. Mewn geiriau eraill, mae'n edrych yn debyg fod defnyddio'r ysgrifol yn gam at gynhyrchu'r esthetig cyfryngol hwn. Oherwydd fel math o ysgrifennu sydd yn dwyn ei egni o'r tyndra a gynhyrchir rhwng y disgyrsaidd ar y naill law, a defnydd creadigol o iaith ar y llaw arall, mae fel petai eisoes yn awgrymu ffawtlin sydd yn ysgogiad ynddo'i hun. Ar ben hynny, gwelsom fod y ffrithiant sydd yn galluogi Morys, Havel a Hrabal i gynhyrchu eu gwleidyddiaeth arbennig hwy yn ffrithiant y gellir ei olrhain yn ôl i dyndra nad yw'n annhebyg i'r un y mae'r ysgrif yn deillio ohono. Mae testunau Morys a Havel yn adlewyrchu y ffawtlin iaith greadigol/drosiadol-ddisgyrsaidd efallai'n fwy uniongyrchol nag ysgrifau Hrabal.

Dadleuais ym mhennod 2 ei bod yn ddefnyddiol edrych ar genedlaetholdeb diwylliannol Twm Morys fel petai yn ddibynnol ar y trosiad estynedig o sgwarnogrwydd. Ym mhennod 3 gwelsom sut y mae athroniaeth foesegol Havel a'i ddealltwriaeth o gyfrifoldeb a'r Arall yn datblygu o'r tensiwn rhwng arddull ddisgyrsaidd, fanwl Havel a'i gysyniad o 'orwel absoliwt Bod' sydd, trwy ddiffiniad, y tu hwnt i'r cysyniadol. Mae ysgrifau Hrabal, ar y llaw arall, yn chwarae gyda'r hyn y mae Adorno'n ei alw'n 'fwriad iwtopaidd' yr ysgrif – sef gallu'r ysgrif i atgyfnerthu'r argraff o fod yn uniongyrchol tra ar yr un pryd yn ei danseilio. Fel y dywed Claire de Obaldia yn ei hastudiaeth, *The Essayistic Spirit*:

> it is thanks to – as well as in spite of – the awareness of its own derived and secondary status that the essay can ultimately afford not only to exploit immediacy reflexively, as an idea, but also to act it out. The genre continues to hover between its creative, emancipated quality and the critical (conceptual) dimension which counteracts this creative quality, between criticism as art and criticism as commentary – or simply between what I referred to as commentary and criticism. Yet, in reverse, it is also by fully assuming its declared status as commentary, as secondary, as intertextually bound, that the essay can also fully assume its creative and emancipative potential.[22]

Yn ysgrifau Hrabal, manteisir ar fynegiant uniongyrchol mewn modd deublyg ac mae'n cynhyrchu gwrthddywediad cynhyrchiol. I grynhoi, gwelsom sut, ar y naill law, y crëir argraff o fynegiant naturiol ddigymell trwy gyfrwng arddull sy'n llawn *non-sequiturs* a newidiadau annisgwyl yn y naratif. Ceir hefyd y defnydd o batrymau sy'n dod yn ôl fel cytgan gyda'r thema wedi ei chadw yr un fath, ond gyda newidiadau bychain yn y dôn neu'r rhythm. I gychwyn, manteisir ar yr effaith yma o uniongyrchedd fel modd i Hrabal gyfiawnhau ei ddiffyg ymrwymiad gwleidyddol trwy berswadio'r darllenydd o ddilysrwydd ei achos, gan wneud i'w resymau ymddangos yn real iawn, nid dim ond fel esgusodion tila – ofnau 'který jsem získal už v genech' (ofnau y gwnes eu hetifeddu yn fy ngenau)²³. Ond ar yr un pryd, wedi eu cyfuno gydag effaith soporiffig yr arddull gytganllyd, swyn-ganiadol, gall yr ymdeimlad o ddilysrwydd ddod drosodd yn llechwriadd, gan groes-ddweud y modd y mae Hrabal yn cyflwyno ei wleidyddiaeth ryddfrydol o *laissez-faire*: gwleidyddiaeth sydd, er ei bod yn cael ei chyflwyno o safbwynt thematig fel gwleidyddiaeth ryddfrydol, yn y pen draw, yn ymddangos fel petai'n gwrthod unhryw drafod, tra ar yr un pryd yn wrthddeallusol oherwydd arddull y cyflwyno. Mae unrhyw botensial cysyniadol yn y naratif a fyddai'n rhoi lle i'r darllenydd ymateb yn feirniadol yn cael ei sathru. Mewn geiriau eraill, mae'r darllenydd yn cael ei lwlian i dderbyn gwleidyddiaeth Hrabal, sydd yn ddibynnol iawn ar rethreg ar draul cysyniadau. Daw â ni braidd yn rhy agos at ideoleg yr esthetig, chwedl Eagleton. Ond gwelsom hefyd yn y bennod hon sut y mae'r un effaith naturiol uniongyrchol hon yn cael ei chysylltu yn ei thro â hiraeth yn y naratif am y naratif presennol, ac anfodlonrwydd fod yr hyn 'sy'n digwydd' yn cael ei leihau i gyflwr yr 'hyn a ddigwyddodd'.

Gwelsom hefyd sut y mae'r deisyfiad yma am y goddrychol, am yr amser neu'r cyflwr presennol yn cael ei drin fel thema tra ar yr un pryd yn cael ei ddefnyddio fel math o wrthsafiad i gydymffurfiad gwleidyddol, i ddisgyrsiau trosfwaol sydd yn datgan y gwir, trwy ddatgymaliad parhaus y naratif o unrhyw awgrym o naratif unionlin. Fel bod yr uniongyrchol felly, yn eironig braidd, yn cael ei wneud yn sail sydd yn y pen draw'n symud testunau Hrabal ymlaen i lefel feirniadol – dimensiwn beirniadol sydd â'r fantais o fod wedi ei fwydo a'i oleddfu gan y penodol, y lleol a'r dimensiwn goddrychol a gasglwyd ar daith y testun trwy'r elfennau digyfrwng. Yn y ffordd hon, mae hefyd yn awgrymu dad-wneud rhith bywyd cymdeithasol fel 'maes harmonig lle ceir cytundeb', rhith cyffredin yng ngwleidyddiaeth gwrth-dotalitaraidd Dwyrain Ewrop. Dadleua Jerzy Szacki iddo gael ei ystyried ar ei anterth fel un o lwyddiannau digwestiwn a sail ethos y mudiad Solidarność yng Ngwlad Pwyl.²⁴

Felly, os yw'r ysgrif yn cael ei hystyried fel ffurf sydd yn ddibynnol ar y tyndra hwn rhwng y creadigol a'r beirniadol, rhwng elfennau cynradd ac eilradd, ar 'the ongoing process of relativisation of the natural by the cultural', mae modd defnyddio'r argraff o fynegiant naturiol, uniongyrchol i'r eithaf.²⁵ Mae ysgrifau Hrabal yn dangos sut y mae'r tyndra hwn yn arbennig o addas ar gyfer dal gafael ar y ddeuoliaeth hon rhwng pethau penodol a phethau cyffredinol, rhwng y *petit récit* a metanaratif, gan beri bod y naill yn cael ei dymheru gan y llall, a dal gafael ar y tyndra heb ei ddatrys. Yn y modd hwn, delir gafael ar ddilema gwleidyddiaeth y mae'n rhaid iddi gael ei mynegi er mwyn bod yn ddemocrataidd (hynny yw, er mwyn galluogi pobl i ymateb), tra ar yr un pryd, wrth gael ei datgan neu ei mynnu, mae mewn perygl o ailadrodd yr ideoleg honno sydd wedi cymell ymateb gwleidyddol Hrabal yr adroddwr yn y lle cyntaf. Mewn geiriau eraill, mae mewn perygl o drawsnewid datganiad penodol, lleol yn osodiad ffeithiol sydd yn mynnu dilysrwydd ym mhob cyd-destun.

Yr hyn sydd gan yr ysgrifol i'w gynnig yw'r gallu i hyrwyddo tyndra arwyneb a rhagdybio hynny fel bwrdd naid a chyd-destun ar gyfer meddwl pellach a syniadau pellach – syniadau sydd ar yr un pryd yn dal i wisgo eu hanawsterau ar eu llewys. Dadleuais fod hyn yn gallu creu bwrdd naid arbennig o gynhyrchiol yn benodol oherwydd ei fod yn canolbwyntio ein sylw ar yr anawsterau, y croesddywediadau sydd yn rhan naturiol o unrhyw ymgais i fynegi syniadau, neu ffurfio gwybodaeth a gwleidyddiaeth. Mewn geiriau eraill, mae'r hyn sy'n wahanol, yn creu anhawster, fel petai, yn y deunydd, y gwyredig, yn cael ei fwydo'n ôl i mewn i'r ddadl fel amod ei mynegiant. O safbwynt diwylliannau bychain sydd yn arbennig o ymwybodol o'r problemau a geir wrth geisio arddel gwleidyddiaeth sydd yn sensitif i'r perygl o atgynhyrchu ar raddfa lai yr ideoleg gydymffurfiol, dotalitaraidd neu drefedigaethol y maent yn ceisio ei gwrthsefyll, mae'r ysgrifol, gyda'r modd y mae'n cydblethu y creadigol a'r disgyrsaidd, celfyddyd ac athroniaeth, gyda'i allu i ddatblygu'n atblygol, yn ymddangos fel y gwarant mwyaf dibynadwy yn erbyn disgyn i rwyd ideoleg.

Yn y cyd-destun hwn, mae'r ysgrifol, gyda'i allu i roi blaenoriaeth i broses yn hytrach na chynnyrch, yr hyn nad yw'n gysyniadol yn gymaint â'r disgyrsaidd, yn dod i'r wyneb fel method addawol ar gyfer delio gyda materion sy'n ymwneud â hunaniaeth. Ac mae'r esthetig fel yr hyn sy'n cynnig yr addewid am gyfathrebu heb gyfaddawd synthesis cysyniadol, yn arbennig ar ôl Adorno, yn sicr o fod yn atyniadol i'r rhai hynny sy'n ceisio dod o hyd i ffyrdd o fynegi a haeru eu hunaniaeth mewn cyd-destun lleiafrifol, fel ag y byddai mewn cyd-destun ôl-drefedigaethol neu unrhyw gyd-destun lle mae materion ynghylch pŵer yn rhan amlwg mewn trafodaethau yn ywneud â hunaniaeth.[26] Ystyriwyd yr esthetig (ond onid mwy perthnasol hyd yn oed fyddai'r ysgrifol?), yn arbennig wedi ei blygu trwy drosiadau, cydweddiadau, a chyfeiriadaeth yn atyniadol ers tro am ei allu 'to talk like the good fairies in tales: if you want to be unconditioned, it will be bestowed to you, but only *unkenntlich*, indecipherable. By contrast, the truth of discursive knowledge, while unveiled, is precisely for that reason unattainable.'[27]

Mae'r 'garwriaeth' yma wedi digwydd hefyd, wrth gwrs, hyd yn oed mewn athroniaeth, o Nietzsche, Heidegger neu Kierkegaard, *via* Wittgenstein a'i gonsýrn gyda'r hyn na all gael ei fynegi yn iaith athroniaeth, hyd at ddadadeiladaeth Derrida, neu Rorty gyda'i ethos o athroniaeth fel 'dim ond' un ffordd arall o ysgrifennu. Yr atyniad yw atyniad yr hyn sy'n unigryw – mae gweithiau esthetig drwy ddiffiniad yn unigryw (hyd yn oed pan fo'r gwrthrych esthetig yn ddarn o gelfyddyd wedi'i gosod (*installation art*)).[28] Byddai dilyn Kant yn golygu dadlau bod yr elfen unigryw yma yn rhan o'u natur anorfod fel gweithiau neu wrthrychau sydd yn mynd y tu hwnt i synthesis cysyniadol. Mae fy narlleniadau i o'r testunau ysgrifol hyn gan Twm Morys, Václav Havel a Bohumil Hrabal yn dangos ffyrdd amrywiol o ymateb i'r elfen ddeniadol ond hefyd ddefnyddiol hon o'r esthetig – yr esthetig fel yr hyn sydd yn ein hatgoffa o'r hyn sy'n wahanol, yn unigryw – trwy gyfrwng yr ysgrifol. Mae'r ysgrifol yn hanfodol yn y cyd-destun hwn fel modd i ddod â'r esthetig yn ôl i fyd y cysyniadol heb danseilio ei ddefnydd trwy fygu ei natur anunwedd.[29] Mewn geiriau eraill, mae'r ymdrechion hyn, o fod yn rhai ysgrifol, a chydag un droed yn y disgyrsaidd a'r ffuglennol neu'r anghysyniadol, a hefyd, felly, wedi eu rhwystro rhag ildio yn gyfan gwbl i'r esthetig, yn adleisio gweledigaeth Adorno lle mae gwybodaeth o'r math sydd yn codi o gyd-destun disgyrsaidd a gweithiau creadigol yn ddibynnol ar ei gilydd. Mae'r sefyllfa hon, fel y gwelwyd yn y dyfyniad blaenorol o *Aesthetische Theorie* (*Aesthetic Theory*) Adorno, yn ymgorffori'r ddelfryd a awgrymir gan fy narlleniadau: ymgais i fynd dan groen, os nad i adfer, paradocs y math o wybodaeth sydd yn perthyn yn arbennig i brofiad lleiafrifol sydd, unwaith y caiff ei fynegi, yn cael trafferth i roi lle i'w *raison d'être* ei hun, i'w wleidyddiaeth a sefydlwyd ar yr egwyddor o wahaniaeth. Gan adleisio'r hyn a welsom eisoes yn *La Condition postmoderne* Lyotard, a'i feirniadaeth o gyfalafiaeth, pan mae unrhyw fath o gyfathrebu yn cyfarfod â'r disgyrsaidd, mae'n dod yn rhan o broses o gyfnewid sydd ddim yn gallu rhoi cyfrif am y gwahaniaethau a'r hynodweddau arbennig sydd yn nodweddu'r lleiafrif. Mewn geiriau eraill, mae'r lleiafrif yn gorfod ei ddiffinio ei hun mewn perthynas â'r mwyafrif er mwyn cael llais. Mae hyn yn codi problem sydd, mewn gwahanol ffyrdd, o leiaf mor hen â diwylliant democratiaeth ryddfrydol: sut i ddianc rhag y cyhuddiad o gymaroldeb ac o ddiffyg ymrwymiad os yw rhywun yn gwrthod gwastraffu amser yn rhedeg ar ôl gwreiddiau cysgodion Platon. Hynny yw, sut mae modd i rywun gyflwyno ei ddadl heb ar y naill law fynd ynghlwm wrth y termau hynny y mae rhywun yn benodol yn ceisio eu dad-wneud, ac ar y llaw arall, heb gael ei alw'n berthynolydd y mae unrhyw beth yn gwneud y tro iddi. Byddai Richard Rorty, yr archryddfrydwr pragmataidd, yn syml yn dadlau os nad yw pragmatiaeth â diddordeb mewn cynnig theori o'r gwirionedd gerbron, os nad yw am ymdrybaeddu mewn epistemoleg, yna ni ellir, *a fortiori*, haeru ei fod yn cynnig theori o'r gwir sy'n berthynolaidd.[30] Yn yr un modd, gellid dewis peidio â mynd â goddefgarwch mor bell â bod yn barod i ymwneud ag unrhyw derm y mae ein gwrthwynebydd yn penderfynu ei ddefnyddio, a dadlau bod gwahanol eirfa yn berthnasol ar gyfer gwahanol gymundedau ar adegau gwahanol. Ac eto, siawns mai'r ffrithiant a geir rhwng dadleuon sydd yn cynnig y ffordd orau i finiogi a choethi ein termau ein hunain, o greu 'geirfâu newydd' ('new vocabularies' – term Rorty). Wedi'r cyfan, beth yw'r pwynt o fod yn unigryw ar ein pennau ein hunain; a fyddai'r term hyd yn oed yn gallu cynnal unrhyw ystyr? O'r cyd-destun hwn, mae'r ysgrifol, gyda'r modd y mae'n caniatáu i'r disgyrsaidd a'r ffuglennol neu'r 'tu-hwnt-i'r-cysyniadol' gyd-fyw ochr yn ochr, yn ymddangos fel petai'n gallu cynnig maeth ar gyfer sefyllfa ddelfrydol lle mae patrymau gwahanol o ddisgwrs yn cael eu dwyn at ei gilydd, yn cydblethu, hyd yn oed yn anghytuno, ond heb sathru ar ei gilydd, heb gael eu twyllo gan yr addewid o ollyngdod arwynebol gan adferiad y naill gan y llall.

Yn amlwg, felly, yr hyn sydd o ddiddordeb yma yw nid yr adegau pan fo'r disgyrsaidd a'r esthetig yn mynd eu ffyrdd eu hunain, ond yr adegau hynny pan fônt yn rhannu tir cyffredin, yn ymwneud â'i gilydd ac yn awgrymu ffrithiant sydd yn cadw pethau i fynd yn barhaus. Dyma'r hyn y mae'r ysgrifol yn ei gynnig, a dyma'r foment fwyaf addawol yn benodol oherwydd ei bod yn rhoi blaenoriaeth i'r ymwneud yma rhwng moddau sydd yn rhy aml yn cael eu hystyried yn anghymharus, yn ddau fodd nad ydynt yn berthnasol i'w gilydd, ar wahân i ambell fenthyciad arddull yma ac acw. Mae Rorty yn symud y ddadl ymlaen gyda'i fersiwn yntau o ryddfrydiaeth wleidyddol, gan roi blaenoriaeth i agwedd sydd yn agored i gyfarfyddiadau newydd, ffrithiant hyd yn oed, ar draul cael gafael ar wirionedd, gan ddadlau:

> We can only hope to transcend our acculturation if our culture contains (or, thanks to disruptions from outside or internal revolt, comes to contain) splits which supply toeholds for new initiatives. Without such splits – without tensions which make people listen to unfamiliar ideas in the hope of finding means of overcoming those tensions– there is no such hope. The systematic elimination of such tensions, or of awareness of them, is what is so frightening about *Brave New World* and *1984*. So our best chance for transcending our acculturation is to be brought up in a culture which

prides itself on *not* being monolithic – on its tolerance for a plurality of subcultures and its willingness to listen to neighboring cultures.[31]

Mae'n anrhydeddu'r athronydd John Dewey am wneud y cysylltiad hwn rhwng gwrthgynrychiolaeth a democratiaeth, mewn geiriau eraill, rhyddfrydiaeth wleidyddol sydd wedi ei gyrru gan solidariaeth yn hytrach na gwirionedd, gyda sylfaen sydd yn foesegol yn hytrach nag epistemolegol neu fetaffisegol.[32] Hefyd, disgrifir athroniaeth ddiddorol fel 'rarely an examination of the pros and cons of a thesis. Usually it is, implicitly or explicitly, a contest between an entrenched vocabulary which has become a nuisance and a half-formed new vocabulary'.[33]

Mae'r addewid yma o unigrywedd a geir gan yr esthetig, hyd yn oed os nad oes modd ei wireddu, yn atyniadol a pherthnasol ar lefel sylfaenol amlwg yn nhestunau Twm Morys. Yr unigryw, wedi'r cyfan, yw'r gri sydd yn cael ei defnyddio gan y rhan fwyaf o leiafrifoedd diwylliannol ac ieithyddol (yn wahanol, efallai, i leiafrifoedd cymdeithasol neu wleidyddol), pan ydynt yn dod wyneb yn wyneb â materion yn ymwneud ag effeithiolrwydd, elw ac ati – oni all y gwahaniaeth lleiaf fod yn berthnasol i'r darlun ehangach, fel rhywogaeth goll yn datgelu iachâd ar gyfer cancr? Ac eto, ni all hunaniaeth gael ei mynegi trwy gyfrwng rhesymeg anunwedd estheteg bur (os nad yw estheteg o'r fath yn ffuglen beth bynnag). Prin y byddai hynny'n gyfystyr â gwleidyddiaeth, ac mae gwleidyddiaeth yn hollbwysig os yw rhywun am ddadlau dros gynnal hunaniaeth. Ar yr un pryd, erys y posibilrwydd y gallai'r cymariaethau sydd wedi eu creu rhwng Morys, llais naratif 'Codi Sgwarnogod', a'r ormes ddiwylliannol y mae'n dadlau'n ei herbyn, gael eu hailadrodd yr un mor rhwydd ar y lefel leol rhwng ymwybyddiaeth wleidyddol yr unigolyn a'r colectif oddi mewn i'r grŵp o ddarllenwyr y mae'n rhannol yn siarad â hwy sydd yn lladmeryddion i genedlaetholdeb diwylliannol. Ond, fel y gwelsom ym mhennod 2, mae defnydd estynedig Morys o drosiad yn ychwanegu cymhlethdod at y darlun gwleidyddol y mae'n ei dynnu, ac yn darparu modd o'i gadw i symud, o'i rwystro rhag caledu'n ddogma. Yr hyn sydd yn gwneud ysgrifau 'Codi Sgwarnogod' mor arbennig o atyniadol yw'r ffaith fod y darllenydd yn cael ei gadw'n barhaus ar ddibyn gwleidyddiaeth benderfynol, ddigymrodedd, gwleidyddiaeth cenedlaetholdeb diwylliannol diwyro, ac eto byth yn dod o hyd i ddatrysiad ar gyfer yr ysgogiad testunol hwn. Mewn geiriau eraill, nid yw byth yn gallu rhoi ei bys yn hollol ar ideoleg destunol mewn modd sy'n ddigon penodol i ddal gafael arni a diystyru'r testunau fel ideoleg genedlaethol guddiedig, yn wag o'r gostyngeiddrwydd y gellid disgwyl (yn gam neu'n gymwys) i gefndir lleiafrifol ei fagu mewn person.[34] Ensyniaf yma fod ideoleg yn anghynhyrchiol mewn cyd-destun llenyddol, o ddadlau fod llenyddiaeth dda yn dibynnu ar densiynau, cymhlethdod a chroesddywediadau.

Wrth gwrs, ni ddylem gael ein temtio i symleiddio pethau drwy gymryd y math hwn o drafod hunaniaeth i fod yn symptomatig o'r ffawtliniau yr wyf yn eu disgrifio. Digon gwir, efallai bod yr amodau yn arbennig o ddwys yn y cyd-destunau a ddisgrifir yn ysgrifau Morys, Havel a Hrabal, ond gallai trafodaeth debyg yn amlwg godi o gyd-destun heb unrhyw gysylltiad â materion lleifarifol neu wrth-dotalitaraidd. Mae Pamela J. Schirmeister yn dangos rhediad tebyg o amodau mewn perthynas â datblygiad ysgrifau Emerson. Er na chawsant eu hysgrifennu mewn cyd-destun gwleidyddol diwylliant llai neu gymuned wleidyddol sydd yn gyfarwydd gyda thrafod tramliniau hunaniaeth, mae modd gwneud cymariaethau perthnasol â chonsýrn yr ysgrifau hyn gyda chaboli hunaniaeth genedlaethol Americanaidd newydd, yn erbyn cyddestun America yng nghanol y bedwaredd ganrif ar bymtheg. Mae Pamela Schirmeister yn dadlau mai'r union gyfuniad hwn o iaith drosiadol a disgyrsaidd sydd yn nodweddiadol o'r ysgrif, 'the rhyming of the twin concerns of poetry and philosophy' sydd yn galluogi'r ysgrif Emersonaidd 'to prophesy an American mode of letters that will give birth to an increased creativity'.[35] Mae'r arwynebau trawsnewidiol (term Emerson) sydd yn cael eu creu gan yr ysgrif yn cael eu cyflwyno fel petaent yn ddibynnol ar yr ymdrech gyfun rhwng barddoniaeth ac athroniaeth wedi eu dwyn ynghyd. Ar yr un pryd, dadleuir bod yr un arwynebau hyn, y symud hwn rhwng 'barddoniaeth' ac 'athroniaeth' yn cynnal y ffordd neu'r tramwyad rhwng y preifat a'r cyhoeddus.[36] Mewn geiriau eraill, y 'transitional surfaces' yma a gynigir gan yr ysgrif sydd yn galluogi datblygiad meddwl gwleidyddol a democrataidd. Fe'u cyflwynir hefyd fel yr hyn a ddylai ddisodli'r blociau adeiladu cysyniadol sy'n cael eu ffafrio gan gymaint o athroniaeth Ewropeaidd tan ddechrau'r bedwaredd ganrif ar bymtheg (y traddodiad y gellir gweld Emerson yn ei osod ei hun yn ei erbyn)[37], trwy ailddiffinio meddwl fel gweithred o dderbyn, o wrando a chyfryngu trwy'r Arall yn hytrach na meddwl fel siarad, neu 'ymrafael am rywbeth'.[38] Mewn geiriau eraill, mae gwybodaeth neu wybod yn cael ei gyflwyno fel 'the province of rhetoric and persuasion, of the ways in which language affects, make us receptive to it' – rhywbeth sydd, yn wahanol i'r cysyniadol, yn ein gwneud yn 'fwy' yn hytrach na 'llai'.[39] Gan adleisio trywydd Dewey a Rorty at ddemocratiaeth trwy wrthgynrychiolaeth, trwy gyfrwng perthynas foesegol gydag eraill yn hytrach na pherthynas gyda gwirionedd, dadleuir bod gwleidyddiaeth ar lun Emerson, er mwyn gwireddu'r angen am fod yn ddemocrataidd, yn benderfynol o ddod o hyd i ffordd o hwylio o amgylch neu osgoi cynrychiolaeth. Mae hwylio o amgylch cynrychiolaeth, wrth gwrs, yn gam cyntaf amlwg tuag at danseilio'r math o siarad neu gyfathrebu sydd yn hermetig, yn gam tuag at danseilio, mewn geiriau eraill, yr hyn a elwir mewn theori feirniadol yn 'gload' (*closure*), hynny yw, ideoleg. Ond y cwestiwn mwy diddorol ac anos ei drin yw sut i ddod o hyd i ffordd o symud oddi wrth yr hwylio yma o amgylch cynrychiolaeth at y cam nesaf o ddatgan, yn hytrach na gwyrdroi neu danseilio hunaniaeth neu athroniaeth wleidyddol. Mae'r ffaith fod Pamela J. Schirmeister yn mynd i gyfeiriad arall, fel y mae'n cydnabod, o gymharu â llawer o ddehongliadau blaenorol o athroniaeth wleidyddol a diwylliannol Emerson, yn cydnabod ar ryw ystyr gymhlethdod y symudiad y mae hi'n ei ddynodi yn ysgrifau Emerson. Byddai llawer o feirniaid Emerson yn casglu'n syml fod ei ysgrifau yn wleidyddol amheus oherwydd iddynt fethu ag ymwneud â materion gwleidyddol ac ideolegol y bedwaredd ganrif ar bymtheg yn America, gan beidio â mynegi barn, er enghraifft, ar faterion cyfoes enbydus megis caethwasiaeth. Mae Schirmeister yn mentro ymateb trwy ddadlau bod raid i ysgrifau Emerson, os am gyflawni eu hamcanion gwleidyddol, aros yn dawel ar yr union faterion y maent yn ceisio ymroi iddynt.[40] Mae hi'n dadlau bod ei ysgrifau yn llwyddo yn benodol i gynnwys 'the very promise of democracy' oherwydd nad oes modd cynrychioli ein hymwneud gyda distawrwydd Emerson ar faterion caethwasiaeth. Rhaid gadael i'r 'addewid' weithio trwy'n darlleniad, hynny yw, ei 'berfformio' fel petai trwy'n hymgais i ddod o hyd i ffordd drwy rethreg yr ysgrifau, oherwydd mae'n ddemocratiaeth sydd yn hanfodol yn cydnabod ei natur amodol ei hun, trwy fath o feddwl ar ffurf darllen sydd yn ein cymell ni fel darllenwyr, fel yr Arall, i gymryd rhan mewn proses sydd yn ymestyn y tu hwnt i'r cloi cynrychioliadol:[41]

> Emerson . . . cannot or will not name the subject that he addresses. Yet in this silence *is* a terrific force, precisely because by not speaking, by refusing to enter the ideological argument in any direct sense, Emerson takes a first step toward freedom from it, and we with him. His method will be to move us from the unconscious dream of ideology, not to something that might be construed as freedom from it, but at least to a mode of thinking that is less susceptible to the attempts at closure toward which ideology of any sort is always pushing us.[42]

Mae Schirmeister yn lleoli'r modd y mae Emerson yn llwyddo i greu'r ffurf ddirodres, lawn parch hon ar ddemocratiaeth, yn ôl-droelliadau cywrain ei ysgrifau, sydd yn digwydd ar lefel rethregol yn hytrach na disgyrsaidd neu drwy fetaffiseg; yn fwy penodol, mae gwleidyddiaeth Emerson yn bresennol yn y gweu o un ddelwedd i'r llall, yn draws-enwol, yn drosiadol, yn hytrach nag ar ffurf dadl neu osodiad/gwrthosodiad.[43] Yn fwy diddorol, y rheswm nad yw dadl uniongyrchol yn arwain i unlle yw oherwydd nad oes modd goresgyn ideoleg gan ei bod yn 'illusion written into the very structure of the believing subject'.[44] Mewn geiriau eraill, nid yn unig mae ideoleg ym mhobman, ond hebddi, ni fyddai modd i feddwl neu safbwynt ymffurfio:

> interpretation is a consequence of choice and decision, even if unconscious, which become available precisely because of certain opacities in the structure of belief. It is our way of taking up the scripts we are given and changing them merely by the fact of actively addressing them with our own words.[45]

Mae'r athroniaeth foesegol y mae Schirmeister yn ei datblygu wrth drafod ysgrifau Emerson yn llwyddo i wneud rhinwedd o'r realaeth ideolegol hon, fel bod 'belief and the words with which we express it are not only instruments of closure' ond hefyd, yn hanfodol, 'the means of personal expression'.[46] Gall y paradocs hwn fod yn un cynhyrchiol os ydym yn barod i gymryd rhan 'in actual linguistic engagement', os ydym yn barod 'to place our own words in relation to those of an Other in an attempt to continue the conversation'.[47] Y sialens yw 'to reorient the language of the entire argument such that the original terms no longer mean anything'.[48] Dyma ideoleg felly wedi ei chyflwyno fel ffuglen angenrheidiol yn hytrach nag fel rhywbeth sydd dan gêl, yn an-ymwybodol, fel ymwybyddiaeth ffug, yn agored i feirniadaeth ideolegol. Mewn geiriau eraill, mae Schirmeister yn ein gwneud yn ymwybodol o ideoleg fel rhywbeth sydd ar goll, fel diffyg sydd yn ei dro'n ein symbylu i ddechrau ymgomio (o ddefnyddio terminoleg Rorty).[49] Yn yr un modd, mae ysgrif Emerson ar ffawd, 'Fate', yn dangos ffydd nid fel rhywbeth sydd yn datgelu rhesymeg hanesyddol, ond fel rhywbeth sydd yn dynodi 'an unspecifiable gap within the concept of America itself'. Dyma'r bwlch neu'r adwy sydd, ar yr un pryd, yn gwneud 'America' yn bosibl yn y lle cyntaf – America sydd yn ymdarddu o'r egni sy'n gwthio ei dinasyddion i siarad, o'r 'sgyrsiau' a gânt gyda'i gilydd yn hytrach nag fel adlewyrchiad o rywbeth sydd yn hunanroddedig ac anghyfnewidiol.[50] Fe'n hatgoffir o'r pwyslais a roddai Jan Patočka ar athroniaeth fel ymarfer sydd yn gyfystyr â'r rhyddid sylfaenol eithaf a hynny'n deillio o natur broblematig athroniaeth, o'i hanallu i ddarganfod yr absoliwt.[51]

* * *

Ni ddylai'r ddealltwriaeth hon o ideoleg gael ei diystyru fel rhyw ddelfryd ffansi, waeth faint fo'r demtasiwn. Mae, wedi'r cyfan, yn ffordd ymarferol iawn o'n gwneud yn ymwybodol o'r ffyrdd y gall yr unigryw, yr anghymesur, gael ei werthfawrogi yn y defnydd angenrheidiol ohono gan wleidyddiaeth sydd nid yn unig am fod yn ddemocrataidd, ond sydd yn gorfod bod os am fod yn gynhyrchiol, os am symud y drafodaeth ymlaen. Yn yr un modd, mae gallu Emerson i fwydo manteision barddoniaeth i fewn i strwythur ei ddadl ('Thought seeks to know unity in unity; poetry to show it by variety'[52]), a'i ffordd o afael yn nhroeon iaith fel rhywbeth cadarnhaol, fel rhywbeth sydd yn sail i wleidyddiaeth yr ysgrifau fel disgwrs sydd yn gweithio'n rhethregol yn gymaint ag yn ddisgyrsiol, trwy 'drosiadu' ac 'ôl-drosiadu', yn ein cyfeirio ni at y posibilrwydd fod modd bwydo'r unigryw, yr hyn sy'n anghymesur, yn ôl i mewn i ddisgwrs heb golli'n gallu i siarad dros ein hunain. Ar yr un pryd, mae hon yn ffordd gwbl bosibl a chynhyrchiol o wleidydda (nid yn yr ystyr ymarferol wrth reswm, ond yn yr ystyr ehanghach), sy'n llwyddo i osgoi ymgolli ymhlith ac ail-greu termau'r gwerthoedd y gall rhywun fod yn dadlau yn eu herbyn, yn eu gwrthsefyll.

Mae un o ysgrifau mwyaf adnabyddus Emerson, 'The American Scholar', yn rhagdybio math o arddel hunaniaeth sydd yn bwydo tiriogaeth lwyd drawsnewidiol y cyfryngol neu broses i mewn i'w fethod fel ei foment ddiffiniadwy, yn hytrach na chysyniadau a gwrthrychau diffiniedig, cynrychioliadol ('Character is higher than intellect. Thinking is the function. Living is the functionary'[53]). Dyma'r math o drafodaeth ar hunaniaeth a gwleidyddiaeth y gwelwn Morys, Havel a Hrabal yn ymrafael â hi ryw ganrif a hanner ymhellach ymlaen, mewn cyd-destunau gwleidyddol a diwylliannol lled wahanol; lle cawn yr esthetig yn chwilota am ffordd o finiogi eu tafodau heb eu gwneud ar yr un pryd yn fud. Mae'r canlyniadau, neu'r darluniau a dynnir yn y pen draw, wrth gwrs, ymhell o fod yr un fath. Mae Morys, yn arbennig, yn eofn yn ei gonsýrn gwleidyddol, er gwaethaf ei arddull grwydrol. Prin bod 'Codi Sgwarnogod' yn ymwneud â'r wleidyddiaeth gynnil o dawelwch y mae Emerson yn ei chreu. Fel y gwelsom, mae'r egni sy'n gyrru ysgrifau Morys, ar un lefel, yn syml iawn: Seisnigrwydd gyda'i holl oblygiadau a'i arwyddocâd annifyr. Mae'r Seisnigrwydd hwn fwy na heb yn dod i'r wyneb ar ffurf y Sais amrwd, haerllug, twp ac anwybodus ar ei dripiau tramor, er enghraifft,

> a dyma ŵr mawr tew heibio, tebyg iawn i *O*, a dynas i'w ganlyn yr un ffunud ag *i*. A dyma'r ddau'n rhythu arnaf i, ac yn gweld y dreigiau a'r cennin ar fy nghot. 'He's a Welsh! Well, my word! That's why he's bawling like a bird! But begging from the frigging Frogs! That's worse than . . . than *doing* it with dogs! We'll have to give him somefink, Maud. Well, shit, he *is* a Brit abroad . . .' A dyma hi, *i*, yn estyn papur 100 ffranc o'i phwrs a'i roi i'w gŵr. A dyna fo, *O*, yn stwffio'r papur i 'mhoced frest. 'Went to Grab-a-wristwatch last year,' meddai. 'Yacky Da . . .' A ffwrdd â nhw i ganol y stondinau, a minnau'n cael cip bach arnyn nhw bob hyn a hyn: 'Oi' rhwng y beres a'r bara; 'Oi' rhwng y dynion tatws a'r wystryswyr; 'Oi' rhwng y crancmyn a'r crempogwragedd.[54]

Ac eto, pam dewis llenwi cameos o'r fath, fel sy'n digwydd bron trwy gydol ysgrifau Twm Morys, gyda chymeriadau, gweithredoedd a sgyrsiau sydd yn atgyfnerthu'r rhagfarn a watwerir?[55] Pam, wedi'r cyfan, y mae'r adroddwr yn dewis gwisgo dreigiau a chennin dros ei gôt os nad yw am ennyn hen ragfarn? Pam, yn fwy na dim, fod Morys yn dewis gweithio'r olygfa trwy gyfrwng y *clichés* hynny a gawn o'r gwerinwr Llydewig – ynghanol y dynion tatws a'r bobl dal wystrys, y ddynes grempog a'r bobl dal crancod? A tydi hyn chwaith ddim yn drip hiraethus dros dro: mae'n rhywbeth sydd i'w gael drosodd a throsodd ym mhlot naratif yr ysgrifau, yn nhermau yr hyn y mae'n gyrru ei gymeriadau allan i'w wneud a'i ddweud, neu fo'i hun fel adroddwr, a hefyd yn y modd y mae'r ysgrifau'n trin iaith. Fel y gwelsom, mae dewis Morys o gywair ieithyddol yn ei ysgrifau'n polareiddio ei ddarllenwyr. Ar un llaw, mae'n ddefnydd o'r Gymraeg sydd yn defnyddio patrymau a delweddau ieithyddol wedi eu creu ar lun cymeriad y Gymraeg ei hun, yn hytrach na benthyciadau anymwybodol wedi eu cyfieithu o'r Saesneg. Daw hyn â rhin i'r iaith sydd yn bleserus o gryf, ac sy'n gwneud y profiad o'i darllen yn chwa o awyr iach ar ôl cymaint o ysgrifennu sydd wedi ei grebachu gan siâp a chystrawen y Saesneg. Ond, mae'r un defnydd hwn o'r iaith hefyd yn gallu gwthio darllenwyr i ffwrdd, oherwydd yr hoffter ar yr un pryd o briod-ddulliau barddonol, Beiblaidd a hen-ffasiwn.[56] Pan fo hyn yn cael ei gyfuno gydag ymddangosiad barddol arall, hen wêr arall yn araf grafu ei ffordd drwy'r testun, gyda'i werthoedd wedi eu gwisgo ar ei lawes (mae'n hen ac yn

Gymro ac felly'n werth-chweil), mae'r defnydd hwn o iaith wedi ei gyplysu gyda'r defnydd ailadroddllyd o ddyfeisiadau a chymeriadau llenyddol sydd yn tynnu ar y traddodiad barddol Cymraeg, yn gallu mynd yn undonog a statig yn rhwydd, hyd yn oed yn adeiriol neu dawtolegol: yn fewnsyllol, heb ddim ond ei hun yn destun. Ac eto, nid yw mor syml â hynny. Nid yw'r dawtoleg rywsut yn setlo yn gyfan gwbl. I'r gwrthwyneb, mae'r gwasgu a geir ar ideoleg y gwerinwr Cymreig-Llydewig yn cymell rhywbeth newydd. Mae ormod fel ef ei hun, yn rhy ddiledryw a phur i fod o ddefnydd ac i gael ei gynnal. Yn ystod yr adegau hyn, mae fel petai'r iaith yn cael ei chadw ar dennyn penderfynol o draddodiadol, barddonol, hyd yn oed eironig o Feiblaidd, yn benodol er mwyn galluogi'r droell sydyn, i greu sioc gyda thrin geiriau sydd yn syndod o fodern, er mwyn gwneud dyfodiad neu fynediad barddol y testun – pan ddaw – yn gymaint mwy syfrdanol. Mae'r un droell yn gyrru delweddau'r ysgrifau. O ganol natur (sydd yn bresennol drwodd a thro yn 'Codi Sgwarnogod'), ym mhen draw Dyffryn Tanad, lle y ceir Nant Llwyn Gwrgi a Nant Pen Cerrig, o blith y 'myrdd chwaernentydd bach yn llamu o'r bryniau dan chwerthin', yr hyn sy'n llamu i'r golwg yw sgwarnog yn ei holl ysblander synhwyrus: yn finiog ei thrwyn, ei chlustiau'n hir ac yn barod i neidio.[57] Ac mae'r union sgwarnog hon yn tyfu'n brif egwyddor, dyfais a gyflwynwyd ar dudalen cyntaf colofn gyntaf 'Codi Sgwarnogod' fel y cysylltiad cynhyrchiol – sef 'sgwarnogrwydd' – yn y gadwyn o ysgrifau i ddilyn. Ond nid yw'r sgwarnog fel etifedd yn epil buddugoliaethus. I'r gwrthwyneb, dyma'r ystryw sydd yn nyddu mwy o eiriau o blith geiriau, gan nyddu gwahaniaethau trwy gydberthynas, gan ddefnyddio cyfagosrwydd acwstig neu thematig fel cerrig llam sydd yn cael eu gwerthfawrogi am yr hyn ydynt, fel nad yw'r sgwarnog yn cael ei rhagdybio fel emyn hiraethus i natur, i'r diledryw, ond i'r gwrthwyneb, fel yr egwyddor egnïol fydd yn nyddu straeon o'r cynhwysion mwyaf annhebygol, ac yn y mannau mwyaf annisgwyl. Gallai Morys, wedi'r cwbl, fod wedi dewis malwen neu bry lludw, broga neu gangarŵ fel ei ryfelgri ('Petai gen i goesau llyffant neu gangarŵ, a heb gen i lamgarwch, yr wyf fel malwan yn ymlusgo neu bry lludw yn ymlwybro').[58] Ond ni wna hynny. Fel y gwelsom eisoes, mae 'sgwarnogrwydd' yn dewis geiriadur fel y lle gorau i wneud y math yma o nyddu – man lle mae'r cysylltiadau mwyaf annisgwyl yn cael eu gwneud:

> Dyna edrych, er enghraifft, o dan *neidiwr* a ffeindio bod y gair yn 'llysenw ar Fethodistiaid ac Anghydffurfwyr eraill a arferai neidio wrth addoli', a

darllen y dyfyniad o eiriadur William Richards, 1798: 'Ymhlith y Cymry yn unig y mae y rhywogaeth hon o broffeswyr crist'nogrwydd i'w chael: y mae Diafol, y mae'n debyg, yn methu twyllo un genedl arall i fod mor rhyfygus a gwallgofus yn addoliad Duw; na neb pregethwyr chwaith ond yr eiddo y Cymry, i anturio i annog dynion i'r fath beth – Y Methodistiaid a'r Bedyddwyr yw y pencampwyr yn y gwaith gwrthun a hynod hwn.'[59]

Mae bod yn hyddysg yn egwyddorion sgwarnogrwydd yn golygu bod yn etifedd clustiau hir, trwyn siarp a choesau cryfion, a gallu brathog i ddarganfod cysylltiadau yn y corneli tywyllaf. Ar y llaw arall, er yn llawn gwrthrychau, cymeriadau, cyfeiriadaeth ddaearyddol, ac anifeiliaid wedi eu tynnu o natur a'r hen draddodiad barddol Cymreig, nid cysylltiadau â gwreiddiau ond ag ystryw a wneir gan y straeon a nyddir – gwelsom fel y nyddwyd straeon o eiriau a mwy o eiriau, gan amlinellu syniadaeth sy'n ddibynnol ar y weithred o ddarllen, sy'n rhoi sylw gofalus i sŵn a siâp geiriau, gan ddefnyddio eu gwreiddiau i neidio i'r llefydd mwyaf annhebygol. Yn wahanol i'r modd y mae Emerson yn gwrthod ymwneud â'r ddadl ideolegol ynghylch caethwasiaeth, mae Morys yn cwrdd ag ideoleg cenedlaetholdeb diwylliannol wyneb yn wyneb, i'r graddau o gyplysu rhagfarn Seisnig gyda rhagfarn Gymreig, *cliché* Saesnig gyda *cliché* Cymreig. Ond y cyfwynebu yma rhwng ideoleg ac ideoleg sydd yn dangos i ni ei habswrdiaeth. Yn hytrach na hwylio heibio i'r cynrychioladol trwy beidio ag enwi termau'r ddadl, mae ysgrifau Morys yn gor-ddweud y termau hynny, gan drwytho maes y cynrychioladol i'r fath raddau fel ei fod yn mynd yn rhy drwm a'i fod yn methu â sefyll heb ymddangos yn chwerthinllyd, neu ddisgyn yn ddarnau. Yn y modd hwn y mae Morys yn ateb sialens Rorty 'to reorient the language of the entire argument' fel bod y termau gwreiddiol yn colli eu hystyr. Yn ei dro, mae gor-ddweud neu orbwysleisio'r ideolegol fel hyn yn cael ei drawsnewid yn ffuglen angenrheidiol sydd yn lawnsio'r sgwarnog ar ei llwybr fel y trosiad strwythurol estynedig sydd yn rhagdybio drosodd a throsodd hunaniaeth orfywiog, lem, yn hytrach nag un statig, hypertroffig, ac yn gymaint mwy pwerus o ganlyniad i'w hymddangosiad fel ffenics o'r llwch. Yn y modd hwn, mae cenedlaetholdeb diwylliannol 'Codi Sgwarnogod' yn bwydo yr ideoleg y mae'r ysgrifau'n proffesu eu bod yn milwriaethu'n ei herbyn yn ôl i mewn i strwythur ei dadl ei hun, gan ei mabwysiadu, ac felly'n osgoi ei seithugrwydd. Mae hyn yn galluogi i rwystredigaeth wleid-yddol gael ei mynegi, nad yw – er yn bresennol drwodd a thro – byth yn llwyddo i dorri'n rhydd fel syniadau, fel cynhwysion ar gyfer gwleidyddiaeth ystyrlon. Yn lle hynny, fe'n gadewir gydag estheteg y sgwarnog gyfrwys, ddyfeisgar – yn annaroganadwy, yn llawer mwy defnyddiol, yn cynnig llawer mwy o ddifyrrwch; y sgwarnog sydd yn ffynnu ar y cysylltiadau rhwng y synhwyrau, a chyda'i choesau cryf, a hirion sydd yn ei chymell i neidio, wrth ei bodd gyda bylchau.

Mae ysgrifau Havel yn wahanol eto. Mae'r ysgrifol yma fel deialog rhwng y ffigurol a'r disgyrsaidd yn fyw yn y tyndra a gynhelir rhwng athroniaeth foesegol yr Arall a'r iaith sydd yn cael ei defnyddio i roi bod i'r athroniaeth hon. Gwelsom ym mhennod 3 nad yw'r modd y mae Havel yn adeiladu ei frawddegau ddim yn cydorwedd yn esmwyth gyda'r cysyniadau a fynegir ynddynt; fod ei ysgrifau yn defnyddio'r gosodiadol i bennu ei ffiniau. Ond mae'r ffiniau ieithyddol hyn, trwy ddangos beth na all iaith mo'i gyrraedd, ar yr un pryd yn ein cyfeirio at yr hyn sydd y tu hwnt iddynt, hyd yn oed petai ond fel yr hyn sydd yn wahanol, yn arall i'r hyn sydd oddi mewn i'r ffiniau hyn. Ar yr un pryd, gan adleisio defnydd strategol testunau ysgrifol Emerson o ideoleg fel ffuglen angenrheidiol, mae'r defnydd hwn o'r gosodiadol sydd yn dangos beth na all ei wneud, hefyd yn eironig yn ei arbed rhag cael ei gamddefnyddio, rhag i ni gymryd yn ganiataol mai'r gosodiadol yw hyd a lled iaith a gwleidyddiaeth. Felly dangosir y modd y mae'r ffigurol a'r disgyrsaidd yn dibynnu ar ei gilydd, ond bob amser yn ymwrthod â'i gilydd, yn uniaethu â'i gilydd, ac yn cael eu gwerthfawrogi am eu gwahaniaethau yn hytrach na'r pwyntiau lle maent yn cyd-weld. Yn y modd hwn, mae'r foment esthetig yn cael ei thanlinellu, nid yn gymaint fel difyrrwch nad yw'n bwysig, nac fel llawforwyn hudolus i rethreg ac ideoleg; i'r gwrthwyneb, dyma'r foment pan fo athroniaeth a gwleidyddiaeth yn cael eu rhoi ar waith, lle cawn achlust o 'toeholds' Rorty, a lle mae meddwl yn cael y cyfle i fynd ati o ddifrif.

Gyda Hrabal, unigolyddiaeth – yn hytrach na gwleidyddiaeth leiafrifol cenedlaetholdeb diwylliannol Morys – sydd yn cael ei gwarchod gan ddatblygiad neilltuol nid annhebyg 'ideoleg' yr unigolyn. Fe'i cyflwynir fel rhan annatod o effaith gyffredinol *Dopisy Dubence*, ac eto fe'i cedwir ar dennyn gan y modd y mae amser yr adrodd yn creu holltiadau, sydd yn barhaus yn ceisio cadw'r naratif yn y presennol, yn yr amser gweithredol, tra'n ei warchod rhag dylanwad yr amser perffaith a'r modd y mae'n gallu caledu'r dweud yn ffaith.

Wrth gwrs, mae dyfnder ac ehangder y drafodaeth athronyddol ynghylch y cysyniad o ddemocratiaeth a'r modd y'i rhoddir ar waith, y tu hwnt i ffiniau'r drafodaeth fer hon. Er nad ydynt wrth reswm yn agos at ddarparu prawf o unrhyw fath, mae'r testunau ysgrifol hyn yn dal i fod yn arwyddocaol yn y modd y maent yn cadw'r agwedd ddemocrataidd yn fyw ac yn iach, trwy'n hatgoffa nad yw pethau'n ffitio'n daclus, ac yn achos Havel yn arbennig, mae'r elfennau o wrthddweud ieithyddol a chysyniadol yn pwysleisio hyn, yn ogystal â'i gonsŷrn am yr Arall fel yr hyn nad oes modd ei ddeall.

Ar lefel ymarferol, os yw method democrataidd gwleidyddiaeth ffurflywodraeth yn dod o hyd i ffordd i amsugno yr hyn sy'n anathema iddo, nid fel modd i'w ddinistrio, ond fel amod angenrheidiol i'w alluogi i weithio, fel ffrithiant oddi mewn iddo'i hun sydd yn rhwystr parhaus rhag iddo galedu'n rhywbeth sydd yn ymdebygu'n ormodol iddo'i hun, yna mae hyn yn fwy tebygol o'i arwain i ffwrdd oddi wrth obsesiwn gyda rheoli (fel modd o warchod y naill rhag uniaethu gormod â'r llall, yr un sy'n cynrychioli a'r un sydd yn cael ei gynrychioli) tuag at gynrychiolaeth fwy rhydd, ac felly, mwy effeithiol. Dyma 'foeseg yr Arall' Levinas, sydd bob amser yn amheus o uchelgeisiau totalitaraidd y rhyddid rhyddfrydol 'egolegol' (neu egotistaidd, hyd yn oed), ac yn feirniadol o'r agwedd foesegol lorweddol sy'n seiliedig ar y syniad o gymesuredd (fel ym moeseg gyfathrebol Habermas, er enghraifft), gan ei ddisodli ag anghymesuredd sylfaenol, a newid y cwestiwn 'beth yw ystyr bodolaeth?' yn 'the language of ethics in exile/exodus'.[60]

Hefyd, fel testunau ysgrifol sy'n cael eu darllen yn fwy na dim fel llenyddiaeth, mae'r testunau hyn efallai mewn sefyllfa unigryw yn yr ystyr hon, yn gallu gwneud y gorau o berthynas gymhleth a ffrwythlon llenyddiaeth gyda chysyniadau megis gwirionedd a realiti; lle mae'r hyn sy'n astrus neu'n annatrysadwy yn cael ei dderbyn fel elfen dderbyniol a disgwyliadwy yn y gwneuthuriad. Yn eu gwahanol ffyrdd, mae'r testunau ysgrifol hyn yn llwyddo i'n gwneud yn ymwybodol mor anhepgor yw safbwyntiau sy'n dod o'r cyrion, neu ar ongl i'r brif ffrwd – sy'n gallu bod ar adegau yn lletchwith, yn gymhleth, yn anodd ac yn groesdynnol – hyd yn oed i ragfarn fwyafrifol yr agwedd ddemocrataidd. Yn fwy penodol, ar lefel ymarferol, mae'n rhaid i agwedd ddemocrataidd, hyd yn oed os yw hynny'n ddelfryd, anelu at ddod o hyd i ffordd i fod yn atebol hyd yn oed i'r hyn neu'r rhai hynny sy'n amharu ar dermau'r ddemocratiaeth honno; yn atebol i'r lleiafrif, neu hyd yn oed i'r bleidlais unigol, yn gymaint ag i fwyafrif yr etholaeth. Ond yn fwy arwyddocaol, ac o bersbectif theoretig, fel y dadleuodd Ankersmit, yr union ffrithiant hwn sy'n cael ei gynnig gan ymyrraeth o'r fath sydd yn cadw democratiaeth i weithio. Yn draddodiadol – ond ar gam – rhoddodd gwleidyddiaeth ffurflywodraeth ddemocrataidd ei ffydd yn y rhith o unigolion nad ydynt wedi eu rhannu yn wleidyddol ('politically undivided individuals' yw term Ankersmit), a chafodd y llais gwahanol ei ddistewi. Mae safbwyntiau Morys, Havel a Hrabal, sydd un ai'n datblygu o bersbectif lleiafrifol, gwrthsafol, rhyddfrydol, allan o'r brif ffrwd, neu'n ceisio creu ymwybyddiaeth o bersbectifau o'r fath (Arall Havel), yn gwneud rhinwedd o anawsterau eu safbwyntiau; maent wedi gwneud eu safbwyntiau yn anhepgor i wleidyddiaeth hyd yn oed os nad yw hynny ond trwy gydweddiad.

O bersbectif mwy haniaethol, mae defnydd Havel o'r ffigurol yn ei ymgais i gyflwyno athroniaeth sydd yn agored i arallrwydd a gwahaniaeth, defnydd Morys o ideoleg gan ei sgwarnog strwythurol ddeinamig, ac ymgais groesebol Hrabal i arbed ei wyneb ei hun – mae'r rhain oll yn pledio achos yr hyn sy'n wahanol ac yn drafferthus neu'n aflonyddu ar batrwm pethau, nid dim ond mewn modd simplistig, ond hefyd mewn modd cymhleth sydd yn y pen draw yn ymddarostyngol. Fel y mae Ankersmit yn nodi, 'our ideal world is by no means a consistent world, and consistency certainly is not an ideal of most people'; hefyd, mae cysondeb mewn peryg o arwain at ormod o'r un fath, at lwybr sy'n arwain at dotalitariaeth.[61] Er y gellid gweld cynrychiolaeth wleidyddol a'r gwrthrych esthetig neu'r gwaith celf yn cael eu gyrru gan yr awydd am undod perffaith rhyngddynt hwy a'r hyn y maent yn ei gynrychioli, petai'r cynllun hwn yn cael ei wireddu, byddai'n peidio â bod yn gynrychiolaeth, gan nad oes modd – am resymau amlwg – i gynrychiolaeth fod yr un ffunud â'r hyn y mae'n ei gynrychioli. Ar ben hynny, yn y ddau achos, os yw'r undod rhwng y gynrychiolaeth a'r hyn y mae'n ei gynrychioli yn dod yn rhy agos at berffeithrwydd, bydd hynny'n cyfyngu ar y rhyddid i symud, a'r gofod ar gyfer posibiliadau sy'n gwneud y berthynas yn un werth chweil ac yn un ddiddorol yn y lle cyntaf. Fel y gwelsom, y method esthetig – wedi ei greu o gwmpas diffyg cyfliniad sylfaenol, ac yn codi yn ddigon rhwydd o natur ysgrifol y testunau hyn, yn eu ffyrdd gwahanol eu hunain – sydd yn cadw'r pwythau yn y golwg yn y testunau, gan greu perthynas gymhleth, ac felly iachach, rhwng yr hyn sy'n cael ei gynrychioli a'r hyn sy'n peri'r cynrychioli hwnnw, yn yr ystyr athronyddol neu wleidyddol. Mae'r diffyg cyfatebiaeth, er enghraifft, rhwng arddull a 'chynnwys' cysyniadol fel yn nhestunau Havel, neu'r modd y mabwysiedir yr hyn sydd ar y cychwyn yn ymddangos yn anffafriol i'r achos (ideoleg ar y cyfan), yn dadlennu i ni ar raddfa lai, a thrwy gydweddiad, y method mwyaf deniadol a defnyddiol ar gyfer yr agwedd ddemocrataidd.

I'r tri awdur hyn yn ysgrifennu o fewn eu cyd-destunau penodol ac amrywiol, mae'r angen am agwedd ddemocrataidd effeithiol yn fater o fwy o frys efallai nag ydyw i ambell un arall mewn cyd-destunau daearyddol, gwleidyddol a diwylliannol gwahanol. Hwyrach hefyd fod yr angen hwn wedi ei symbylu ymhellach gan berthynas agos y traddodiadau Cymraeg a Tsiec gyda'r gair ysgrifenedig. Mae ffyniant diwylliant Cymraeg – er gwaethaf rhwystrau enbyd – yn aml yn cael ei egluro gan berthynas agos y diwylliant â'r gair ysgrifenedig er pan gyfieithwyd y Beibl i'r Gymraeg gan William Morgan yn 1588.[62] Fel yr ysgrifenna Angharad Price yn *Rhwng Gwyn a Du: Agweddau ar Ryddiaith Gymraeg y 1990au*, llenyddiaeth fu hyd yma y fforwm traddodiadol ar gyfer trafod materion yn ymwneud â hunaniaeth Cymru.[63] Yn y cyd-destun Tsiec, yn ogystal â'r ffenomenon arbennig Tsiec(oslofac) o draddodiad lle ceir arweiniddion sydd yn athronwyr neu awduron, roedd adfywiad cenedlaetholdeb Tsiec yn y bedwaredd ganrif ar bymtheg wedi ei symbylu gan y gair ysgrifenedig, tra bod y theatr yn fywiog iawn ac wrth graidd cymdeithas sifil yn ystod y cyfnod Comiwnyddol, fel y deil i fod, yn gymharol, hyd heddiw.

* * *

Mae'r diffiniad gweithredol hwn o'r esthetig yn rhoi i ni esthetig sydd yn ymddangos yn arbennig o amserol ar gyfer ein cymdeithas gyfoes, ac yn eironig, efallai'n cyrraedd yr un man yn y pen draw â'r cynlluniau a oedd gan Schiller ar ei gyfer. Eto gwireddwyd hynny trwy ffyrdd cwbl wahanol – nid trwy'r darlun cyffredin o ysgogiad naturiol yr esthetig at synthesis, ond yn benodol trwy gyfansoddiad toredig yr esthetig. Wrth gwrs, nid yw hyn yn golygu gwadu bod yr ysgogiad at synthesis yn rhan anhepgor o gymeriad yr esthetig, ac fe welwn hyn yn arbennig o glir yn nefnydd y testunau dan sylw yma o ideoleg, er enghraifft. Ideoleg sy'n gyfrifol am anawsterau'r testunau hyn yn y lle cyntaf, ac eto, trwy wynebu hynny, maent mewn gwirionedd yn dod o hyd i allanfa, gyda phosibiliadau'n cael eu gwasgu o fannau annisgwyl – rhyw fath o *sortie* sy'n dwyn ei bŵer yn rhannol o'r gallu i gydnabod a ffrwyno yr hyn sy'n ymddangos ar y cychwyn fel rhywbeth sy'n peryglu ei oroesiad.

Mae hyn yn ein cyfeirio at effeithlonrwydd gwleidyddol cyflawnach yr esgorwyd arno, yn eironig iawn, o'r ymylol a'r gwahanol, o'r hyn nad oes modd ei ddeall yn iawn, neu'r hyn sy'n gorwedd y tu allan i'r brif ffrwd. Nid yn unig fe'n hatgoffir mai trwy roi lle i wrthddywediadau a thiriogaethau llwyd yr ymylon y mae posibiliadau yn cael eu gorfodi i'r wyneb, ond mae'n ymddangos fod gan anawsterau yn gymaint ag ideolegau rôl effeithiol i'w chwarae yn y broses o goethi agwedd ddemocrataidd. Mae'n werth ein hatgoffa ein hunain o hyn, gan fod y maes chwarae gwleidyddol yn tueddu i gael ei orsymleiddio, o reidrwydd efallai, a hefyd yn tueddu i gyfiawnhau'r symleiddio hwn trwy hawlio bod ideoleg yn anhepgor yn yr ymgais i ymgyrraedd at effeithlonrwydd gwleidyddol uwch. Mae'r testunau y cawsom gip arnynt yma wedi dangos yn eu ffyrdd eu hunain yr esthetig fel cynghreiriad annisgwyl wrth alluogi'r agwedd wleidyddol i wynebu anawsterau a chroesddywediadau ac i edrych arnynt fel dylanwadau iachus. Mae'n wir eu bod yn aros ymhell iawn oddi wrth faterion ymarferol gwleidyddiaeth, gan mai ysgrifau ydynt, ac eto mae ganddynt y fantais o fod yn ystwyth a hyblyg, gyda'r gallu i fynd dan groen gwahanol fathau o ddisgyrsiau a dulliau ieithyddol, ac i anelu at wahanol fathau o etholaethau. Ac eto, mae'n ymddangos mai'r gwleidyddol esthetig neu'r disgwrs athronyddol annodweddiadol a chywrain hwn sy'n dod ar ongl, o'r ochr, gyda'i ymwybyddiaeth o ffiniau a gwahaniaethau, sydd mewn rhyw ffordd unigryw a phwysig yn y sefyllfa orau i symbylu a ffrwyno dirnadaethau a all fod yn ddwfn ac eto'n berthnasol (petai hynny ond trwy gydweddiad anuniongyrchol) i syniadaeth ac ymarfer democratiaeth gyfoes.

Nodiadau

1 Gweler Jacques Derrida, La vérité en peinture (Flammarion, 1978). CS: The Truth in Painting, cyf. Geoff Bennington ac Ian McLeod (University of Chicago Press, 1978); 'Economimesis' yn Mimesis, Des articulations, gol. Sylviane Agacinski et al. (Aubier-Flammarion, 1975). CS: 'Economimesis', cyf. Richard Klein, yn Diacritics, 11:2 (1981), 2–35. Gweler hefyd Paul de Man, 'The Rhetoric of Temporality' yn Blindness and Insight: Essays in the Rhetoric of Contemporary Criticism (Methuen, 1983) lle cysylltir trosiad a symbol rhamantaidd â'r esthetig fel yr hyn sy'n creu synnwyr problemateg o undod. Mae Isobel Armstrong (The Radical Aesthetic, 35) hefyd yn cyfeirio at ysgrif David Lloyd 'Race under reprsentation', The Oxford Literary Review, 13 (1991), 62–94, a'r modd y mae'n dod â Derrida a de Man ynghyd i ddadlau bod 'the Kantian aesthetic produces the colonial subject through the self-identical phallic one because racial difference is excluded as an aspect of the exclusion of heterogeneity'. Cysylltir hyn ymhellach â gwerthusiad o'r trosiadol, yn wahanol i Ankersmit, fel yr hyn sy'n creu tebygrwydd rhwng categorïau.
2 Immanuel Kant, The Critique of Judgement, cyf. James Creed Meredith (Oxford University Press, 1991), 60.

3   Gweler, er enghraifft, ddarn Joseph Margolis ar hanes estheteg yn *Oxford Companion to Philosophy*, gol. Ted Honderich (Oxford University Press, 1995): 'aesthetics, or the philosophy of art . . . dates almost certainly from the seminal influence of Immanuel Kant's *Critique of Judgement*'. A 'Kant was the first to give aesthetics a logically and philosophically distinctive role within an entire philosophical system. Furthermore, the system in question, Kant's so-called transcendental or critical idealism, has itself proved a decisive – many believe the single most decisive – turning-point in the whole of nineteenth and twentieth-century philosophy', 9.
4   Immanuel Kant, *The Critique of Judgement*, cyf. James Creed Meredith (Oxford University Press, 1991), 80.
5   Isobel Armostrong, *The Radical Aesthetic* (Blackwell, 2000), 46.
6   Gweler, er enghraifft, Paul Ricoeur, *La métaphore vive* (Éditions du Seuil, 1975).
7   Jan Mukařovský, 'Estetická funkce, norma a hodnota jako sociální fakty' yn *Studie z estetiky* (Odeon, 1966), 32: 'Živé umělecké dílo vždy osciluje mezi minulým a budoucím stavem estetické normy: přítomnost, pod jejímž zorným úhlem je vnímáme, je pocit'ována jako napětí mezi normou minulou a jejím porušením, určeným k tomu, aby se stalo součástí normy budoucí.' CS: *Aesthetic Function, Norm and Value As Social Facts*, cyf. Mark E. Suino (Ann Arbor: University of Michigan, 1970), 36.
8   Veronica Forrest-Thomson, *Collected Poems and Translations*, gol. Anthony Barnett (Allardyce, Barnett, 1990), 22. Ymddangosodd y gerdd am y tro cyntaf yn *Language-Games* (University of Leeds Press, 1971). Gweler y gerdd ar ddechrau'r gyfrol.
9   Isobel Armstrong, 70.
10 Jean-François Lyotard, 'Le genre, la norme', nodyn 199, yn *Le différend* (Les Éditions du Minuit, 1983), 204. CS: 'Genre, Norm', nodyn 199, yn *The Differend, phrases in dispute,* cyf, Georges Van Den Abbeele (Manchester University Press, 1988), 141.
11 Jean-François Lyotard, *La Condition postmoderne* (Les Editions du Minuit, 1979), 48: 'nous avons dit que ce dernier ne valorise pas la question de sa propre légitimation, il s'accrédite de lui-même par la pragmatique de sa transmission sans recourir à l'administration de preuves'. CS: *The Postmodern Condition: A Report on Knowledge* (Manchester University Press, 1999), 27. (nid yw gwybodaeth naratifol yn rhoi blaenoriaeth i'w gyfreithloniad ei hun ac [. . .] mae'n ei wirio ei hun ym mhragmatiaeth ei drosglwyddiad heb ddibynnu ar ddadl na phrawf).
12 Jerzy Szacki, 'The collectivism of Solidarity' yn *Liberalism after Communism*, cyf. Chester A. Kisiel (Central European University Press, 1996), 115.
13 John Llywelyn, *The Hypocritical Imagination: Between Kant and Levinas* (Routledge, 2000).
14 Hannah Arendt, *Lectures on Kant's Political Philosophy*, golygwyd gan Ronald Beiner (University of Chicago Press, 1982).
15 Ibid., 141.
16 Ibid.
17 F. W. J. Schelling, *System of Transcendental Idealism* (1800), cyf. Peter Heath (University Press of Virginia, 1978).

18 Theodor W. Adorno, 'The Essay as Form', yn *Notes on Literature*, 1 (Columbia University Press, 1991); cyhoeddwyd am y tro cyntaf yn dwyn y teitl 'Der Essay als Form' yn *Noten zur Literature*, i (Suhrkamp, 1958).
19 Ibid., 64
20 John Llywelyn, 141.
21 Ibid., 42
22 Claire de Obaldia, *The Essayistic Spirit: Literature, Modern Criticism, and the Essay* (Clarendon Press, 1995), 124.
23 Bohumil Hrabal, 'Totální Strachy' yn *Dopisy Dubence*, yn y gyfres 'Sebrané spisy Bohumila Hrabala', cyfrol 13 (Pražská imaginace, 1995), 305.
24 Jerzy Szacki, 'The collectivism of Solidarity' yn *Liberalism after Communism*, 116–17.
25 Claudia de Obaldia, 124.
26 Meddyliaf yma yn rhannol hefyd am y sylw a roddodd Adorno i ffurf esthetig, gan ddweud, er nad yw ar ryw olwg yn cyfeirio'n gwbl uniongyrchol at y byd cymdeithasol (yr enghraifft gliriaf yw cerddoriaeth), ei fod hefyd yn fath o waddod ein byd cymdeithasol: mae gwaith celfyddydol hefyd yn waith cymdeithasol (gweler *Aesthetic Theory*, Routledge & Kegan Paul, 1984); ac felly'n rhoi pwyslais ar botensial ffurf gelfyddydol i gyfathrebu heb orfod dibynnu ar synthesis cysyniadol.
27 Theodor W. Adorno, *Aesthetic Theory*, cyf. C. Lenhardt (Routledge & Kegan Paul, 1984), 183. Y testun gwreiddiol Almaeneg: *Aesthetische Theorie*, gol. Gretel Adorno a Rolf Tiedermann (Suhrkamp Verlag, 1970).
28 Mae celfyddyd wedi ei gosod (*installation art*), er gwaethaf cymeriad cynhenid ail-law y gwrthrychau, yn chwarae gydag ymateb y gynulleidfa, gyda dehongliadau, ac mae pob un ymateb neu ddehongliad yn unigryw.
29 Rwyf yn benthyg defnydd Jay Bernstein o'r term anunwedd (*non-identical*) yn ei ysgrif 'Philosophy's Refuge: Adorno in Beckett', yn *Philosphers' Poets* yn y gyfres 'Warwick Studies in Philosophy and Literature', gol. David Wood (Routledge, 1990), 177–191.
30 Richard Rorty, *Objectivity, Relativism, and Truth: Philosophical Papers, Volume 1* (Cambridge University Press, 1991), 24.
31 Richard Rorty, *Objectivity, Relativism, and Truth: Philosophical Papers Volume 1*, 13–14.
32 Ibid., 1. Noder hefyd er mai dim ond un gyfrol a ysgrifennodd John Dewey ar estheteg (*Art as Experience*, New York, 1934; ail argraffwyd yn Jo Ann Boydston, gol., *John Dewey: The Later Works*, cyfrol 1, Southern Illinois University Press, 1981), mae'n rhoi lle canolog i estheteg yn ei athroniaeth. Gall celfyddyd ein hatgoffa o bosibiliadau esthetig ein profiad yn gyffredinol – profiad, nid yn y synnwyr empeiraidd Prydeinig, ond fel gweithgarwch cymdeithasol sy'n cael ei rannu ymhlith ein gilydd.
33 Richard Rorty, *Contingency, Irony, and Solidarity* (Cambridge University Press, 1989), 8–9.
34 Mae'r dehongliad gorsyml hwn o genedlaetholdeb fel ideoleg ochr-dde wrth gwrs yn apelio at rai carfannau o'r mwyafrif mewn pŵer sydd yn awyddus i beidio â rhoi lle i safbwyntiau cenedlaethol sy'n dod o'r ymylon. Meddylier, er enghraifft (fel yr atgoffwyd fi gan Jerry Hunter) am Tony Blair, a'i araith fel rhan o ymgyrch y Blaid Lafur ar gyfer etholiadau Cynulliad

Cenedlaethol Cymru ar Fai y 1af, 2003, yn y Rhondda. Roedd ei araith yn ymgais i roi ergyd i genedlaetholdeb, ac eto, mae ei areithiau cyhoeddus yn gwneud defnydd cyson o dermau megis 'ein cenedl', 'y genedl', 'er budd y genedl'. Hynny yw, mae'n genedlaetholwr ei hun, ond fel y byddai llawer o feddylwyr gwleidyddol, megis y rhai a nodir yn nhroednodyn 2 ym mhennod 2, yn dweud, mae ei genedlaetholdeb Prydeinig/Seisnig yn un y mae blynyddoedd lawer o hegemoni wedi ei normaleiddio ym Mhrydain, ac felly, yn un nas cyfeirir ato, ac mewn cyferbyniad â chenedlaetholdeb 'abnormal', 'beryglus' grwpiau eraill ym Mhrydain.

35 Pamela J. Schirmeister, *Less Legible Meanings: Between Poetry and Philosophy in the Work of Emerson* (Stanford University Press, 1999), 11.
36 Ibid., 12.
37 Gweler, er enghraifft, ddiweddglo yr ysgrif 'The American Scholar' yn *The Portable Emerson*, gol. Carl Bode a Malcolm Cowley (Viking Penguin, 1981). Cyhoeddwyd am y tro cyntaf yn UDA gan Viking Penguin yn 1946. ('We have listened to the courtly muses of Europe . . .', 70).
38 Pamela J. Schirmeister, *Less Legible Meanings*, 61.
39 Ibid., 62.
40 Ibid., 167.
41 Siaradodd ac ysgrifennodd Emerson yn uniongyrchol am gaethwasiaeth mewn cyd-destunau eraill, er enghraifft, wedi methiant ymgyrch John Brown yn erbyn caethwasiaeth. Dywedodd fod Brown yn 'that new saint, than whom none purer or more brave was ever led by love of men into conflict and death . . . who . . . will make the gallows glorious like the cross.' (Darlithoedd cyhoeddus Boston a Concord).
42 Ibid., 180.
43 Ibid., 181.
44 Ibid., 185.
45 Ibid.
46 Ibid.
47 Ibid.
48 Ibid., 179.
49 Pamela J. Schirmeister, *Less Legible Meanings*, 177 ('like the Lacanian symptom or transference, ideology conceals nothing. It retains its force just insofar as it remains incomprehensible: it constitutes itself first and always as an essential lack and contingency in the believing subject and, therefore, never as closure, or else as a closure concealing a radical and vertiginous gap in belief itself.')
50 Ibid., 178.
51 Gweler Jan Patočka, *Kačířské eseje o filozofii dějin* (K. Jadrny, 1980). CS: *Heretical essays in the Philosophy of History*, cyf. Erazim Kohák, gol. James Dodd (Open Court, 1996). Gweler hefyd Peter Lom, *East Meets West: Richard Rorty and Jan Patočka on Freedom*, EUI Working Papers (European University Institute, 1977): '[for Patočka] the enigmatic nature of the universe paradoxically creates an absolute, but of a different kind: the perpetual possibility of freedom, a freedom that is manifested through the activity of philosophy and is always possible *because* of the fact that philosophical reflection is not allowed to find a permanent resting place in any one dogmatic absolute position,' 14.

52 Ralph Waldo Emerson, 'Plato' yn *Representative Men*, gol. Pamela J. Schirmeister (Marsilio, 1996), 38.
53 Ibid. 61.
54 Twm Morys, 'Codi Sgwarnogod' yn *Taliesin*, cyfrol 80, Ionawr/Chwefror 1993, 8.
55 Mae cameos hefyd yn rhan o nifer o straeon byrion Robin Llywelyn. Tybed, fel a grybwyllwyd wrthyf gan Jerry Hunter, a ellid disgrifio'r strategaeth destunol hon fel ffenomen lenyddol sy'n bodoli ar lefel ehangach na gwaith Twm Morys?
56 Mae'n werth nodi ymhellach fod defnydd Twm Morys o iaith yn ddiddorol o gymhleth. Rwyf yn ddiolchgar i Jerry Hunter am ei sylwadau yn y cyd-destun hwn. Nododd, er enghraifft, mai un o hoff lyfrau Twm Morys yw *The Dialect of the Bangor District* a'i fod yn treulio oriau yn darllen y rhestr hon o eiriau o'r 19eg sy'n perthyn i ardal gogledd-orllewin Cymru. Mae'r defnydd hwn felly yn un llenyddol, academaidd (astudio llyfr), er mwyn atgyfodi hen nodweddion llafar, gan esgus eu bod yn rhan naturiol o'r iaith lafar sydd yn nodweddu ei lais naratif 'gwerinol', gan gyfleu ei natur ddiledryw ac awdurdodol. Heb fod yn anhebyg, mewn o leiaf un perfformiad neu sgwrs gyhoeddus, cyhoeddodd Twm Morys na chafodd y Beibl Cymraeg ei gyfieithu, ond iddo ddod 'yn syth o lygad y ffynnon'. Mae'r tro metaffisegol rhyfedd hwn, yn arbennig o gofio iddo hefyd haeru nad yw'n Gristion, yn ei alluogi i ddefnyddio Cymraeg y Beibl tra hefyd yn haeru Cymraeg ieithyddol bur, heb ei llygru gan ymyrraeth allanol. Noder hefyd y pwyslais cyffredinol ar iaith lafar, ar berfformiad llafar barddoniaeth, ar gyfansoddi llafar. Fel y dadleuwyd wrthyf gan Jerry Hunter, mae defnydd Twm Morys o rai nodweddion o lenyddiaeth Gymraeg y Canol Oesoedd hefyd yn ei alluogi i bwysleisio iaith lafar tra'n dyfynnu neu esgus dyfynnu testunau cyn-fodern sydd yn gwneud defnydd o iaith fwy ffurfiol a llenyddol. Trwy deithio'n amserol rhwng y presennol modern a'r gorffennol canoloesol, mae'n llwyddo i gadw pwyslais ar iaith lafar tra'n defnyddio ffurfiau llenyddol, Beiblaidd a hyd yn oed eiriau hynafol canoloesol. Diddorol fyddai gosod y defnydd hwn o iaith lafar yn nghyd-destun ehangach gwaith Robin Llywelyn a Wiliam Owen Roberts.
57 'Codi Sgwarnogod' yn *Taliesin*, Cyfrol 80, Ionawr/Chwefror 1993, 7: 'Ym mhen draw Dyffryn Tanad, lle mae Nant Llwyn Gwrgi a Nant Pen Cerrig a myrdd o chwaernentydd bach yn llamu o'r bryniau dan chwerthin, y gwelais i o'r diwedd mai ffordd y Sgwarnog, y ffordd dwmpathog wibiog jibiog, oedd yr unig ffordd.'
58 Ibid. 7.
59 Ibid. 8.
60 Gweler Martin J. Matuštík, *Postnational Identity: Critical Theory and Existential Philosophy in Habermas, Kierkegaard, and Havel* (The Guildford Press, 1993), 190–1.
61 F. R. Ankersmit, 361.
62 Gweler Meic Stephens (gol.), cofnod ar 'William Morgan' yn y *Cydymaith i Lenyddiaeth Cymru* (Gwasg Prifysgol Cymru, 1997): 'bu'n gyfrwng hefyd i greu ymwybyddiaeth arbennig ymhlith y Cymry o fod yn genedl yn ystod y canrifoedd a ddilynodd. Yr oedd Beibl 1588 yr un mor ddylanwadol i

gadw'r cysyniad o Gymru annibynnol yn fyw ag ydoedd trechu'r Armada (1588) i gynnal annibyniaeth Lloegr.'

[63] Angharad Price, *Rhwng Gwyn a Du: Agweddau ar Ryddiaeth Gymraeg y 1990au* (Gwasg Prifysgol Cymru, 2002), 168: 'Llenyddiaeth hyd yn hyn a fu'r fforwm draddodiadol ar gyfer trafod hunaniaeth Cymru . . .'

5

Casgliad

Mae trafodaeth y gyfrol hon wedi amlygu esthetig radical sydd wedi ein symud ymlaen oddi wrth rybudd Raymond Williams: 'there is something irresistibly displaced and marginal about the now common and limiting phrase 'aesthetic considerations', especially when contrasted with *practical* or utilitarian . . . considerations, which are elements of the same basic division.'[1] Mae'r esthetig fel method y ceisais ei olrhain a'i ddatblygu trwy gyfrwng testunau sydd mewn sawl ystyr yn rhai ymylol, wedi cael ei ddwyn yn ôl i ganol pethau, heb danseilio ei allu i weithredu ac ymyrryd, yn hytrach na diarfogi. Ynghyd â'r ysgrifol, mae wedi agor allan ddisgwrs gwleidyddol mewn modd annisgwyl, gan ddadlennu ei gymeriad esthetig hanfodol, a hynny er budd y safbwynt ymylol, 'anodd' sy'n tynnu'n groes.

   Ond a ellir haeru bod hyn wedi ein harwain at ailddiffinio'r esthetig, yr ysgrifol a'r ymylol yn gliriach, fel bod modd defnyddio'r diffiniad newydd mewn cyd-destunau eraill, gwahanol? Fel y gwelsom, mae'r esthetig a'r ysgrifol yn dermau sy'n dal i greu penbleth, hyd yn oed yn yr union gyd-destunau lle maent fwyaf perthnasol. Mae beirniaid yn ogystal â darllenwyr yn annelwig yn eu dealltwriaeth a'u defnydd o'r termau. Nid yw'r gyfrol hon ychwaith, gan nad yw'n darparu historiograffi o'r esthetig a'r ysgrifol, yn ateb y broblem hon. Wrth gwrs, er eu bod, yn eironig, o gofio eu natur haniaethol, yn gysyniadau ymarferol iawn, â'u hystyr yn cael ei chyfleu orau wrth drafod enghreifftiau penodol o lenyddiaeth yn hytrach na thrwy ymgais i ddiffinio, eto, ni rwystrodd hyn feirniaid rhag ceisio'u dadansoddi. Yn achos yr ysgrifol, does ond angen meddwl am Adorno a Lukács, fel y'n hatgoffir gan Ruth-Ellen Boetcher Joeres ac Elizabeth Mittman yn *The Politics of the Essay: Feminist Perspectives*:

As a literary form, the essay has always caused problems for those who would define it, whose futile efforts to pin it down range from the poetic to the utterly stolid. But it is also a problem for its practitioners, whose own often more vague attempts to specify what they are doing are mere approximations, even to them. (For example, in the introduction to his own collected essays, Aldous Huxley calls the essay 'a literary device for saying almost everything about anything . . .') Everybody – but most especially the Central Europeans (Lukács and Adorno are the best known, but they by no means exhaust the list) – seems to get into the business of defining. And nobody is particularly successful at it.[2]

Yn yr un modd gyda'r esthetig, defnyddir y term mewn amrywiol ffyrdd, ond anaml y mae'n cael ei ddiffinio yn fanwl ac yn gyson mewn ffordd ddefnyddiol; mae ei ystyr i'w ddarganfod yn gymaint yn y modd y caiff ei gario a'i gyfleu o un person i'r llall yn gymaint ag mewn unrhyw gynnwys y gellir dal gafael arno, a'i grynhoi yn glir mewn modd ymarferol.

Ar sail yr enghreifftiau amrywiol a drafodwyd yma, does dim modd dadlau i batrwm cyffredinol gael ei ddadlennu lle mae'r ysgrifol a'r esthetig yn ymuno'n esthetig radical yn nhestunau cymunedau llai neu leiafrifol. Er gwaetha'r ffaith, er enghraifft, for yr ysgrif yn aml yn cael ei hystyried fel ffurf sy'n perthyn i diriogaeth ffiniol heb gategorïau, does dim modd anghofio datblygiad cynnar y ffurf mewn cyd-destun ym-ddangosiadol drawiadol, yn nwylo Montaigne, a berthynai i *élite* Ffrainc yr unfed ganrif ar bymtheg. Mewn geiriau eraill, fel y gwelsom ar ddechrau'r gyfrol, does dim modd dadlau bod yr ysgrifol, yn hanesyddol neu yn ymarferol, yn faes chwarae'r gwahanol neu'r safbwynt lleiafrifol. Mae'r darlun bob amser yn fwy cymhleth na hynny. Ond ni olyga hynny nad yw'r cydgyfarfod gwleidyddol rhwng yr ysgrifol a'r esthetig ddim yn arwaint at dir ffrwythlon lle mae'r ysgrifol a'r esthetig yn tasgu gwreichion gwleidyddol arbennig wrth i'r gwrthdrawiadau a'r paradocsau sy'n nodweddu safbwyntiau ymylol grafu yn erbyn ei gilydd. I gymlethu ein termau eto, gellid dadlau bod y cyflwr ymylol wedi bod yn ganolog i holl ddiwylliant moderniaeth.[3] Mae hyn yn dangos fel mae unrhyw ymgais i gyffredinoli y cysyniad hwn o safbwynt 'lleiafrifol' fel 'arall' radical yn rhwym o greu cymhlethdodau; fe'i gadewir ar ryw ystyr mor annelwig ag y mae'r ysgrifol a'r esthetig yn haniaethol.

Mae'r testunau rwyf wedi canolbwyntio arnynt yn darlunio'n arbennig o fyw fy nadl ynghylch yr esthetig radical. Ond wrth reswm mae eu cyd-destunau yn newid. Ceisiais ddangos mai diddordeb y gyfrol hon yw nid yn gymaint safbwynt lleiafrifol hanesyddol sydd wedi ei ddiffinio'n glir, ond rôl y cymhlethdodau, y gwahaniaethau, y croesddywediadau, y mannau llwyd, yn ogystal â'r cysyniad o ideoleg, wrth wneud cynrychiolaeth yn bosib yn y lle cyntaf; diddordeb hefyd yn rôl feirniadol y safbwyntiau hyn nad ydynt wedi eu cynrychioli, ar gyfer cynrychiolaeth ddemocrataidd. Nid fel enghreifftiau dibynadwy, digyfnewid y caiff y safbwyntiau hyn eu gwerthfawrogi. I'r gwrthwyneb fe'u gwerthfawrogir oherwydd y tyndra rhwng y lleiafrifol a'r mwyafrifol, yr ymylol a'r canol y mae'r esthetig radical yn ffynnu arno, ac am allu'r safbwyntiau hyn i ymaddasu mewn cyd-destunau sy'n newid.

Er mor atyniadol yw'r unigryw, mae'r awydd i symud o'r lleiafriol i ganol y brif ffrwd yn uchelgais gan bob disgwrs lleiafrifol, waeth pa mor frwd yw'r protestiadau i'r gwrthwyneb. Yn hynny o beth, fe'n hatgoffir y gall safbwyntiau lleiafrifol fod hefyd yn symbyliad ar gyfer tanseilio potensial yr esthetig radical i fod yn gynhyrchiol. Ond dyma'r union wrthddywediad sydd yn galluogi'r esthetig radical i fagu nerth yn y lle cyntaf.

Gwrthgyferbyniadau o'r fath sydd yn gwneud yr esthetig radical hwn mor fyw, ac felly mor berthnasol. Fel y dywedodd Ankersmit:

> Paradox [. . .] is the trope that inexorably sends us back to reality after the holidays we have spent at the linguistic level in the company of metaphor and irony. It demonstrates the shortcomings of our knowledge and our system of associations. Metaphor and irony are a celebration of language and are given to idealistic patterns of thought; paradox is a celebration of reality. In its insistence on redirecting our attention to reality and its effectiveness in doing so, it is even more persistent than the literal statement.[4]

Fel y cwestiynir gan Angharad Price yn ei hastudiaeth o ymateb darllenwyr i ffuglen Gymraeg y 1990au, wrth i wleidyddiaeth etholaethol Gymreig ddod yn fwy ac yn fwy o realiti gweithredol er sefydlu Llywodraeth Cynulliad Cymru yn 1997, oni fyddai arferion y pleidleisydd yn disodli ymarferion gwleidyddol y darllenydd, wrth i'r hen freuddwyd am anibynniaeth wleidyddol ddod yn fwy ac yn fwy real, gan ddisodli rôl ffuglen yn hynny o beth?[5] Mewn geiriau eraill, wrth i Gymru ddatblygu ei llais uniongyrchol atebol ym myd gwleidyddiaeth, oni fydd hyn yn anorfod yn newid safle llên Cymru gan lastwreiddio ei rôl fel yr hyn a fu, mewn llawer ystyr, yn ganolbwynt fforwm naturiol ar gyfer dadlau gwleidyddol? Mae ystyr 'ymylol' wedi newid yn barod yng Nghymru gyda dyfodiad llywodraeth ddatganoledig, ac o ganlyniad, mae democratiaeth yn realiti cynyddol ar gyfer y gymuned Gymraeg leiafrifol.

Ers dyfodiad democratiaeth, newidiodd swyddogaeth llenyddiaeth yn y Weriniaeth Tsiec ôl-gomiwynyddol. O'r blaen, er gwaethaf sensoriaeth a oedd ar adegau'n dynn iawn, ysgrifennu a chyhoeddi oedd un o'r ffyrdd pwysicaf ar gyfer dylanwadu ar safbwynt y cyhoedd. Yn eironig ac yn anorfod roedd y cyfrifoldeb dros egluro'r ystyron a fyddai'n cylchredeg o fewn y gymdeithas, er gwaethaf sensoriaeth, yn disgyn ar ysgwyddau meddylwyr a llenorion, a lleisient eu barn yn gyfrwys mewn cyhoeddiadau nad oedd wedi eu gwahardd, ac mewn cyhoeddiadau *samizdat*, neu ysgrifennent o alltudiaeth. Un mlynedd ar bymtheg ar ôl y Chwyldro Felfed, er bod yr awdur-Arlywydd wedi bod mewn grym am gyfnod sylweddol, cragen y freuddwyd wleidyddol wrthwynebol anghydffurfiol (yn yr ystyr disident) sydd wedi ei gwireddu, a bu'n rhaid i'r Tseciaid addasu i realiti gwleidyddiaeth ddemocrataidd ymarferol lle mae anghydffurfio a dadlau yn cael eu hamsugno gan ddeinamig a rheolau gwleidyddiaeth ymarferol llywodraeth a'i gyfrwng poblogaidd, teledu, yn hytrach nag ysgrifennu a'i weledigaeth fwy goddefgar. Gellid dadlau bod y sefyllfaoedd hyn wedi cynyddu yn hytrach na glastwreiddio yr ymdeimlad o argyfwng a fynegwyd gan awduron Cymru, Tsiecoslofacia a'r Weriniaeth Tsiec. Fel y mae'r testunau ysgrifol dan sylw wedi ei ddangos, fe ddylsem weld canlyniadau diddorol i hyn mewn llenyddiaeth, ac ymwneud newydd cadarnhaol.

* * *

Mae diddordeb llenyddiaeth bob amser, wrth gwrs, wedi bod yn yr ongl ymylol ar bethau. Meddylier am gysyniad y Ffurfiolwyr Rwsiaidd o *ostranenie* neu brosiect Flaubert yn darllen a lleoli statws lleiafrifol yn y 'canol' er mwyn gallu ysgrifennu o gwbl, a Baudelaire a oedd yn deisyfu am 'fraint' y lleiafrifol. Mae esthetig radical Morys, Havel a Hrabal yn tynnu sylw, yn fwy cyffredinol, at broblemau darllen dydd-i-ddydd, y dasg neu'r sialens o negodi rhwng safbwyntiau sy'n cystadlu yn erbyn ei gilydd – problemau sydd yn arbennig o bwysig i'w hamlinellu heddiw pan fo globaleiddio cynyddol yn gwneud safbwyntiau ymylol, gwahanol mewn gwleidyddiaeth a diwylliant yn fwy ac yn fwy angenrheidiol, ac eto'n fwy ac yn fwy annelwig a llyswenaidd.

Ac eto, i ba raddau y gellir dadlau bod yr esthetig radical llenyddol hwn yn radical yn yr ystyr o fod â gwerth gwleidyddol? A oes yn y cyfrwng llenyddol sydd yn gynyddol ymylol faeth i wleidyddiaeth? Onid yw llenyddiaeth heddiw o gymharu â'i hanes blaenorol, wedi ei difreinio, nid yn unig oddi wrth y maes gwleidyddol, ond hyd yn oed oddi wrth ei hen ddarllenwyr a'i darllenwyr newydd? Gyda dyfodiad teledu lloeren, mae trafodaethau ac adroddiadau teledu a sianeli o ddiddordeb arbenigol yn tueddu i ddisodli trafodaethau ysgrifenedig, mewn papurau newydd a chylchgronau. Mae gofyn hyd yn oed i awduron eu hunain berfformio, gan arwain at lenyddiaeth sydd yn aml yn cael ei thrawsnewid gan ofynion perfformio, a'i dylanwadu gan estheteg y cyfryngau. Ar ben hynny, fel y gwelsom, mae'r testunau y dewisais eu dadansoddi yn y cyd-destun hwn yn cael eu hestheteiddio i'r carn gan eu hawduron; ar lawer ystyr nid ydynt yn wleidyddol ond mewn modd tywyll.

Os mai cwlt llenyddiaeth fel gwyddor gwrthsafiad yw pen draw'r drafodaeth hon, yna, yn amlwg, nid yw hyn yn ddim byd newydd. Fe'n hatgoffir o Osip Mandelstam yn ysgrifennu yng nghyfnod Stalin, a'i lenyddiaeth yn mynegi gwrthsafiad trwy roi pwysau ar iaith, gyda'i gysyniad o ddeialog farddonol fel rhywbeth penagored yn porthi ar wahaniaethau parhaol cyd-sgyrswyr, neu'n fwy penodol, y ffaith nad oes modd rhagweld eu geiriau.[6] Mae Jacques Rancière yn cymharu'r cysyniad hwn o ddeialog farddonol gyda deialog ddemocrataidd, lle, mae'n dadlau, mae'r 'gwrthrycheiddio a awgrymir gan "bartneriaethau" a'u "problemau"' yn cael ei wrthod, fel y dylsent, ac fod 'datblygiadau democratiaeth bob amser wedi digwydd o ganlyniad i arbrofi byrfyfyr gan actorion heb raglen, gan sgwrswyr a oedd yn warged: torf swnllyd yn meddiannu'r strydoedd, torf dawel yn croesi breichiau mewn ffatri ac yn y blaen' – dyma'r 'anghyfartaledd democrataidd' syflaenol y mae Ankersmit yn ei werthuso o'r newydd, gan wrthod 'gweithredu di-gymell gan y werin' fel camdybiaeth.[7] Mae llenyddiaeth ar ei mwyaf llenyddol, wrth gwrs, yn hanfod y rhyddid na ellir mo'i gaethiwo, gyda gwrthwynebiad yn rhan annatod ohoni. Yn amlwg, nid llenyddiaeth ymgyrch mo *Codi Sgwarnogod*, *Bob Dalen ar Benillion*, *Dopisy Olze* a *Dopisy Dubence*. Ond gellir eu gweld yn fras, yn eu hamrywiol ffyrdd, boed yn thematig neu yn strwythurol ac athronyddol, yn cynnig darlun datblygedig o 'ddelfryd' y dyfodol neu ddyfodol 'delfrydol', o gyd-destun y presennol. Waeth pa mor anuniongyrchol, eu cyfraniad cyhoeddus yn y pen draw yw'r modd y maent yn gosod disgwrs gwleidyddol ar brawf. Mae disgwrs gwleidyddol, wedi'r cwbl, yn system gaeedig sydd yn esgus gwrthod amwysedd i'r fath raddau fel ei bod yn syndod fod y cysyniad hwn o'r esthetig radical sydd wedi ei agor allan yn dal i allu golygu unrhyw beth. Fel y mae Jacques Rancière yn dadlau yn *Aux bords du politique*, 'La folie du temps veut guérir par le consensus les maladies du consensus. Il faut à l'inverse repolitiser les conflits pour les rendre traitables, rendre au peuple ses noms et à la politique sa visibilité évanouie dans la gestion des problèmes et des moyens.'[8] (Ffoliineb yr oes yw'r awydd i ddefnyddio consenswys i wella afiechydon consenswys. I'r gwrthwyneb, yr hyn y dylid ei wneud yw ailddarganfod agweddau gwleidyddol gwrthdaro fel bod modd eu trin, rhoi enwau'n ôl i'r bobl ac ailddarganfod hen bresenoldeb gwleidyddiaeth yn trin problemau a ffynonellau.) Yn amlwg mae hyn yn effeithiol yn wleidyddol mewn ffordd lawer llai uniongyrchol nag y byddai rhywun efallai yn ei obeithio. Mae ffrwythlondeb eithafol y dychymyg geiriol wedi bod – ac yn parhau i fod – heb ddylanwad gwleidyddol, ond mae'n chwarae rôl bwysig yn cadw fflam gwrthsafiad yn fyw, ar ba lefel bynnag. A pha bynnag mor anuniongyrchol ei ddylanwad, mae'n dal i allu annog gwrthwynebiad ac annibyniaeth barn – ac ni ddylid diystyru hynny. Pan yrrodd Napoleon III Flaubert a Baudelaire o flaen eu gwell yn 1857, enillodd bedair blynedd ar ddeg ychwanegol o rym, tra bo lleisiau Flaubert a Baudelaire yn parhau i adleisio i'r dyfodol pell.

Ond mae'r berthynas y mae'r testunau hyn a'r esthetig radical yn ei chynghreirio gyda gwleidyddiaeth yn mynd gam ymhellach. Trwy roi gwerth ar yr hyn sy'n wahanol, neu'n mynd yn groes i dermau'r ddadl neu'r safbwynt dan sylw, maent yn ein tynnu yn ôl i galon gwleidyddiaeth trwy beri bod anghydlynedd a ffrithiant yn parhau, a'n symud y tu hwnt i'r hyn a elwir yn 'ben draw gwleidyddiaeth' – y pen draw hwnnw sydd i fod wedi digwydd oherwydd fod gwleidyddiaeth yn mynd yn fwy ac yn fwy homogenaidd, a chynlluniau iwtopaidd hir-dymor yn cael eu glastwreiddio gan wleidyddiaeth gonsenswys sy'n canolbwyntio ar gyraeddiadau byr-dymor.[9]

Mae cymunedau neu unigolion sydd yn arbennig o sensitif i beryglon 'cload' neu 'gloi ideolegol' yn gorfod wynebu'r her o ddarganfod iaith a mynegiant addas. Oherwydd eu hanfodlonrwydd â'r offer cysyniadol ac ieithyddol sydd ar gael, deffroir eu dychymyg gwleidyddol, a chaiff ei daflunio y tu hwnt i'r hyn a ddisgrifir yn gynyddol fel amrywiad ar y thema 'gwleidyddiaeth a ymarferir yn gyfan gwbl yn y presennol' (ac o fod yn y presennol, ceir y teimlad fod ei sgôp bob amser yn wybyddus), a'r tu hwnt i ben draw gwleidyddiaeth fel terfyn addewid a therfyn gwahaniaeth barn. Yn hynny o beth, gall fagu elfen o'r annisgwyl a'r anrhagweladwy.[10] Mae hyn yn bwysig am ddau reswm. Yr annisgwyl sy'n ein cadw ar flaenau'n traed, ond hefyd yr hyn sy'n ein cymell i ystyried safbwyntiau eraill o ddifrif, waeth pa mor rhag-weladwy yr ymddangosant i gychwyn. Dyma hefyd sydd yn ein gwneud yn wirioneddol ryddfrydol, agored, yn ddigon gwylaidd i ddisgrifio fel 'gwir', o fenthyg dadl Rorty, 'beth bynnag yw canlyniad ymgom o'r fath'.[11] Mae Pamela J. Schirmeister, yng nghyd-destun ysgrifau Emerson, yn ei weld fel y tyndra rhwng rhethreg a rhesymeg:

> If logic is opposed to liberal democracy, it would be in the sense that it precludes the possibility of response from the other. Everything would already be accounted for so that we would have no need to become anything other than what we already were, and we could always be certain of knowing just what that was.[12]

Yn debyg i 'Codi Sgwarnogod', 'Bob Dalen ar Benillion', *Dopisy Olze* a *Dopisy Dubence*, mae Schirmeister yn gweld testunau Emerson yn ein harwain at 'an encounter with futurity' sydd yn ei dro â'r gallu 'to teach us how to participate in such encounters, and to value them for themselves alone, by learning to take responsibility for the words we do use'.[13] Nid yw'r cyfrifoldeb hwn yn

> nothing other than the willingness to expose ourselves to encounter, not as a polemical project, but rather by presenting ourselves with the full awareness that our words may or may not be taken up, and that in any case, we cannot determine the particular ways in which they will be taken up or rejected. Logic might afford us such a guarantee, but in doing so, it would eliminate our participation as truly political beings.[14]

Fe'n hatgoffir o eiriau Havel – geiriau sydd, i'r rhai hynny nad oeddent yn dyst i'r Chwyldro Felfed, yn gallu swnio'n chwerthinllyd, ac anodd yw peidio â'u dychanu – ym misoedd cyntaf ei Arlywyddiaeth, bellach yn gorfod cysoni ei rôl fel gwleidydd â'i rôl fel athronydd y gwrthsafiad, ac yn yr ystyr honno, yn wynebu'r paradocs o fod yn feicro-ymgorfforiad o'r esthetig radical ar raddfa enfawr: 'Troufám si říct, že snad dokonce máme možnost [. . .] vnést tak do evropské i světové politiky nový prvek. Z naší země, budeme-li chtít, může už natrvalo vyzařovat láska, touha po porozumění, síla ducha a myšlenky.'[15] (Rwyf yn ddigon mentrus i ddweud y gallasem o bosib [. . .] gyflwyno elfen newydd i wleidyddiaeth Ewropeaidd a gwleidyddiaeth byd. Petasem yn gwirioneddol ddeisyfu hynny, gallasai Tsiecoslofacia o hyn ymlaen ac am byth sefyll dros gariad, yr awydd i ddeall, grym yr ysbryd a'r dychymyg.) Yn achos penodol diwylliant Cymru a'r diwylliant Tsiec, gellid dadlau bod y ddau, oherwydd eu hanes gwleidyddol, â thraddodiad hir o fod mewn cynghrair â'r dyfodol, gyda syniadau wedi eu gwreiddio yn amser y dyfodol a mannau gwleidyddol nad ydynt eto wedi eu cyrraedd yn sylfaenol i'w cymeriad, boed hynny'n fwy diweddar trwy gyfrwng ymgyrchoedd dros yr iaith Gymraeg, neu yn y traddodiad athronyddol Tsiec a ddatblygodd yng nghyd-destun gwrthsafiad gwleidyddol. Dadleuwyd gan rai fod hyn hefyd wedi ei adlewyrchu yn yr hyn a elwir yn ddiddordeb newydd llên Gymraeg mewn ffantasi, diddordeb y gellir ei olrhain yn ôl i chwedlau'r *Mabinogion*.[16]

Dim ond yn ddiweddar, gyda'r cynnydd mewn annibyniaeth wleidyddol, y mae'r amrywiol weledigaethau gwleidyddol hyn yn cael eu mabwysiadu gan fiwrocratiaeth anorfod llywodraeth ymarferol a gofynion sydd wedi eu harwain gan y cyfryngau. Dim ond yn ddiweddar hefyd y mae galwedigaeth y gwrthwynebydd neu'r ymgyrchydd radical, er nad yw'n ddim llai perthnasol, yn tyfu'n fwy annelwig ac yn anos i'w ymgorffori. Yn y cyd-destun hwn, trwy ddal gafael ar ganfas sy'n mynd â ni y tu hwnt i'r gweledig a'r hyn a adweinir gennym, gall ideoleg, yn eironig, chwarae rhan bwysig. Fel y gwelsom yn fy narlleniadau, yn arbennig o 'Codi Sgwarnogod', 'Bob Dalen ar Benillion' a *Dopisy Dubence*, ar adegau, ideoleg sydd yn mynd â ni at galon yr annisgwyl, trwy ganolbwyntio'n sylw ar y dyfodol. Hefyd, o fod wedi ei gwreiddio mewn delfryd, gan roi'i bryd ar rywbeth sydd heb eto gael ei wireddu, mae'n gallu ein gyrru y tu hwnt i resymeg y presennol, at yr hyn nas adweinir eto mewn lleoedd nas adweinir. Dyma fath o gredu yn gyntaf a dim ond yn ddiweddarach ddod o hyd i gyfiawnhad dros y credu hwnnw. Mae'n ein hatgoffa o ysbryd *předobrazy* (rhagddarluniad) Karel Teige, o gelfyddyd fel rhywbeth sy'n rhagweld bywyd newydd, fel 'cyddwysiad o'r hyn sy'n gymhleth, o rywbeth neu berson sy'n bodoli mewn ffuglen neu ddrama, ei gyffredinoli a'i symleiddio'; sy'n golygu mai 'amcan pob gweithred greadigol feddyliol yw rhagdybio y byd newydd' gyda chelfyddyd fel rhagddarluniad wedi ei symud 'i ffin bellaf gweithredu cymdeithasol, gyda'r gallu i ragweld', lle 'mae ei chwyldroadau yn rhagflaenu y newid yn y strwythurau cymdeithasol ac yn cyhoeddi ffurfiau ar fywyd nad ydynt eto wedi ymgnawdoli' ('Umění, vysunuto na nejzazší okraj společenského dění, je nadáno mocí anticipace, jeho revoluce předcházejí přesuny sociálních soustav a ohlašují tvary života dosud nevtělené.')[17] Gwneir pwynt tebyg gan yr ieithydd Tsiec, Jan Mukařovský, sef os ydym yn cytuno â dadl Šklovskij fod 'anffurfiad' artistig yn awgrymu defnyddio'n holl egni, rhaid hefyd dderbyn bod 'rhywle yn y sylfeini fel rhywbeth cudd [positif] "wedi ei ddarganfod", egwyddor arbed egni ar waith' ('kdesi v základech, jako skrytý klad, funguje zákon o zachování energie'). Mewn geiriau eraill, 'ni ellir cael tueddiad allgyrchol, hynny yw, camffurfiadol, heb y gwrthwyneb, sef tueddiad atynnol, canolgyrchol, sy'n cael ei gynrychioli gan egwyddorion sylfaenol' ('Nemohla by se uplatnit síla odstředivá, tj. deformativní tendence, kdyby nebylo dostředivosti representované konstitutivními principy').[18] Yn y cyfamser, os mai gwleidyddiaeth yw'r dechneg o lethu neu fygu'r gwleidyddol, y gelfyddyd o'i dadwisgo yw un yr esthetig radical, o'i gwneud yn fwyfwy tebyg iddi'i hun, yn ei ffurf ddemocrataidd fwyaf sylfaenol, sef ei dychwelyd at ei chroesddywediadau a'i rhaniadau sylfaenol, Aristotelaidd, y *demos* fel 'l'union d'un force...', y 'paradoxe vivant...' Mae'r llais lleiafrifol, gwrthwynebol yn dod â hyn i'r wyneb yn arbennig, wrth wrthod cyfaddawdu, ac yn ein hatgoffa fod consenswr yn amhosib a hyd yn oed yn annymunol, am ei fod yn glastwreiddio posibilrwydd deialog ddeinamig ac yn gwneud pethau'n unlliw a difywyd, lle mae'r hyn sy'n wahanol neu'n 'arall' yn ymddangos gymaint yn fwy o anghenfil oherwydd nad oes modd ei fesur.[19] Fel y mynegodd Jacques Rancière, 'achwyniad yw gwir fesur arallrwydd, yr hyn sy'n uno sgwrswyr tra ar yr un pryd yn eu cadw oddi wrth ei gilydd'. Ac 'arallrwydd sydd yn rhoi ystyr i gemau iaith, nid y gwrthwyneb', tra

> Aussi bien les rêves d'une politique nouvelle de l'altérité restreinte et généralisée, de réseaux multiformes détournant les flux de la machine communicationnelle et informationnelle ont-ils eu les résultats décevants que l'on sait. Sauf à être religieuse, l'altérité ne peut être que politique, c'est-à-dire fondée sur le tort inconciliable *et* traitable. Quand s'évanouit le dispositif du litige, ce qui règne à sa place est simplement la platitude du consensus, prompte à laisser apparaître aux esprits réalistes, réjouis de l'apaisement des passions politiques du peuple, sa doblure obligée: le retour à l'animalité politique, le pur rejet de l'autre [...] C'est du même mouvement que la figure de l'autre s'exaspère dans le pur rejet raciste et s'évanouit dans la problématisation de l'immigration.[20]

(Yn yr un modd, fel y gwyddom, siomedig fu canlyniadau breuddwydion am wleidyddiaeth newydd wedi ei gwreiddio mewn arallrwydd cyfyngedig, cyffredinol, am rwydweithiau amlffurf yn ailgyfeirio llif y peiriant cyfathrebu a gwybodaeth. Oni bai ei fod yn grefyddol, ni all arallrwydd osgoi bod yn wleidyddol, hynny yw, ni all osgoi bod wedi ei seilio ar achwyniad sydd ar yr un pryd yn amhosib ei ddatrys ac eto yn agored i gael ei drin. Pan fo aparatws achwyniad yn diflannu, yr hyn a ddaw i'w ddisodli yw, yn syml iawn, ystrydeb consenswr, nad yw'n cymryd llawer o amser i'w ddadlennu i'r realwyr yn ein mysg, sydd mor falch o weld nwydau gwleidyddol y bobl wedi eu tawelu, ei ochr dywyll anorfod: dychweliad i'r cyflwr gwleidyddol anifeilaidd – a gwrthod yr arall yn syml ac yn bur [. . .] Dwy ochr yr un geiniog yw'r arall yn cael ei weddnewid nes ei fod yn cael ei wrthod ar sail hiliaeth bur, a dileu yr arall trwy broblemateiddio mewnfudiad.)

Mewn geiriau eraill, fel mae'r dadansoddiad testunol clòs a geir yn y gyfrol hon yn dangos, mae'n hanfodol fod y berthynas broblematig rhwng yr ysgrifol, yr esthetig a gwleidyddiaeth yn cael ei chadw'n fyw – heb ei gwadu na'i datrys. Er gwaethaf peryglon y problemau a geir wrth geisio diffinio pan ddown â dau ddiwylliant sy'n hanesyddol ddi-gyswllt ynghyd, mae dod â'r testunau hyn o ddau ddiwylliant yn nau begwn Ewrop at ei gilydd wedi dechrau proses gynyddol sydd wedi galluogi'r categorïau hyn i broblemateiddio ei gilydd, gan ddadlennu agwedd gynhyrchiol i'w perthynas. Mae'r termau a ddefnyddir fel fframwaith wedi bod yn gynhyrchiol oherwydd eu bod wedi ein galluogi i greu cysylltiadau nad oeddem mewn sefyllfa o'r blaen i'w creu. Dylai cwestiynu pellach mewn cyd-destunau llenyddol a daearyddol amgen ar sail yr enghreifftiau hyn fod yn gynyddol gynhyrchiol.

Yn olaf mae'r dasg a gynigir gan yr esthetig radical, mewn ysbryd Protestannaidd, yn un gwylaidd – magu agwedd arbennig yn gymaint ag unrhyw weithredu chwyldroadol. Yr hyn sy'n gyfrifol am ei natur radical yw'r anghytgord anweledig ar raddfa fechan, leol a mewnol yn aml, ffrithiant dydd i ddydd y persbectif hir-dymor gyda'i ymgais barhaus i ymateb, i siarad â phobl fel unigolion. Dyma baradocs Havel o chwyldro gwleidyddol fel yr hyn nad yw'n dderbyniol gan wrthwynebiad gwleidyddol, nid oherwydd ei fod yn rhy radical, ond gan nad yw'n ddigon radical, oherwydd

> tento systém přece není nějakou konkrétní politickou linií nějaké konkrétní vlády, ale něčím podstatně jiným: komplexním, hlubokým a dlouhodobým znásilněním, respektive sebeznásilněním společnosti. Čelit mu tím, že se proti jeho domělé linii postaví linie jiná a pak se bude usilovat o změnu vlády, by bylo tedy nejen zcela nereálné, ale především *nedostatečně*: kořene věci by se takové řešení beztak nedotýkalo. Dávno tu totiž nejde o problém nějaké politické linie či programu: jde tu o problém života.
> Obrana jeho intencí, obrana člověka je tedy cestou nejen *reálnější* – může začít zde a ihned a může získat daleko spíš podporu lidí/dotýká se přece jejich každodennosti/ – ale zároveň/a možná právě proto/cestou nepoměrně *důslednější*: směřuje k nejvlastnější podstatě věci.[21]

(nid yw'r system ôl-dotalitaraidd [. . .] yn mynegi safbwynt gwleidyddol penodol a ddilynwyd gan lywodraeth benodol. Mae'n rhywbeth cyfangwbl wahanol: mae'n drais cymhleth, dwfn a thymor-hir yn erbyn cymdeithas, neu yn hytrach yn hunan-drais cymdeithas. Byddai ei wrthwynebu trwy sefydlu'n syml iawn safbwynt gwleidyddol gwahanol ac yna ymgyrchu dros newid llywodraeth nid yn unig yn afrealistig, ond yn gwbl annigonol, oherwydd ni fyddai byth yn dod yn agos at wraidd y mater. Ers peth amser, nid yw'r broblem yn perthyn i safbwynt gwleidyddol neu raglen wleidyddol: problem bywyd ei hun ydyw [. . .] Ac felly mae gwarchod amcanion bywyd, gwarchod dynoliaeth yn ymateb mwy realistig, oherwydd gall hynny ddechrau yn syth, tra bod ganddo'r potensial i fod yn agwedd fwy poblogaidd oherwydd ei fod yn ymwneud â bywydau bob dydd pobl; ar yr un pryd (ac efallai'n benodol oherwydd hynny) mae'n ymateb llawer mwy cyson oherwydd ei fod yn anelu at wir hanfod pethau.)

Gallasai Masaryk yn hawdd fod wedi bod yn siarad nid dim ond dros Tsiecoslofacia ond hefyd dros Gymru wrth ysgrifennu 'kdo třímá meč, demokratem nebyl, býti nemůže, býti nechce. Jsem pro rovnost a bratrství a proto práci' (nid yw'r hwn sy'n chwifio cleddyf erioed wedi bod yn ddemocrat, ni all byth fod, ac nid yw am fod. Rwyf o blaid cyfartaledd a brawdgarwch; dyna pam rwyf o blaid gwaith).[22] Neu 'Radikál rád agituje, konservativec rád je nečinný. Proti radikální agitaci a konservativnímu stání čelí realistická činnost, práce' (Mae'r person radical yn hoffi creu stŵr a'r ceidwadwr yn hoffi gwneud dim. Mae gweithgaredd realistig, sef gwaith, yn rhoi sialens i stŵr radical a marweidd-dra ceidwadol).[23] Ond yn wahanol i 'Radikál' amhoblogaidd Masaryk, gwaith tawel nad yw'n chwythu ei drwmped ei hun – agwedd allweddol a rennir gan fytholeg Gymraeg a Tsiec – ac sy'n rhoi bri ar y lleol a'r penodol, yw'r union agwedd sydd yn rhoi i'r esthetig a olrheinir yn y gyfrol hon rin radical. Ac eto, yn nodweddiadol, ac yn ysbryd yr ysgrifol, ni all aros fel ef ei hun yn rhy hir ac fe'i cymhellir i esgor ar groesddywediad, rhyw yrru dros y tresi: boed i'r sgwarnog afrywiog arwain y ffordd, â'i thrwyn main yn synhwyro cysylltiadau, ond nid consensws, yn y corneli tywyllaf, ei chlustiau hir yn barod i wrando ar y sŵn mwyaf dieithr, disynnwyr, â'i diléit mewn neidio trwy'r tiroedd mwyaf croesddywediadol.

Nodiadau

1. Raymond Williams, *Keywords: a Vocabulary of Culture and Society* (Fontana, 1988), 32.
2. Ruth-Ellen Boetcher Joeres ac Elizabeth Mittman (gol.), *The Politics of the Essay: Feminist Perspectives* (Indiana University Press, 1993), 12.
3. Gweler ysgrif fer Lionel Grossman ar 'The Philosopher Pierre Bayle Publishes His *Dictionnaire historique et critique* in Holland' yn *A New History of French Literature*, Denis Hollier (gol.), (Harvard University Press, 1989), 379–86: 'Many of the shapers of modern culture have been marginal figures – Descartes, Spinoza, Rousseau, even Montesquieu ("a great provincial,", as Pierre Barrière, one of his modern biographers, dubbed him) – critical outsiders who have questioned received ideas and thus stimulated the renaissances and innovations that have characterized Western history since the 15th century [. . .] Marginality seems paradoxically central to the entire culture of modernity. The relation of center and periphery may well be more symbiotic, less starkly oppositional, than one might be led to believe from the repressions, persecutions, and trials to which dissidents, non-conformists, and bohemian or avant-garde artists have been subject. Even in the heydey of Louis XIV there was an important marginal culture . . .'
4. F. R. Anksersmit, *Aesthetic Politics: Political Philosophy Beyond Fact and Value* (Stanford University Press, 1996), 335.
5. Angharad Price, *Rhwng Gwyn a Du: Agweddau ar Ryddiaeth Gymraeg y 1990au* (University of Wales Press, 2002), 168: 'Llenyddiaeth hyd yn hyn a fu'r fforwm draddodiadol ar gyfer trafod hunaniaeth Cymru, ond tybed na welwn dros y blynyddoedd nesaf weithgaredd "gwleidyddol" y darllenydd yn cael ei ddi-sodli gan weithgaredd y pleidleisydd, wrth i hen freuddwyd am annibyniaeth Gymraeg adael byd "ffantasïau" llenyddol unwaith ac am byth. Hawlia materion fel hyn drafodaeth gyson a manwl ar berthynas awdur, darllenydd, testun a chymdeithas yn y Gymru gyfoes, ynghyd ag archwilio sut y mae'r cyfoes yn adlewyrchu traddodiad ac yn ymddihatru oddi wrtho.'
6. Gweler Osip Mandelstam, 'O sobesednike' (Ynghylch y Siaradwr), yn *Slovo i kultura: O Poezii, Razgovor o Dante, Stat'i retsenzii* (Sovetskii pisatel', 1987), 48–54. Cyhoeddwyd yn Ffrangeg o dan y teitl 'De l'interlocuteur', yn *De la poésie*, cyf. Mayelasveta (Gallimard, 1990).
7. Jacques Rancière, 'La démocratie corrigée' yn *Le genre humain*, rhif 22, Hydref 1990: 'Le dialogue démocratique se refuse à l'objectivation des partenariats et de leurs "problèmes" [. . .] Et les avancées de la démocratie se sont toujours faites par l'improvisation d'acteurs non programmés, d'interlocuteurs en surnombre: une foule bruyante qui occupe la rue, une foule silencieuse qui se croise les bras dans une usine . . . Il ne s'agit pas là de spontanéité populaire mais d'imparité démocratique.', 65. CS: 'Democracy Corrected' yn *On the Shores of Politics*, cyf. Liz Heron (Verso, 1995), 103.
8. Jacques Rancière, 'La démocratie corrigée' yn *Le genre humain*, cyfrol 22, Hydref 1990, 67. CS: 'Democracy Corrected' yn *On the Shores of Politics*, cyf. Liz Heron (Verso, 1995), 106.
9. Daeth y faner 'pen draw gwleidyddiaeth' yn fuan ar ôl 'diwedd hanes', a gyhoeddwyd yn fwyaf adnabyddus gan y theorïwr Americanaidd, Francis

Fukuyama yn *The end of history?* (Irving Kristol, 1989). Yn sgil newidadau gwleidyddol dramatig yn arwain at 1989 a chwymp comiwnyddiaeth, dadleuodd nad oedd gwrthdaro bellach rhwng ideolegau a fu'n dominyddu'r byd modern er y Chwyldro Ffrengig yn 1789. Dim ond un ideoleg neu system oedd yn weddill, sef democratiaeth ryddfrydol, mewn geiriau eraill, cyfalafiaeth marchnad rydd. Os mai hanes yn sylfaenol oedd y rhyng-chwarae geiriol Hegelaidd a dilechdidol, yna gyda chwymp comiwnyddiaeth, roedd wedi dod i ben. Mae 'La fin de la politique ou l'utopie réaliste' (Diwedd Gwleidyddiaeth neu yr Iwtopia Realaidd) gan Jacques Rancière, a gyflwynwyd i'r symposiwm Franco-Brasilaidd ar 'Bŵer' a gynhaliwyd ym Mai 1988 yn y Collège International de Philosophie, yn dod â gwedd goncrid i'r drafodaeth, trwy ganolbwyntio ar etholiad arlywyddiaeth Ffrainc yn 1988. Mae'r syniadau a gyflwynir yn y papur hefyd, fel mae'n digwydd, yn cyd-fynd i raddau helaeth â chysyniad Ankersmit o wleidyddiaeth esthetig: 'Dans le monde gouvernemental français cette fin se laisse assez commodément symboliser par le passage du premier au second septennat socialiste. En 1981, le candidat socialiste à la Présidence avait fait cent dix promesses. Non pas cent, cent dix. L'excédent est l'essence de la promesse. En 1988, il fut réélu sans que personne lui demandât combien il en avait tenues. Au contraire, l'opinion éclairée le loua de ceci: à une exception près . . . il n'en faisait plus aucune. C'est, dirent les sages, qu'en sept ans nous avions, lui et nous, changé de siècle. Nous abandonnions le "poussiéreux corpus philosophique et culturel" du siècle passé, le dix-neuvième, le siècle du peuple rêvé, de la promesse communautaire et des îles d'utopie, le siècle de la politique du futur qui avait ouvert le gouffre où le nôtre avait failli sombrer. L'attitude nouvelle de notre président-candidat était celle de qui a enfin compris la leçon, pris le tournant du siècle. Car le principe du mal était précisément la promesse: ce geste qui lance an avant un *telos* de la communauté dont les éclats retombent en pierres meurtrières', yn Jacques Rancière, *Aux bords du politique* (La Fabrique-Éditions, 1998), 18–19. CS: 'Immediate political realities offer us a signal example . . . In 1981, we elected a new president of the Republic. At the time he made us a hundred and ten promises. Not a hundred – a hundred and ten. Excess is the essence of the promise. In 1988, we re-elected him without inquiring how many of them he had kept. On the contrary, enlightened opinion praised him for the fact that this time – with a scant exception – he did not make a single one. What this meant, so it was said, was that in seven years he and we had switched centuries. We were leaving behind the "dusty philosophical and cultural corpus" of the nineteenth century, the century of the dream of the people, of promised communities and utopian islands, the century of a politics of the future which had opened up the abyss into which our own century had so nearly foundered. The new outlook of our candidate-president was supposedly that of someone who had finally seen the light, finally rounded the cape and entered the new century. For the original evil was the promise itself: the gesture which propels a *telos* of community, whose splintered parts rain back down like murderous stones', in Jacques Rancière, *On the Shores of Politics*, trans. Liz Heron (Verso, 1995), 5.

[10] Ibid., 20: 'À ce temps qui n'est plus divisé par la promesse devait correspondre un espace libéré de la division. L'idiome gouvernementale l'appelle volontiers *centre*. Ce n'est pas la designation d'un parti au milieu des autres mais le nom générique d'une nouvelle configuration de l'espace politique, le libre deployment d'une force consensuelle adequate au libre déploiement apolitique de la production et de la circulation.' CS: Ibid., 6–7: 'This time, which is no longer divided by promise, must be matched by a space freed of division. This space is "the Centre" – meaning not one area that is central relative to others, but rather, generically, a new configuration of political space, the free development of a consensual force adequate to the free and apolitical development of production and circulation.'

[11] Gweler Richard Rorty, *Contingency, Irony and Solidarity* (Cambridge University Press, 1989), 30: 'It is central to the idea of a liberal society that, in respect to words as opposed to deeds, persuasion as opposed to force, anything goes. This open-mindedness should not be fostered because, as Scripture teaches, Truth is great and will prevail, nor because, as Milton suggests, Truth will always win in a free and open encounter. It should be fostered for its own sake. *A liberal society is one which is content to call "true" whatever the upshot of such encounters turns out to be.*'

[12] Pamela J. Schirmeister, *Less Legible Meanings: Between Poetry and Philosophy in the Work of Emerson* (Stanford University Press, 1999), 187.

[13] Ibid., 188.

[14] Ibid.

[15] Havel, 'Projev k občanům na Nový rok, Praha 1. ledna 1990' yn *Projevy: leden-červen 1990* (Areithiau, Ionawr-Mehefin, 1990) (Vyšehrad, 1990), 15–16.

[16] Gweler, er enghraifft Johan Schimanski, '*Seren Wen ar Gefndir Gwyn* [:] *Genre* a Chenedl' yn *Tu Chwith*, rhif 1, Ebrill/Mai 1993, a 'Rhwng Gwyn a Du: Ffantasi' yn Angharad Price, *Rhwng Gwyn a Du: Agweddau ar Ryddiaith Gymraeg y 1990au*: 'Ymhellach, mae perthynas gynhenid rhwng ffantasi lenyddol a realiti'r Gymru Gymraeg yn y 1990au. Haws ydoedd i awduron y gorffennol bortreadu cymunedau Cymraeg yn realaidd. Adlewyrchu realiti y gymdeithas uniaith Gymraeg mewn pentref fel Rhosgadfan a wnaeth Kate Roberts, er enghraifft. Doedd dim llestair o safbwynt "gonestrwydd" cymdeithasol iddi wneud hynny yn y dull realaidd. Erbyn diwedd yr ugeinfed ganrif, fodd bynnag, a'r glastwreiddio a'r darnio a fu ar gymdeithas organaidd Gymraeg, nid yn rhwydd y portreedir *yn realaidd* y gymdeithas honno . . . rhwydweithiau, yn hytrach na didoredd Cymraeg sy'n bodoli fwyfwy. Felly, gellid dadlau nad realaeth sy'n annigonol o safbwynt y diwylliant, ond mai y diwylliant, yn hytrach, sy'n annigonol o safbwynt realaeth. Bydd realaeth draddodiadol yn rhwym o fradychu realiti'r Gymraeg. A bydd realyddion na fynnant ddefnyddio talpiau helaeth o Saesneg yn rhwym o bortreadu byd sydd – yn empiraidd – yn afreal . . . Yn eu hafrealaeth anochel y mae'r gweithiau hyn ar eu mwyaf realistig', 128.

[17] Karel Teige, 'Bohumil Kubišta' yn *Karel Teige: Osvobozování života a poezie: Studie ze 40. let* (Aurora, 1994), 351. Gweler hefyd ysgrif Karel Teige 'Obrazy a předobrazy' (Ffigurau a Rhagddarluniadau) yn *Svět stavby a básně: studie z 20. let* (Československý spisovatel, 1966), 25–32.

[18] Jan Mukařovský, 'Estetická funkce, norma a hodnota jako sociální fakty' yn *Studie z estetiky* (Odeon, 1966), 27. CS: *Aesthetic Function, Norm and Value As Social Facts* (Ann Arbor: The University of Michigan, 1970), 31.

[19] Gweler Jacques Rancière, *Aux bords du politique*, 31. CS: 15.

[20] 'La démocratie corrigée' yn *Le genre humain*, cyfrol 22, Hydref 1990, 66. CS: 'Democracy Corrected' yn *On the Shores of Politics*, cyf. Liz Heron (Verso, 1995), 104.

[21] Gweler Václav Havel, 'Moc bezmocných' yn *O lidskou identitu: úvahy, fejetony, protesty, polemiky, prohlášení a rozhovory z let 1969–1979* (London: Edice Rozmluvy, 1984), 103. CS: 'The Power of the Powerless', cyf. Paul Wilson, yn *Living in Truth*, gol. Jan Vladislav (Faber and Faber, 1987), 88–9; Gweler hefyd Jerzy Szacki, '"Anti-political" politics' yn *Liberalism after Communism*, cyf. Chester A. Kisiel (Central European University Press, 1996), 77–82.

[22] T. G. Masaryk, 'III: Reformace nebo revoluce', adran 26, yn *Naše nynější krise. Pád strany staročeské a počátkové směrů nových* (Nákladem Času, 1895), 74.

[23] T. G. Masaryk, 'Havlíček předchůdcem politického realismu' yn *Karel Havlíček – Snahy a tužby politického probuzení*, adran 112 (Nákladem Jana Laichtera, 1896), 495.

Mynegai

Achil 28
Adorno, Theodor W. 15, 120, 122, 124, 125, 145, 146
Anghydffurfwyr 133
Ail Ryfel Byd, Yr xvi
America, gw. Unol Daleithiau America
Ankersmit, F. R. 5, 26, 27, 28, 29, 53, 54, 55, 136, 137, 147, 149
Arendt, Hannah 118, 119, 120, 121
Ariadna 85
Aristoteles 114
Armstrong, Isobel 5, 6, 7, 9, 10, 11, 92, 105, 114, 116, 117, 118, 149
Athro Neil Sagam, Yr 41, 42, 48, 49, 50, 51
Awstria 81

Bacon, Francis 18
Barddas 3, 39, 42
Barthes, Roland xiv, 15, 43
Baudelaire, Charles 148, 150
Bedyddwyr 134
Beibl, Y 68
Běhlohradský, Václav 23
Benjamin, Walter 15
Biebl, Konstantin 88, 89
Borges, Jorg Luis 15
Březina, Otakar 83, 84
Breton, André xiv
Brno xv, xvi, xvii 81
Brod, Max 88
Brooks, Cleanth 4
Bwda 88

Calvin, Jean 98

Čapek, Karel xiii, 23, 24
Cavell, Stanely 12
Ceidwadwyr 26
Clark, Michael P. 5
Clawdd Offa xii
Clay, Cassius 82
Coleg y Brifysgol, Abertawe xii
Coleridge, Samuel Taylor 4
Comiwnyddiaeth xvi, xvii, 23, 61, 76, 103, 138
Cooke, John 25
Cronfa Goffa Saunders Lewis xv
Cylch Ieithyddol Prâg xiii, xiv
Cynulliad Cymru 147

Chwyldro Felfed, Y xv, 21, 24, 81, 82, 83, 85, 148, 151

Dadeni, Y 14, 15
Dali, Salvador 88
Davies, Gwyn 42
de Man, Paul 3, 4, 9, 10
Derrida, Jacques 3, 4, 9, 10, 104, 114, 115, 117, 120, 125
Descartes, René 14, 16, 68, 120
Devětsil, gw. Mudiad Devětsil
Dewey, John 127, 128
Diderot, Denis 14
Dopisy Dubence 3, 6, 60, 81, 82, 83, 84, 86, 88, 90, 91, 135, 149, 151, 152
Dopisy Olze 3, 7, 60, 61, 62, 75, 76, 79, 80, 113, 149, 151
Dubenka 85
Duchamp, Marcel 92

Eagleton, Terry xi, 1, 3, 5, 7, 10, 29, 91, 93, 95, 105, 113, 114, 115, 117, 120, 123
Einstein, Albert 88
Eisteddfod Genedlaethol, Yr 18, 42
Eliot, T. S. 88
Elis, Islwyn Ffowc 18
Emerson, Ralph Waldo 11, 12, 24, 25, 123, 128, 129, 130, 131, 135, 151
Ercwlff 88
Evans, Glyn 11, 18, 19, 42
Evening Standard, The 46

Fienna xvii
Flaubert, Gustave 148, 150
Forrest-Thomson, Veronica 116
Foucault, Michel 4
Freud, Sigmund 66
Fuchs, Bohuslav xvi

ffasgaeth xvi
Ffenomenoleg 69
Ffurfiolwyr Rwsiaidd xiv, 148
Ffwythiannaeth xiii, xvii

Gifford, April 81
Gombrich, Ernst 27
Gros, Gil 41
Gwasg Prifysgol Cymru 18

Habermas, Jürgen 99, 136
Haman, Aleš 23
Hašek, Jaroslav 81, 83
Havel, Ivan 65
Havel, Olga 64, 65
Havel, Václav xv, xvii, xviii, 2, 3, 6, 7, 9, 11, 13, 20, 21, 23, 30, 60, 61, 62, 63, 67, 69, 71, 73, 74, 75, 76, 79, 80, 113, 114, 117, 118, 121, 122, 125, 128, 131, 135, 136, 137, 148, 151, 154,
Hazlitt, William 24, 25
Hegel, Georg Wilhelm Friedrich 6, 44, 115, 117
Heidegger, Martin 65, 66, 69, 71, 88, 125
Hobbes, Thomas 68
Hotel Avion xvi
Hrabal, Bohumil xv, xviii, 2, 3, 6, 9, 11, 13, 30, 60, 80, 81, 82, 83, 86, 87, 89, 91, 92, 93, 94, 95, 96, 97, 98, 99, 103, 113, 114, 115, 117, 118, 121, 122, 123, 124, 125, 128, 131, 135, 137, 148
Hunter, Jerry 18
Hus, Jan 88

Husserl, Edmund 65, 69
Huxley, Aldous 146

India 84
Iwerddon 50
Iwerydd xvii

Jameson, Fredric 44
Janáček, Leoš xvii
Jankovič, Milan 86
Jenkins, R. T. 20
Jo Glo 47
Joeres, Ruth-Ellen Boetcher 11, 145
Johnston, Dafydd 50
Joyce, James 42

Kafka, Franz xvii, 88, 89, 90, 92
Kant, Immanuel xiv, 5, 12, 29, 88, 92, 93, 101, 102, 104, 114, 115, 117, 118, 119, 120, 121, 125
Kierkegaard, Søren 14, 78, 88, 125
Klíma, Ivan xv, 23
Krieger, Murray 5
Kriseová, Eda 21
Kundera, Milan 81

Lao Tzu 88
Le Corbusier xiv
Leiris, Michel 14
Levinas, Emmanuel 60, 61, 67, 69, 118, 136
Lewis, Emyr 20
Lewis, Saunders xii, xiii, xiv, 4, 18
Lidové noviny xv
Locke, John 68
Lukács, Georg 15, 145, 146
Lyotard, Jean-François 3, 8, 9, 74, 99, 101, 102, 104, 113, 117, 118, 125

Llantrisant, W. P. 42
Llenor, Y 20
Llydaw 47, 48
Llyfr Coch Hergest 39
Llyfrgell Genedlaethol Tsiecoslofacia xv
Llywelyn, John 118, 119, 120

Mabinogi, Y 42, 152
Machiafeli 29
Mandelstam, Osip 149
Marcsiaeth 69
Marx, Karl 93, 94
Masaryk, T. G. 76, 155

Mynegai

Matuštík, Martin J. 80
Methodistiaid 19, 20, 133, 134
Michnik, Adam 22
Mittman, Elizabeth 11, 145
Montaigne, Michel Eyquem de 14, 15, 16, 17, 18, 102, 146
Morafia 69
Moran, Dermot 68
Morgan, William 138
Morys, Twm xv, xviii, 2, 3, 6, 11, 13, 14, 18, 20, 30, 39, 40, 42, 44, 45, 47, 48, 49, 50, 51, 52, 54, 55, 55, 61, 81, 82, 97, 113, 114, 115, 117, 118, 121, 122, 125, 127, 128, 131, 132, 133, 134, 137 148
Mudiad Devětsil xiii, xiv, xvii
Mukařovský, Jan xiv, 4, 116, 152
Musil, Robert 15

Náměsti Svobody xvi
Napoleon III 150
Neruda, Jan xv, 23
Newton, Isaac 100
Nezval, Vitězslav 88
Nietzsche, Friedrich 88, 125

Obaldia, Claire de 11, 15, 16, 17, 25, 122
Oedipws Frenin 88
Oesoedd Canol 16
Owen, Gerallt Lloyd 14

Palach, Jan 88
Parry-Williams, T. H. 18, 20, 42
Patočka, Jan 65, 67, 76
Pen ar Bed 47, 48
Plaid Lafur 26
Plotinws 114
Platon 14, 114, 125, gw. hefyd Traddodiad Platonaidd
Platoniaeth Gristnogol xii
Poetistiaeth xiii, xiv
Prâg xiii, xiv, xvii, 61, 87
Price, Angharad 138, 147
Promethiws 88
Proust, Marcel 15, 68
Pwyllgor er Amddiffyn y Rhai a Erlidiwyd ar Gam (VONS) 61, 62

Rádl, Emanuel 78
Rancière, Jacques 149
Readings, Bill 74, 102
Realaeth Sosialaidd xvi
Richards, William 134
Ricoeur, Paul 115

Rilke, Rainer Maria 88, 89, 97
Rorty, Richard 125, 126, 128, 134, 151
Rose, Gillian 6

Rhyfel Byd Cyntaf, Y 78

Salesbury, William 18
samizdat xv, 23, 60
Saussure, Ferdinand de xiv, 74
Schelling, F. W. J. 119, 121
Schiller, J. C. F. 29, 138
Schirmeister, Pamela J. 11, 12, 128, 129, 130, 151
Schopenhauer, Arthur 88, 89
Seligman, Adam 79
Seneca 88, 89
Shakespeare, William 68
Šhklovsky, Viktor xiv, 152
Siarter 77 xvii, 61, 62, 65, 77
Slofacia 81
Solidarność 123
Stalin, Joseph 149
Steiner, Rudolf 88
Storkán, Karel 11
Strwythuraeth 4
Štyrský, Jindřych 88
Swrealaeth xiv, xvii
Szacki, Jerzy 22, 79, 99, 123

Taliesin xv, 3, 20, 39, 40, 46
Talmwd 68
Teige, Karel xiv, 24, 152
Thomas, Dylan xvii
Tocqueville, Alexis de 53, 54, 55
Traddodiad Platonaidd xiii
Tucker, Aviezer 69

Thatcheriaeth 114
Thessaloniki 88

Undeb Ewropeaidd xvii
Undeb Sofietaidd xvii
Unol Daleithiau America 82, 85

Vaculík, Ludvík 23, 85
Van der Rohe, Mies xvi
Van Gogh, Vincent 88
VONS, gw. Pwyllgor er Amddiffyn y Rhai a Erlidiwyd ar Gam

Weiner, Richard 23
Weriniaeth Tsiec, Y xv, xvii, 21, 23, 78, 80, 99, 148

Wilde, Oscar xi
Williams, Raymond 145
Williams Parry, R. 42
Wilson, A. N. 46, 47
Wimsatt, W. K. 4
Wittgenstein, Ludwig 125
Wlysses 88
Wright, Frank Lloyd xvii
Wyclif, John 98

Yesenin, Sergey 88
Ymerodraeth Awstro-Hwngaraidd 23, 83
Ynysoedd Prydain xi

Zagajewski, Adam 23